JN439935

휴선 烋仙

조 명 상 지음

BOOK STAR

휴선 烋仙

상표등록 제40-0746360호

휴선 休仙

月氣 조명상

삶을 사노라면
고지가 바로 저곳인데
아지랑이 굽이지듯 잡힐 듯 잡히지 않네
매일매일 아우성 속에 하루를 연명하며
몸과 마음이 지쳐 가는구나

목표가 바로 저곳인데
언제나 목표에 도달하려고, 오르고
또 올라도 갈 길은 저~ 먼 곳
잠시 쉬었다 가면서
신선의 지혜를 빌려보세

여기 심산계곡 테르펜의 향기가 손짓하고
자연이 숨쉬는 선(仙)의 산채에서
명상에 몰입하세
움츠림, 후퇴가 아닌 점핑을 위한
최소한의 방책이나니

인간사 구름 가고 물 흘러가듯
순리를 따르고 선(仙)의 기회를 빌려보자
충전의 기회 속에 양질의 휴식을 얻고
휴선(休仙)의 뜻을 모아 미래가 보이는
힘찬 내일을 열고
저 높은 고지를 향해
도전의 질주를 거듭하세

행복의 문 하나가 닫히면 다른 문들이 열린다.
그러나 우리는 대개 닫힌 문들을 멍하니 바라보다가
우리를 향해 열린 문을 보지 못한다.

- 헬렌 켈러 -

머리말

우리나라 농촌 관광 사업이 1984년 관광농원사업을 필두로 도입되기 시작하였다. 농·어촌 정비법에 의거해 제도적·정책적으로 관심을 갖기 시작한 지도 15년 정도가 되었고, 지난해에는 도·농 교류촉진법이 제정되어 올해부터 본격 시행되고 있다. 2000년대 주5일 근무제의 보편화에 힘입어 농촌 관광은 양적으로나 질적으로 괄목할 만한 성장을 하였다. 농촌 곳곳에 다양한 형태의 농촌 관광 사업체들이 즐비해 있고, 많은 국민들이 농촌 관광을 경험하고, 평가하고 있다. 그리하여 농촌 관광의 무한한 발전 가능성을 인식하는 한편, 농촌 관광이 펼쳐지기만 하면 공급자에게는 돈이 되고, 수요자에게는 만족스런 즐거움을 주는 황금알을 낳는 거위가 되는 것이 아니라, 손해도 보고 실망도 주는 애물단지로 전락할 수도 있다는 사실도 인식하게 되었다. 바꾸어 말하면 농촌 관광도 이제는 끊임없이 소비자의 욕구에 부응하여 상품을 개발하고 종합적으로 발전시켜야 성공할 수 있는 문화 사업으로 자리 잡아가고 있는 것이다.

농촌 관광을 단순히 주말에 도시인들이 재충전할 수 있는 쾌적한 공간을 제공하고, 농외 소득을 벌어들이게 하는 차원을 넘어 국민의 삶의 질 향상을 도모하고, 도·농 상생과 나아가서 인간과 자연의 조화로운 공존을 추구하는 새로운 차원의 질적인 변화를 추구하는 데 다소나마 기여하고자 이 책을 내놓게 되었다. 좀 더 부언하자면, 농촌 관광에도 다루는 소재에 따라서는 물론이고, 운영하는 주체에 따라서 다양한 형태의 사업들이 있는데, 그렇다고 이 책은 이러한 외형적인 형태에서 새로운 것을 제시하고자 하는 것이 아니다. 농촌 관광이 외화를 절약할 수 있는 유용한 국내 관광 사업으로써의 부를 축적할 수 있도록 지속적인 매력을 지니기 위해서는 우리들 삶의 질 향상에 기여할 수 있는 부분까지를 고려하여 농촌 관광의 지평을 넓혀보자는 의미에서 그 동안의 경험과 생각들을 모아서 정리한 것이다. 한국형의 휴양 문화를 선도하기 위한 체험 기법, 휴양 방향 및 방식을 개선하여 농 · 산 · 어촌 관광에 있어 체류 형식의 학습 공간으로 유도하고, 경제 논리에 의한 시장 원리를 적용하여 체험 및 휴양 문화를 현대와 미래적인 시스템으로 개선하는데 그 의의가 있다.

이 책은 농촌 관광 사업을 직접 개발하여 25년간 경영해온 현장 전문가가 영업과 탐구를 병행하면서 터득한 실천적 의견들을 에세이 형식으로 정리한 것이다. 이 책에 대해 저자 스스로는 만족스럽게 생각하지 않는다. '부분 콘텐츠'란 표현으로 내 놓았다. 농 · 산 · 어촌에서 체험 휴양 프로그램을 제공하고자 하는 현지 주민들에게는 질적으로 높은 서비스를 제공하는데 참고가 되었으면 하고, 도시민들에게는 삶의 질 향상에 보탬이 될 수 있는 농 · 산 · 어촌의 체험 관광 구매에 도움이 되고, 나아가서는 평소에 자택이나 가까운 휴식 공간에서 지속적인 생활 치유에도 활용되었으면 한다.

이 책이 발간되기까지 나와 인간관계를 맺고 계시는 많은 분들의 관심과 격려가 바탕이 되었고, 이 지면을 빌어 머리 숙여 감사의 인사를 전한다. 끝으로 관광 체험에서 물심양면으로 고행(苦行)을 함께 해 온 사랑하는 아내에게 감사를 표하며 친구 명식, 하영, 광준이와 책 출간의 기쁨을 함께 나누고 싶다. 또한 책 출간에 끝까지 많은 배려와 노력을 함께 해주신 북스타 출판사의 박정태 사장님과 임직원 여러분께 깊은 감사를 드린다.

2008년 저문 가을, 백두대간 설악에서

조 명 상

휴선 休仙

Contents

휴선 烋仙

Contents

제1장
행복을 깊게 지혜는 넓게

치유의 길은 다름이 아니라
자연과 함께한 마음과
하나 되는 것이다.

자연과 하나 되는 길은
발 벗고 그 속으로 들어가 보는 것이다.

행복은 깊이 느낄 줄 알고
단순하고 자유롭게 생각할 줄 알고
삶에 도전할 줄 알고
남에게 필요한 삶이 될 줄 아는
능력으로부터 나온다.

- 스톰 제임슨 -

마음 치유로 삶의 질 향상

농촌 관광의 초창기에는 저렴한 비용으로 한적하고 경치 좋은 공간에서 마음껏 먹고 마시고 떠들며 스트레스를 푸는 관광 형태가 대세를 이루었다. 점차 이러한 농촌 관광의 소비 형태는 점차 줄어들고 있고, 대신에 도농 상생과 자녀들의 정서함양을 위한 농산물 수확 체험, 자연생태 체험, 전통문화 체험, 도농 교류 형태의 관광이 확대되고 있다. 농촌 관광이 질적으로 성장하고 있는 것이다. 그러나 농촌 관광의 질적인 성장이 이 정도의 변화로 만족해야 할 일이 아니다.

일찍이 『수상록』의 저자 파스칼은 "관광은 새로운 것을 보는 데에 있는 것이 아니라 일상에서 잠시 벗어나 생각을 새롭게 하는 데 있다."라고 말한 바 있다. 생각을 새롭게 한다는 것은 "건전한 신체에 건전한 정신이 깃든다.(Sound in body, sound in mind)"라는 말이 있듯이 심신을 새롭게 하는 데에서 출발할 것이다. 더욱이 국민소득은 증대하는 데 행복지수는 오히려 떨어지는 나라들이 많고, 우리나라도 이 점에서는 예외가 아니다. 국민소득이 증대하면 대체로 평균수명은 늘어나지만 삶의 질까지 향상을 시키고 있는 스위스 등 몇 나라 되지 않는다. 급속한 경제성장의 이면에는 많은 공해와 산재를 불러일으키고 대형 병원의 수요를 증가시키기 때문이다. 심신의 건강이 행복의 제1요소라는 데 대하여 부정할 사람은 아무도 없을 것이다. 이제는 농촌 관광의 질적인 향상을 마음 치유로 삶의 질을 향상시키는 방향으로 발전을 도모해야 한다.

더욱이 특정한 계층의 사람들만이 한가로이 누리는 관광의 시대는 먼 옛날 일로 지나갔다. 프랑스는 이미 국민이면 누구나 삶의 질을 향상시키기 위한 필수적 권리로서 관광을 체험하게 해야 한다고 법적으로 보장하고 있다. 국민복지 차원의 관광 시대를 열어가고 있는 것이다. 이러한 시대에 농・산・어촌에서 체험 휴양 프로그램이야말로 국민들이 관광해야 할 권리의 일차적인 대상이 될 것이다. 이에 대비하여 농・산・어촌에서의 체험 휴양 관광 시설과 프로그램을 제공하고 있거나 제공하고자 기획하고 있는 주민들은 어떠한 마음으로 임해야 할 것인가를 깊이 생각해야 한다. 마음을 치유하고 국민복지 증진과 삶의 질 향상의 일익을 담당한다는 자세가 필요하지 않을까 생각한다. 이를 권리로서 추구하고자 하는 일반 국민들의 경우도 농산어촌 관광을 싼 맛에 가보는 소비 대상이 아니라 심신에 쌓인 고달픈 흔적을 제거하고 생활에 지혜를 구하며 행복을 찾는 일로 여겨야 할 것이다. 더 나아가서 굳이 관광이라는 행위가 아닌 일상생활 속에서라도 자택이나 가까운 휴식 공간에서 지속적인 생활 치유를 하면서 살아간다면 더할 나위 없이 국민 행복지수는 증가할 것이다. 선(線) 생활과 선(仙) 문화는 이러한 국민복지 증진과 삶의 질 향상에 항구적인 기여를 할 수 있다는 영감에서 체득한 경험들을 여기에 모았다.

선線 생활과 선仙 문화

원(圓) 순환에 있어 선(仙) 생활

시계는 24시간 돌고 도는 시간 속에서 연속적이면서도 반복적인 단순한 생활이다. 이 단순한 생활 속에 잠자고, 먹고, 일하는 순환운동이다. 모처럼 긴박한 일이라도 생기면 시간에 쫓기어 자기 중심 없이 허둥댄다. 하루 일과를 살펴보면 다람쥐 쳇바퀴 돌리듯 원이라는 틀 속에서 그냥 돌아가고 있다. 때로는 좋아서 돌리고, 때로는 싫어도 돌린다. 때로는 왜 돌려야 하는지도 모르고 그냥 돌린다. 그리하여 원심 속에서 24시간의 시침은 사정없이 돌아만 간다. 사람의 활동 영역에 따라 큰 원이든 작은 원이든 간에 각자의 그릇과 위치에 맞게 그림을 그려가면서 원이라는 테두리 속에서 저마다의 긍지를 가지고 하루하루 삶을 영위하고 있지 않는가. 여기에서 우리는 어떤 사람은 굵은 선, 어떤 사람은 가는 선, 선택의 종류가 각각 다르다고 볼 수 있고, 굵은 선을 선택하는 사람은 굵고, 많고, 짧게 라는 구호 속에 위험 요소를 안고 불 같은 길을 걷고, 가는 선을 선택한 사람은 평온하면서 위험성이 없고, 안정적인 생활을 원하고, 작게 먹으면서 조용히 살아가겠다는 부류이다.

일상생활에서 우리는 보이는 선(線) 속에서 하는 행위와 보이지 않는 선(線) 속에서 하는 행위를 한다. 자동차를 운행하다 보면 주행선상에 노랑색 중앙선이 있고, 추월선이 있고, 청색 버스전용차로 선이 있고, 신호 앞 정지선이 있다. 우리는 일과가 시작하기 전 일터로 가는 과정부터 선이라는 굴레에 구속되어 있다. '알아서 해라'가 아니고, '하면 안 된다'라는 금지의 선 종류이다. 중앙선 침범은 살인 행위, 위반자는 범칙금과 벌점 대상, 버스차로 침범, 신호 앞 정지선 안 지키면 선상 위반으로 범칙금. 하루 일과를 시작하기 전부터 우리는 스트레스와의 싸움을 시작하곤 한다. 자율성이 아니라 타율성이 강하고, 위반하면 범법자가 되고, 죄인 취급을 받게 되어 구속력을 가지고 있다. 물론 생활 속에서 서로의 약속으로 규칙과 질서를 지킴이 원활하다고 하나, 문화시민이 되지 못하고, 인간 미완성 후진 문화를 가진 시민인 양 제약 사항이 너무도 많다. 그래서 아침부터 전쟁 아닌 전쟁을 겪고 도로 자체의 시설이 문제냐, 사람 스스로 문화시민이 되어야 한다는 의식이 문제냐, 갑론을박을 하게 된다.

위와 같은 내용은 지상에서 버스나 자가용으로 출퇴근하는 사례이며, 조석으로 겪는 일과이다. 그러면 땅밑에 있는 지하철의 사정을 한번 들여다보자. 갈아타는 곳, 표시대로 바닥에 새겨진 화살선, 안내대로 찾아가는 아름다운 모습, 맹인들이 찾아갈 수 있는 유도선의 블록, 좌측선, 보행선, 차량 개폐문 앞 대기선, 마치 기계처럼 움직이는 것을 보면서 '아, 우리는 이미 줄과 선 문화에 익숙해 있구나.' 하는 생각이 든다.

회사 정문을 통과하여 주차장에 들어서면 주차선이 있다. 민원인 주차선, 장애인 주차선, 귀빈용 주차선, 직원용 주차선. 그것도 정해진 구역 속에 정해진 선에 주차를 시켜야 한다. 그래야 옆 차선과 충돌을 막을 수 있다. 주차 실력이 짧아 운전자가 잘못 주차할 경우 옆 차선에는 결과적으로 피해를 주고, 공간 활용을 잘못한다는 지적을 받게 된다.

주차를 마치고 사무실로 가는 길도 순조롭지 않다. 출입선이 서로 다르다. 들어가는 문, 나오는 문, 선의 지시에 따라 통행하고 고층 근무자들은 엘리베이터를 활용하여 사무실까지 오른다. 엘리베이터에도 처음 들어가는 자가 서야 할 선이 있다. 비로소 사무실에 입장을 하면 정해진 사람들과 인사를 나누고, 정위치 선상에서 하고자 하는 업무를 시작한다. 업무 공간에서도 옆자리와 지켜야 할 선이 있다. 영역 공간이다. 전화를 할 때, 옆 사람에게 방해가 되지 말아야 하고, 업무 능률에서도 월등히 성과가 있어 자기가 뛰어나야 되는 강박관념이라는 무언의 선이 있다. 선이란, 하나의 수치를 재는 자와도 같다.

규칙과 규정, 시간과 약속이라는 수치 속에서 그 범위를 벗어나지 않으려고 우리는 무단히 노력하고, 경계를 한다. 만약 이 규정과 규칙을 어기면 우리는 사회 조직으로부터 무수한 질타를 받게 된다.

우리는 이것을 보고 사회의 보이지 않는 기준선이라고 칭한다. 이 기준선이란 것이 표준의 매뉴얼이 없다는 것이 현실적인 문제로 지적되고 있다. 각 회사별로 조직의 관리가 다르다는 점이다. 물론 업무의 종류와 성격에서는 더욱 다르다. 그래서 이 기준선에 적응을 하려면 사회적 인성교육과 정보 입수를 개인 스스로 해야 된다. 개인 스스로 입수하는 것이 성인으로서 쉽고도 어려운 일이다. 규칙의 선을 알면서도 대다수는 대수롭지 않게 생각한다는 것이다. 그러기도 하고 업무와 일과에 지쳐 때로는 해야지 하면서도 하루하루 미루거나 지나쳐 버리고, 기회를 잃어버리곤 한다.

요즘 조직사회에서 몸집 줄이기 등 퇴출이라는 단어를 자주 사용한다. 그래서 퇴출 대상자를 선정하고, 기준선을 설정하고, 기준선의 규격에 맞추어서 그 개인을 평가 및 심사한다고 한다. 그런데 정작 당하는 쪽에서는 억울하다고 한다. 심사하는 쪽에서는 '당신이 문제'가 있다. 당사자 본인은 '내가 왜?'라는 문제를 제기한다. 쌍방간에 언쟁과 실랑이가 종종 벌어지며 앞으로도 계속 진행될 것이다. 여기서 공통된 이야기는 기준선이 잘못되었고, '문제가 있다.'라는 기준선을 문제 삼는다. 때문에 사람이 살아가면서 기준선이란 매우 중요하며, 선의 지혜를 쌓아야 할 것이다. 기준선의 논리를 숙지함에 있어 게으른 자는 조직사회에서 낙오의 길을 걷게 될 것이다.

요리를 하는 주부가 메뉴를 정해놓고 두부 한 모를 자른다고 가정을 해보자. 두부를 자를 때 요리의 종류별로 두부의 크기와 모양이 달라진다. 때로는 주부 마음대로 자르고, 음식을 만들 수도 있다는 것이다. 그래서 칼자루를 쥔 사람의 권위와 기준으로 기준선이 정해질 수도 있다. 현재 퇴출이라는 이름하에 대상자를 놓고 상호 줄다리기가 연속이다. 그런데 정작 대상자는 '내가 왜? 억울하다'라는 소리로 표현만 하지 왜 억울한지, 무엇이 얼마만큼 부족하며, 문제가 있는지, 기준선의 매뉴얼도 모르고, 반박과 소명의 대처 능력이 부족하다는 것이다. 이는 평상시 보이지 않은 선 생활이 부족한 탓이라고 볼 수도 있다.

몇 가지 사례를 들어보기로 하자. 조직사회에서 엘리트 사원이 있었는데, 아이큐도 높고, 업무 능력도 뛰어나다는 평가가 있었다. 그 A라는 사원은 오로지 일만 열심히 했다. 다시 말해서 앞만 보고 열심히 달려갔다. 문제는 뒤를 돌아보지 못했고, 옆을 돌볼 시간이 없었던 것도 당연지사였다.

자, 그럼 같이 생각을 해보자. A라는 사원은 과연 무엇이 사회조직으로부터 문제성이 있어 지적을 받았을까. 필자가 생각하기에는 성격과 습관, 마음의 자세에 문제가 있다고 사료된다. 자기 외 주변선(가족), 타인의 마음선, 동료의 배려선, 상사와 상하조직선 등을 평소에 업무 처리하듯 자기 주변을 동반 상승했어야 하는데 그것을 소홀히 했다고 보면 된다. 가족을 포함한 조직생활은 기본적으로 상하좌우를 항상 생각하는 것이 우리네 사회선의 생활이다. '내가 왜 퇴출 선상에 있어야 하느냐'의 질문에 답하기를, 당신은 성격과 습관, 마음 자세가 불량이라고 이야기하니, 그 본인은 스스로 자각 후 지난 시간을 후회한 사례이다. A라는 사원은 공동체 생활에 실패를 했다고 볼 수 있다.

공동체 사회에서 선(仙)의 마음이 왜 필요할까. 법치주의 국가에서는 질서를 제일 우선으로 하며, 자유란 법테두리 속에서 행해지듯, 일정한 영역[線] 속에서는 규정에 의한 질서가 필요하다는 이야기다. 그것을 바로 공동체 생활이라고 한다. 개인주의와 공동체 사회생활은 무수한 차이가 있다. 요즘 사회에서 몇몇 부류들은 개인주의가 팽배하다고 하며, 자기 개인을 먼저 생각하고 행동하며 주변에 피해를 주곤 한다. 핵가족 시대에 개인 정신이 가득 찬 사람들은 개인의 능력은 인정하나 공동체의 기준선을 잃어버리고, 넘지 말아야 될 선을 넘곤 한다. 아무리 시대가 변했다고는 하나 사회란 공동체이다. 공동체의 기준선을 적응하지 못한다면 그 사회에 적응을 못하는 것과 같다. 그래서 스스로 그 기준선의 지식과 지혜를 습득하지 않으면 공동체로부터 낙오자가 되는 것이다.

가정이라는 울타리 선(線)을 들여다보자. 가정이라는 집단은 참으로 간단하면서도 복잡 미묘한 조직이다. 어쩌면 자기가 소속되어 있는 조직사회보다 더 까다로운 굴레인지 모른다. 각각의 보이지 않는 선이 무수히 많다는 것이다. 가정에 있어 서로에 대한 요구 사항만 있지 서로를 배려하는 마음은 별로 드문 것 같다. 이 울타리에서도 기준선을 지키지 못하면 기차가 레일을 이탈하듯 부부도 적정 선상에서 이탈을 하여, 조직에 실금이 가기 시작한다. 가장인 아버지는 집에서 최고의 권위를 가지려고 하고, 그 권위를 지키려고 무단히 고심한다. 그런데 가족으로부터 그 대가를 받지 못하면, 가장으로서 권위가 손상되었다며 상심하곤 한다. 가정의 안주인인 부인의 입장에서 보자. 자기희생을 강요하며, 가족의 뒷바라지를 음으로 양으로 했음에도 불구하고, 남편과 자식들로부터 평가 점수가 낮으면 삶에 우울증이 시작된다. 자녀들을 보면 아들과 딸이 있는데, 아들은 대체적으로 엄마 편이고, 딸은 대체적으로 아빠 편이다. 상호간 무언의 선상에서 서로를 격려하고 칭찬하면서 정신적으로 미묘한 관계를 성립하고 있는 것이다. 가정마다 나름대로 기준선이 있어 가훈을 정하고, 규칙도 정한다. 그러나 절대 다수의 가정에서는 기준에 의한 기준을 점검하며, 자신의 잘못을 스스로 평가하는 가정은 없는 듯싶다. 그래서 자기 잘못을 깨닫기 위하여, 선(線)의 규칙 생활과 선(仙)의 마음 생활이 필요한 것이다. 원(圓)의 생활을 반복하다 보면 생활 속에 흘러 자신의 위치를 잃어버리는 경우가 많다. 선(仙) 생활이란, 간단하게 말한다면 '뒤돌아본다, 재정비한다.'와 생활에 필요한 지혜를 습득하는 과정이다. 생활에 있어 잘한 것은 칭찬하고, 못한 것은 교정을 하면서 바른생활을 하자는 것이다.

생명선線, 중앙선線의 줄다리기

자동차 주행에 있어서 중앙선은 생명선이요, 넘어서는 안 되는 절대적인 선(線)이다. 사람으로 말하면 척추에 있는 신경선과도 같다는 이야기이다. 척추의 신경선이 조금이라도 잘못이 되면 불구자가 될 확률이 있다. 도로 주행을 하면서 2차선의 교행차로에서는 마주 오는 차량과 교차를 할 시점에서는 왠지 모르게 몸이 움츠러든다. 그것도 자기 차량이 소형인데 상대의 차량은 대형 차량일 경우 더욱 그렇다. 외람된 생각일지 모르나 순간 잘못되면 살아있는 목숨인 생명선과도 직결될 수 있는 운명의 교차점인 것이다. 그런데 우리는 때로는 긴장하는가 하면, 때로는 위험을 모르고 도전하기도 하고, 무심코 스쳐 지나가기도 한다. 우리들은 때때로 흑과 백의 갈림길을 걷는다. 주어진 과제의 문제점을 심각하게 생각하지 않고, 좋은 것이 일상생활이라고 두뇌에 각인시키어 무디어지고 있고, 생활환경에 익숙해져 있다는 것이다. 그래서 우리들은 생명선을 담보로 차량에 탑승하고, 육체적 편리함을 대가로 보상을 받는다는 위안을 갖는 듯싶다.

자연 생태 속에서 숲 속 나무의 생리활성의 과정을 보자. 나무의 세계에도 중앙선(線)과 생명선(線)이 있다. 나무의 생리 중에 영양소 공급이라는 라인이 있는데, 목부 수액과 사부 수액이라는 통로를 가지고 있다. 목부 수액에서는 땅에 기운을 실어 상부로 올라가 요소 영양소를 공급하는 역할을 하고, 사부 수액에는 나뭇잎에서 태양의 에너지를 열량으로 변환시켜 뿌리 방향으로 이동하여 뿌리에 영양소를 공급하는 에너지 공급선이 있다. 나무의 수액 공급 라인은 변재에서 이루어진다. 큰 나무에 있어 수액선이 절단되거나 좁아져서 수액이 상하로 원활히 순환되지 못하면, 그 나무는 성장과 생사의 갈림길을 선택하게 될 것이다. 그래서 나무로서는 생명선(線)은 변재인 나무껍질 안쪽에 있다. 자, 그러면 우리는 여기서 양면성을 보게 된다. 나무는 교행에 있어 상호 상생 관계를 유지하기 위한 교행이지만, 교통에 있어 교행은 적과 아군이 마치 신경전을 하면서 교행을 하는 기분이 들 때가 과반수이다. 결론적으로 자연 속의 나무는 동반 성장을 추구하는 반면, 우리의 사회생활은 곡예사가 줄에 올라 위태롭듯, 보이지 않는 이면에 경쟁이 치열한 사회 속에 살고 있다는 말이다.

각 분야에서 성공하려면 어떻게 해야 할까. 모든 일은 사람이 만들고, 사람이 일을 해결한다. 조직에 있어 서열 싸움, 줄다리기라고 표현하고 싶다. 수직 사회에서 승진을 잘하려면 중앙선에 서야 한다. 중앙선을 유지 또는 관리를 잘함은 물론이고, 업무능력 또한 수반되고, 기다림이란 인내가 필요할 것이다.

필자는 말하고 싶다. 사람다움을 위한 성공이 아름다운 것이요, 성공을 위한 수단으로 자신을 노예로 만들지 말라는 것이다. 몸에 좋은 약초도 양면성을 가지고 있어 잘 사용하면 약이 되고, 잘못 사용하면 독이 된다. 고기잡이 도구 중에서 그물망을 한번 보자. 고기 종류에 따라서 어망의 크기가 결정되고, 재질도 결정되고, 그물의 길이가 결정되어 제작이 완료된다. 그리고 바다로 나가서 어군 탐지에 의한 고기가 있는 곳을 선정하고, 그물을 투망하고, 때를 기다렸다가 그물을 건져서 고기를 얻는다.

필자가 말하고자 하는 바는 이렇다. 굵은 밧줄과 좋은 그물이라는 도구가 있다 해도 혼자의 힘으로는 목표물의 성공을 기대하기가 어렵다는 것이다. 목표물 달성을 위한 도구의 구성 요소로서 일자(-)의 수평 기법만으로는 부족한 부분이 많고, 목표물에 맞는 모양을 만들어야 목표물을 성취할 수 있을 것이다. 종류와 크기와 목표에 있어서 삼박자가 잘 맞아야 고기를 잡을 수 있는 구실을 하듯 인간관계의 네트워크는 주변에 여건이 있다고 해서 인간관계가 맺어졌다고 보기 어렵다. 평소 끈끈한 정 속에서 부드럽게 보이는 듯한 그물망을 형성해야 비로소 정확한 네트워크를 구성했다고 칭할 것이며, 그런 속에서 준비한 그물 속에는 대어가 낚일 것이고, 그 생선을 잘 요리하여 즐겁게 파티를 하고, 피가 되고 살이 되는 자기만의 성공의 수완으로써 네트워크라고 할 수 있을 것이다.

여기서 생각해 볼 부분은, 중앙선의 줄다리기 속에서 그물을 잘 다루어야 한다는 것이다. 메시(사각 그물 크기) 설정을 잘하고, 정위치를 잡아야 정규적인 규격이 나온다. 그런데 대각선으로 잡으면 메시의 크기가 다른 규격으로 형성된다. 고기잡이에 실패할 수 있다는 논리를 말해 주고 있다. 중앙선의 네트워크는 어려운 논리를 가지고 있다. 잘 사용을 하면 대어를 낚을 수 있지만, 잘못 사용하면 주변 전체가 피해를 보는 그물망 원리를 우리는 심각하게 생각해 볼 필요가 있다. 현장에서 보면 성인 교육 과정에서 공무 사회, 농촌 마을, 회사 조직사회의 네트워크라는 기능에서 득과 실을 얼마나 깊게 생각하고 행하는지 효능에서 보면 득보다 실이 더 많은 듯싶다.

자연에서 줄[線]넝쿨 식물을 잠시 보자. 대표적인 식물로서는 칡 줄기, 다래 넝쿨, 머루 줄기, 오미자, 마 등이 있고, 넝쿨식물들의 공통점은 줄기찬 생명선(線)을 가지고 있다는 것이다. 이와 같은 식물들은 홀로 서 있지 못한다는 단점을 가지고 있다. 반드시 타 식물에 의해서 성장을 하고, 자기 기능을 뽐내곤 한다. 독자적이면서도 기생충 같은 기질을 가지고 있다. 그러나 각각의 영양적인 기능을 보면 우리 몸에 유익한 성분을 가지고 있다는 장점도 있다. 내부적인 기능과 약효는 있으나 의지할 수 있는 버팀목이 없이는 자기 기능을 발휘 못하는 자립심 의지 결여, 리더십이 부족한 의존적인 사람, 실력 없이 줄 하나만 가지고 조직사회를 하는 사람은 자기 주변과 이웃에 피해를 주는 기생의 인생살이에서 범주를 벗어나지 못한다.

우리는 삶에서 혼자서는 살 수 없는 관계로 서로 의지하며 살아간다. 그러나 서로에 힘과 도움이 필요하면 긴요하게 상생의 원리를 이용할 줄 아는 지혜가 필요하다. 그리고 서로 유용하며 아름다운 유종의 미를 간직해야 하고, 그 힘을 모아 슬기롭게 제2의 삶과 연결토록 긴밀성이 필요하다.

도심에서 체험하는 선仙 문화 공간

선(仙) 문화라 칭하면 삶과 생활에 있어 정도(正道)의 길을 걷자는 것이다. 그리고 가정생활이든 사회생활이든 간에 하고 있는 업무에 있어서 스트레스를 받지 않고, 생활을 즐겨가면서 행복이라는 단어를 찾고, 그 행복에 대한 스스로 마음에서 우러나오는 감사를 느끼자는 것이다. 생활에 있어 업무적으로 불가분하게 스트레스를 받는 업무라 생각된다면, 그 스트레스를 풀 수 있는 기회와 기법을 찾아보자.

먼저 가정에서 공간을 찾아보면, 1평 공간을 활용할 수 있는 곳을 선택하자. 화장실, 침실, 베란다 이런 곳이 가능하다. 화장실에서는 1분 기법을 활용하고, 침실에서는 10분 기법을, 베란다에서는 30분 기법으로 일일 연속 반복해서 틈새의 시간 속에 선(仙) 운동을 해보자. 물론 각 장소에는 소량의 기법적인 소품 장치가 주어진다. 그 소품의 장치라 함은 자기 개성과 체질, 집의 형태에 따라 달라질 수 있다. 2차로 실외를 찾아보면 주변 학교운동장과 소공원 및 강변공원이 있고, 약수터와 가볍게 등산할 수 있는 산이 있을 것이다. 자신의 역량에 맞게 시간과 체력을 조정하고, 운동 환경이 좋은 곳을 선택해 장소를 옮겨가면서 수련을 즐기면 될 것이다. 2차에서 하는 운동이라 함은 체력과 선에 지혜를 병행한다는 의미로 생각하면 된다.

3차의 선택은 차량으로 이동을 하여 교외로 나가서 자기가 가고 싶었던 곳을 찾아가 마음을 편안히 재충전하자는 것이다. 여기서는 정적·동적 부부의 호흡 맞추기를 하는 프로그램으로 기획을 함이 적절하다. 선(仙) 문화를 복잡하게 생각하지 말고 가볍고, 간단하면서 자기만의 방식으로 해보자는 것이다. 그렇다고 일정하고 간단한 공식은 있으나 그 기법에 얽매이지 말고, 마음에 정해진 기준선을 스스로가 설정하고 마음에 선(仙)의 기(氣)를 넣고 수련을 연속할 필요가 있다.

1차로 행하는 가정 공간에서는 부부와 자녀들이 함께하는 방법을 찾아보자. 가족 간 대화의 시간과 서로의 불만과 갈등을 해소할 수 있을 것이다. 부부간에는 대화의 시간을 갖는다. 가볍게 좌선을 하고, 팔을 움직여 상체 근육을 푼다. 이때 손을 마주 잡고 하는 기법을 사용하면 효과적이다. 침실 공간에서는 별다른 소품 설치가 없더라도 조명등 몇 개만 있어도 명상을 할 수 있는 환경이 주어진다. 베란다의 공간에서는 약간의 기본 소품이 필요하다. 현재에 아무런 소품이 없다면 설치가 유리할 수 있으나, 기존에 베란다를 다른 용도로 활용하고 있으면 틈새를 공간을 활용하여 선(仙) 문화를 즐길 수 있는 기본의 시설물을 검토할 필요가 있다. 베란다의 선(仙) 문화공간이라 칭하면, 치유와 명상을 병행할 수 있는 곳이다. 때로는 독서를 즐기고, 때로는 조용히 혼자 있고, 베란다 내부 공간을 자유자재로 변환할 수 있는 장치이며, 마음을 조절과 조정을 할 수 있는 분위기 형성 및 조성 기능이 가능하다는 것이다. 베란다 치유 기법으로는 빛의 치유, 색상 치유, 아로마 치유, 애니어그램, 담체그램 등이며, 베란다 명상 기법에는 미니 폭포수 좌선, 상체 탈의 좌선 등이 있다.

도시에서 생활하는 도시민으로서 아파트 생활자가 과반수일 것이다. 아파트 공간이라 하더라도 어떻게 활용하느냐에 따라서 유용한 공간과 무용한 공간으로 사용될 수도 있다. 도시의 아파트에서 생활치유를 겸한 마음의 명상을 즐길 수 있다면, 생활에 좀 더 좋은 에너지원으로 변환되어 하고자 하는 일과 의욕 발산이 왕성하여 업무능률도 향상되고, 가정에 행복이라는 꽃이 활짝 필 것이고, 삶의 가치적 보람을 찾는데 활력소가 될 것이다.

도시민으로서 선線과 선仙, 왜 필요할까

주어진 공간과 주어진 업무 속에 연속적인 생활을 하다보면 공간 사용과 업무는 혼자만 하는 것이 아니고 주변 사람과 같이 한다. 그러다 보니 사회적 공동체가 있고, 공동체 속에 질서가 필요하니 규율과 규칙이 수반된다. 규정과 규칙이라는 틀 속에 공간적 일정한 선(仙)의 개념 숙지가 필요하다. 사노라면 넘을 선, 못 넘을 선, 자신의 영역과 타인의 영역 등을 선에 따라서 생활을 해야만 되는 규칙이라는 행동에 익숙해진다. 그러다 보니 때로는 자기의사와는 관계없이 자유가 구속되는 느낌과 스트레스가 수반되곤 한다. 그래서 현대인들은 구속과 스트레스로부터 해방될 수 있는 돌파구를 찾아야 한다.

도심에서 회사원(공공기관)의 사례를 보자. 의복을 보면 직장으로 출근을 할 때는 화이트칼라에 넥타이를 해야 한다는 고정관념의 의식 선(線), 자의가 아닌 타의에 의한 복장의 조직 선(線), 생명선 목줄을 조이고 싶지 않은 목을 조여야 하는 서글픈 선의 규칙. 은행의 경우 창구에 있는 아가씨로서 고객을 접할 때 기본적으로 상냥하면서 친절해야 한다고 무수한 교육을 받고, 뇌리에 새기면서 고객을 접해야 하는 언어 규칙 속에 지켜야 할 의무방어 선(線). 일반 회사를 보자. 상하좌우 조직 속에서 업무의 능률도 경기가 좋아서 회사가 잘 돌아갈 때는 조용하고 부드러운데, 사회적 경기 분위기와 함께 회사 매출이 떨어져 기업이 적자로 접근을 할라치면 사원들의 숨통을 서서히 조이고, 직원들의 업무 분위기는 갑작스레 변하기 시작하여 인원 감축을 해야 하느니 등으로 문제가 심각하게 돌아가곤 한다. 그리고 급기야는 인원 감축이라는 규정이 생기게 된다.

우리는 일상에서 자기의지와는 상관없는 일을 당했을 때 큰 충격을 받고, 고통의 통곡소리 선(線)을 울부짖곤 한다. 이렇게 우리는 도심에서 규칙의 선(線)이라는 틀 속에서 다람쥐 쳇바퀴 돌듯 원(圓) 순환의 연속이 아니던가. 통곡소리로 울부짖는 자들을 포함한 규격 속에 생활자들은 얼마나 많은 스트레스를 수반할 것인가에 관심을 둘 필요가 있다.

눈에 보이는 충격적 스트레스는 내부적으로 덜 충격이 될 수 있다. 왜냐하면 준비를 할 수 있기 때문이다. 그런데 미세하게 쌓여가는 스트레스는 신경에 통증이 없는 내부 장기를 조금씩 병들게 하기 때문에 충격이 크다. 일례로 직장인들은 1차적으로 소화가 잘 안 되느니, 눈이 침침하느니, 변 보기가 어렵다느니, 여러 가지 내부의 장기 고통을 이야기한다. 위장병에는 스트레스로 인한 신경성 소화불량이 제일 많다.

우리는 규칙선 속에 자기의 발산을 충분히 하지 못한 억누름의 선(線)에서 발생하는 것이 스트레스라고 표현하지만, 필자는 '규격병'이라는 신종 병명을 가상적으로 표현하고 싶다. 규칙선의 틀에서 스트레스 해소라는 이유를 풀이하는 방법으로 직원 회식이라는 규칙 아닌 규칙을 만들어 종종 회식을 하곤 한다. 회식의 자리를 보자. 이 자리는 몸과 마음의 피로를 풀고 동료애를 갖는 자리가 아닌 마치 인생을 자포자기라도 하자는 행위인 듯 폭탄주의 행진곡이다. 처음에는 음식으로 시작을 해서 슬슬 술잔이 돌아간다. 한잔, 두잔 주거니받거니 하다가 술잔은 폭탄주라는 이름으로 바뀌어서 돌아간다. 이 폭탄주는 자신이 원해서 마시는 자는 한 명도 없다. 다만 상급자의 권유에 의해 어쩔 수 없이 폭음을 하는 것이다. 이는 3중의 번뇌로 건강을 치명적으로 해치는 관경이 아닌가. 술을 마시지 못하는 사람은 조직사회에 적응하기가 힘들다. 이것도 조직에 규칙선이라면 도시민들은 정신적으로 안정의 시간이 없다는 것이다.

우리가 살아가면서 가정에서나 직장에서 있어 잘한 것과 잘못한 것을 가릴 때가 있다. 이럴 때 우리는 기준선에서 상호에 시비를 가려야 하는데, 기준선 설정이 문제가 되곤 한다. 서로 다른 기준선을 설정하려 하기 때문이다. 그 잣대의 기준으로 사용하는 방식으로는 사회에서 나이 많으신 어르신의 말씀이 곧 정도의 잣대요, 직장에서는 자기 소속 상사의 생각이 정도의 잣대라고 설정하고, 그에 따르라고 강요한다. 그래서 표면적으로는 잘못을 인정하나 마음속으로는 인정을 못하고 혼자만이 가슴앓이를 하는 현상이 비일비재하다. 여기에는 자존심, 이기심, 위선 등의 생활관습에서 못된 관습을 가진

자들의 거만한 행동이라고 볼 수 있다. 요즘 사회에 시비를 가림에 있어 '내 탓이오'라고 먼저 인정하는 사람이 얼마나 될까. 처음 가는 식당에서 주인이 "무엇을 드시겠습니까?"라고 하면 "특선이 무엇입니까?", "맛있는 것 아무거나 주세요."라고 우리들은 보편적으로 이야기하곤 한다. 이것은 편안한 자기 잣대라는 기준선이 될 수 있다.

중소기업에서 상호 거래를 몇 차례 했다고 가정을 하자. 처음도 아니니 주문의 사양을 일일이 꼼꼼하게 나열하지 않고 알아서 하라는 말을 종종 한다. 사회에서 친숙한 관계 사이에 알아서 잘 좀 해달라고 하는데, 그 기준선이 어디쯤이며, 어느 높이에 맞추어야 정도일까. 이 부분은 기준선을 놓고 상호간 불신이 쌓일 수 있는 오해의 소지가 가득 담겨 있다. 생활의 기준선, 직업의 기준선. 기준선이라는 중심선은 참으로 여러 가지의 문제점을 발생시킨다. 우리는 이와 같은 현상을 알면서도 인정하며 생활하고, 때로는 모르면서도 인정을 하며 생활을 한다. 어떤 때에는 '대충 살지. 다 그런 거지.'라는 단어로 위안을 삼아가면서 우리네 서민들은 생활의 연속을 이어가고 있다. 우리는 이러한 내용을 마냥 일상생활이고, 사회적 규칙과 약속이라는 이유만으로 불합리한 것을 계속 이어갈 것인가. 아니면 개선점을 찾아볼 것인가 하는 것이 우리가 살고 있는 사회에서 젊음의 기질을 가지고 활로를 모색하는 쪽으로 생각한 바 선(仙)이라는 지혜의 도움을 청한다. 선(仙)의 지혜란 자기 중심에 있어 자신의 관리라고 생각하면 편할 것이다. 자신의 앞뒤, 상하, 좌우 등을 두루 돌아본다는 의미이며, 항상 정 위치에 잘 정돈이 되어 있느냐를 점검해볼 필요가 있다는 것이다. 삶에 있어 내 마음의 중간검사라고 할까. 점검을 하여 이상이 있는 곳은 사전에 정비하는 것이 큰 문제를 예방할 수 있는 생활상식의 일종이다.

선(仙)의 지혜라 하여서 어렵게 생각하는 사람들이 많은 듯싶다. 신선이라 하여서 깊은 산속에서 살면서 특별한 지식을 탐독해야 신선의 지혜라고 할 수 있겠는가. 물론 산 좋고 물 좋은 곳에 가서 휴양을 하면서 신선의 정규 과정을 수련한다면 이 또한 얼마나 좋으련만 도시민들은 저마다의 사정상 그렇지 못하다. 도심에서 벗어나고 싶어도 벗어날 수 없는 환경에서 삶을 영위하고 있기 때문이다. 도심에서 막간의 틈새 시간을 활용하여서 올바른 생활습관이 될 수 있도록 서적 또는 매스컴을 통하여 귀를 기울일 필요가 있다. 선(仙)의 지혜란 자기가 생활하는데 있어 좀 더 편리하고, 업무의 효율을 증가시킬 수 있는 길을 찾자는 것이다. 숨 돌릴 틈이 없고 경제적 여유가 없다 해도 마음만은 풍부한 삶에 여유를 갖자는 것이다. 여유 있는 마음을 많은 사람이 공유한다면 사회는 좀 더 화기애애하고, 부드러운 대화가 이루어질 것이며, 만능과 개인주의 팽창을 줄여줄 것이다. 부자나 가난한 자나, 70세든 30세든 간에 사회생활 공동체에 있어서는 상대를 위한 배려가 필요하다.

선(仙)의 지혜가 필요한 것은 선량한 시민이 자기 중심을 잃고 있기 때문이다. 부자가 되기 위해 반칙 경제론을 사용한다든지, 단기간 일확천금을 탐내어 자기의 이익을 위한 사기를 친다든지, 순간 잘못한 생각으로 남에 물건을 훔치는 도둑이 된다든지, 서민들 입장에서는 이런 유혹을 한번쯤 뇌리를 스치곤 했을 것이고, 일반 회사원이 정석적으로 근무하여 몇십 년을 벌어도 집 장만이 힘들다는 계산이 나오고 비전도 없고 하여 점프라는 유혹의 손길이 주위를 맴돌고 있다는 것이다. 이럴 때일수록 자기 중심선을 잘 잡고, 선(仙)의 지혜적인 지식 충만이 필요하다고 할 수 있다.

선(仙)의 지혜는 무엇인가 하고 질문을 한다면, 내 안의 잘못을 내 스스로 생각할 수 있는 정체성이다. 자기 잘못을 자기 스스로 안다는 것은 도인이나 할 수 있다고 반문하겠지만, 우리들은 좀처럼 자신의 결점과 문제점은 생각지 않고, 남의 탓만 한다. 자기 단점의 인식이 빠른 사람일수록 미래가 보이며 비전을 잡을 수 있다. 신 물질을 빠르게 흡수할 수 있고, 주변과의 네트워크가 잘될 수 있다는 것. 선(仙)의 지혜는 자신을 조정하고, 마음에 평정을 가져오며 욕심을 버린다고나 할까. 생활에 있어 목표의 수치를 일수 후퇴하여 생각해보면 참으로 여유가 있고 행복함을 느낀다. 우리는 남보다 일수 앞서 가려고 몸부림의 연속이다. 몸부림이란 욕심 속에서 자기 스스로를 늪 속 깊은 곳으로 유도할 뿐이다. 선(仙)의 지혜를 얻으면 욕심의 높낮이를 배운다. 욕심의 높낮이를 깨닫고, 일보 후퇴하는 여유로움의 실행으로 생활관습을 교정할 수 있는 의지가 선행될 것이다.

선(仙)의 지혜란, 생활에 있어 내게 필요한 만큼 지식을 터득하고, 내가 필요한 만큼 원하는 물품을 갖는다는 의미와 스스로가 살아갈 수 있는 현명한 뜻을 얻을 것이다.

선(仙)의 뜻이란, 생활에 있어 나의 영위를 위해 남을 비방하고, 사회를 비방하고, 더 나아가 스스로 울타리를 치는 염세 속에 빠져서 고립되는 우(愚)를 막는다는 뜻.

선(仙)의 힘이란, 실패를 해서 힘들 때 좌절치 아니하고 다시 일어설 수 있는 지혜를 슬기롭게 구한다는 의미이다.

수평선水平線, 지평선地平線

수평선(水平線)상에서 하늘과 바다

수평선은 지구의 원리에 의해서 나타나는 현상이고, 하늘과 바다가 닿는 곳이다. 하늘은 어렴풋이 보이고, 바닷속은 보이지 않는 곳이다. 바다보다 깊은 곳이 사람의 마음이라고 했다. 수심의 깊이는 측량이 가능해도 사람의 마음은 헤아릴 수가 없다는 것. 우리 사회는 게임의 연속이다. 그 게임이 마치 미치광이처럼 치러진다는 것이다. 게임에는 일정한 규칙이 있고, 그 규칙 속에서 게임을 하여야함에도 불구하고 자격 미달의 심판에 의해서 치러지고 있다.

수평선은 균형이라는 공학적 의미와 평등이라는 인권적 의미를 가지고 있다. 균형은 수평적 높낮이만 측정하는 것이 아니고, 중심선에서 좌우 편차를 측정하는 수치이기도 하다. 건축물을 시작할 때, 기초 면의 선상에서 물수평 또는 광수평 이라는 계측기에 의해 수평적 균형을 가름하고, 건축물에 초석을 준비한다. 그리고 기초석이 완료되면 기둥이라는 구조물이 서는데, 기둥의 좌우 수평을 맞춘다. 이 기준점이 불균형을 이루면 높이 올라갈수록 편차가 심해져 건축물이 편형을 이루어 장애의 건축물이 된다. 수평이라 함은 다수인에게 공평한 사회적 규칙이 적용되어야 한다는 것이다. 그럼에도 불구하고 현 사회에서는 불공정의 게임이 간혹 있고, 수평의 기준조차 애매하게 선정되는 경우가 있다. 잘 사용하면 수평선이라는 의미는 참으로 좋다. 평화롭고 희망을 가지며 미지의 세계도 동경할 수 있고, 얼마나 아름다운 바다의 수평선인가.

육상에 있어 100m 선상의 출발선에서 출발 준비를 하고, 출발의 신호음과 함께 전력 질주를 한다. 이 게임은 수평선에서 공평한 환경에서 공평한 조건하에 게임을 하고 승자를 가린다. 이 행위는 그나마도 신선하다고 볼 수 있다. 축구장을 보자. 직사각형 그림을 그려놓은 선 속에 중앙선이 있고, 양쪽에 골문대가 있고, 골문대 앞에는 페널티킥 선이 있다. 직사각형의 기준선 안에서 11명의 선수가 각각에 자기 위치를 배정받고, 게임의 시작과 동시에 자기 기능 발휘를 열심히 한다. 이 속에서도 규칙은 있다. 규칙을 위반하면 경고, 퇴장과 페널티킥이라는 수순을 거친다. 이 규칙 속에서는 주심판이 절대적인 권한을 갖는다. 경기 중에 심판의 오심으로 항의도 하고, 오심을 당하는 선수는 억울하다고 하소연도 하고 하지만 그 선수에게는 만족할 만한 해명을 얻지는 못한다. 이럴 때 자주 쓰이는 말이 등장한다. 사람이 하는 일인데 실수가 있다는 모호한 말로 구렁이 담 넘어가듯 얼버무린다.

우리는 우리가 살고 있는 사회에서 규칙은 만인에게 적정하고 게임의 법칙이 정당한 게임을 치를 수 있는 환경이라고 말할 수 있을까. 게임을 하는 본인들은 몇 퍼센트나 만족을 할까. 우리는 마음이 답답할 때 넓은 바다나 호수를 바라보면서 울부짖고 싶을 때가 있다. 바다를 바라보면 가슴이 시원하고, 그동안 감정 속에 억눌렸던 모든 것들이 일시적으로 뚫어지고, 해결이라도 된 듯 위안을 주기도 한다. 매년 1월 1일이면 동해의 바닷가에 많은 사람들이 모여 수평선에 떠오르는 해돋이를 본다. 왜 그들은 수평선에서 떠오르는 태양을 볼까. 떠오르는 태양을 보면서 사람들은 각각의 애환을 표현하기 시작한다. 어떤 사람은 환호 같은 괴성을 지르고, 어떤 사람은 열렬한 박수를 치고, 어떤 사람은 눈물을 흘린다. 그 짧은 시간에 사람들의 표현은 각양각색이다. 묵은 감정을 보내고 새해의 소원을 빌고자 해맞이를 하는 이가 많다고 생각했으나, 그들은 수평선에서 해를 바라보며 단순히 소원만을 빌고자 모인 사연은 아니었다. 희망의 지혜를 얻기보다는 답답한 가슴을 쓸어내리고 싶고, 삶에 있어 고달픔을 하소연하고자 하는 이들이 다수였다. 이런 행위는 우리가 살아가는 일상에서의 일시적인 위안에 그치며, 막연한 미신에 그치겠지만 짧은 시간 동안 마음을 정화한다고 볼 수도 있다. 수많은 사람들이 수평선을 바라보면서 희망을 염원했다는 자체만으로 수평선의 가치를 알 수 있을 것이며, 수평선은 모두의 마음에 있는 빛의 선으로 표현하고 싶다.

수평선이 항상 평온을 유지하는 것은 아니다. 어쩌다 환경이 바뀌면 성난 얼굴을 하며 파도와 함께 수평선은 이지러진다. 이런 현상은 연중 반복된다는 것이 자연의 순리이다. 우리가 살고 있는 사회도 항상 순조롭고 평안하지만은 않다. 때문에 개인적으로 미지의 상황이 전개된다 하더라도 그때그때 대처할 수 있는 각자의 방안을 구상해 놓아야 한다. 수평선 위에서도 계급의 논리는 존재한다. 하늘에는 자유롭게 날 수 있는 새가 있고, 바다에는 느리게 항진하는 작고 큰 배[船]가 떠다닌다. 새와 배라는 이름은 서로 다르지만 각각의 개성과 소임을 가지고 하늘을 날고, 바다를 항진하고 있다. 단지 기능면에서 하늘을 날고 있는 새는 날갯짓을 하면서 항진하고, 바다에 있는 배는 동력을 통해서 물을 박차면서 항진한다. 기계적인 작동 원리는 다르나, 공통점이 있다면 앞을 향해 항진을 한다는 것이다. 일정한 목표점의 거리를 두고 경주를 한다면 누가 승리할까. 삶의 일상에서도 업무와 사업적으로 게임은 비슷하다. 누구는 날개를 달고, 누구는 날개를 달지 못했다고 후회와 하소연을 많이 하는데, 날개란 주어진 환경에서 자기 스스로 평상시의 근면성과 노력에 대한 표상물이며 지혜를 겸비한 자기관리의 상징물이기도 하다. 공부를 많이 하여 지식이 해박해야만 성공할 수가 있다는 것은 아니다. 자신의 눈높이 위치에서 최선을 다하는 것이다.

요즘 사회생활에서 달인이라는 항목이 있다. 필자는 이를 감명 깊게 받아들였다. 직업의 귀천을 떠나, 자신에 일에 대한 최선과 긍지를 가지고 전문가가 되는 것이 얼마나 아름다운 일인가. 고위공직 또는 재벌, 무엇이 부럽겠는가. 꼭 그들만이 출세를 하고 성공을 했다고 볼 수는 없다. 삶의 현장에서 열심히 일하고, 땀 흘려 가치를 수반하는 자가 인생의 성공자일 것이다. 줄 없고, 날개 못 달았다고 섭섭함과 후회하지 말아야 한다. 이제라도 만들어 가면서 여유 있게 준비해야 한다. 신은 우리에게 공평하게 생애에 있어 누구에게나 3번에 한하여 행운의 기회를 준다고 한다. 우리는 그 기회를 포착하고 못하고의 차이다. 포기하지 말자. 타고난 운명은 어쩔 수 없다고 하지만 팔자는 만들어간다고 했다. 운명보다는 팔자가 현실의 삶에서 생활에 도움이 되고, 자신의 팔자를 어떻게 하면 유용하게 만들 것인가는 선(仙)의 지혜를 통해서 길을 찾을 필요가 있다.

행복을 깊게 지혜는 넓게

행복의 깊이는 바다의 수심처럼 몇백 미터부터 몇천 미터까지 깊다고 생각한다. 행복의 느낌은 바다 표면처럼 부드럽고 아름다움도 있겠지만, 바닷속 해저의 황홀함은 또 다른 가치를 추구하며 내외를 비교하곤 한다.

행복의 느낌과 종류는 참으로 많아 체험하고 행복을 느끼는 분비선의 정점은 얼마의 선상에서 표출될까. 행복은 자신을 존경하고 자기 마음의 씀씀이에서 시작되는 듯싶고, 자기 스스로가 노력하고 만족하려고 하는 만큼 가치의 대가가 주어진다. 어린아이에게는 사탕과 엄마의 젖이 행복일 수 있고, 청소년에게는 규칙과 공부의 스트레스를 받지 않고 자유의 시간과 공간적 행위를 할 수 있다면 그들만의 세계에서 행복을 느낄 것이다. 청춘 남녀는 경제, 문화, 환경 등을 갖춘 상호의 조건에서 사랑이 싹튼다면 달콤한 사랑의 행복에 만족할 것이다. 성인들 세계에서 보면 남성은 조직에서 성공하고, 경제적 부자, 사회적 명예 등을 출세 또는 성공의 기준으로, 행복이라는 잣대로 만족하기도 한다. 가정주부인 여성들은 자녀의 뒷바라지, 경제적 충만, 남편의 사랑이 곁들인 소중하고 작은 행복에 감동한다. 진정한 행복은 마음에 있고, 행복을 위한 노력이 행복일 것이다.

필자는 하루하루 사랑의 뜻을 충만하면서 행복에 젖어 살아가고 있다. 행복의 충만은 마음의 부자를 의미하고, 더 많은 행운이 그 안에 있을 것이다.

지혜라 함은 깊이도 깊지만 넓이도 무한적으로 넓다. 지구처럼 크고, 세계처럼 넓다. 작게는 곡식이 있는 논밭의 평야처럼 넓고, 남자의 가슴처럼 넓다.

사람이 살아가면서 목숨이 다하는 날까지 변화와 도전 속에 필요한 연구를 계속하고, 학문을 연구하고, 삶에 있어 생활 방식을 개선해 가고 있지만 깨우침이란 끝이 없다. 오늘의 최선이 내일에 2등이라는 것을 느끼며 반성해 본다. 어른들께서 말씀하시길 삶의 지혜는 죽을 때까지 배워도 다 못 배우며, 죽음 앞에서야 비로소 후회와 함께 인생에 있어 깨달음을 조금 안다는 것이다.

지혜라 함은 지식과는 사촌 간이다. 완전히 별개는 아니고 지식을 포함한 생활의 슬기로운 방법을 찾는 방식을 말함이다. 간혹 지식적인 이론의 공식이 생활에 있어 불편을 초래함에 있어, 이를 현장에 맞게 개선을 함으로써 역으로 이론적인 공식을 만들어내기도 한다. 일정 부분에 있어 지혜적인 논리를 표현했다고 해서 그것이 곧 그 부분의 적정한 공식이 될 수는 없다. 그리고 영구적인 방식도 될 수 없다. 시간이 지나면 또 새로운 것이 출현을 한다. 마치 샘에서 새로운 물이 솟듯이 말이다. 유쾌한 생활의 방식을 찾기 위해서는 생각을 많이 해야 하고, 그중에서 올바른 발상을 찾고 실행하며, 자신이 행하고 있는 방향과 위치가 정위치인가를 점검과 함께 반성의 시간을 필요로 한다. 아무리 좋은 지혜의 논리라도 자신과 맞지 않는 방식이라면 가식이고, 맨몸으로 진흙에서 구르다 양복을 입는 꼴이 될 수도 있다.

자아의 눈높이에 맞춘 지혜의 방식을 선택함이 지혜 자체라 생각한다. 지혜는 어떤 곳에서 어떤 방법으로 찾을 수 있을까. 우주 공간, 바다, 산과 들, 그리고 우리가 살고 있는 생활 공간, 도시와 농・산・어촌으로 나열하고 싶다. 도시와 농・산・어촌은 생활 방식이 각각 다르다. 첫째는 생업에서 직종과 주거환경 및 생활환경이 다르다고 볼 수 있다. 둘째는 도시 문화와 농・산・어촌의 문화는 여러 면에서 다르다. 먼저 직업을 논하지 않고, 사람이 살고 있는 생활환경을 논하고 싶다. 도시민은 농·산·어촌을 찾고, 농・산・어촌민은 도시를 찾아 서로 교차하여 다른 방식을 체험하는 것이다. 그리고 그 속에서 자신에게 필요한 지혜를 찾으면 될 것이다.

지혜라는 단어에도 장・단점이 존재한다. 무수히 많고, 좋고, 편리한 것만을 지혜라고 볼 수는 없다. 때로는 지혜도 고통이 수반된다. 가능한 한 삶의 지혜는 사람 냄새가 나는 생활 속에서 문제점을 찾는 것이 바람직하다. 사람 냄새 속에 고뇌로 씨름을 하다 보면 또 다른 세계가 보일 수도 있다. 이런 방식은 새로운 직업을 얻을 수도 있다는 표현이다. 실재 도・농 교류 참가자 중 몇 명은 아이디어를 얻고 창업에 성공한 사례도 있다. 이것이 도・농 교류의 힘이 아닌가 싶다. 지혜란 책상에 앉아 연구만 해서 창출되는 것이 아니다.

지혜는 당신의 주위를 맴돌고 있다. 무색, 무취, 무미하다. 바람처럼 스치는 생각들을 잘 정리할 필요가 있다.

지평선地平線 생태 법칙과 생활 활력

먼 산을 바라보고 있노라면 산 능선이 보인다. 산봉우리의 지평선은 바다의 수평선과는 달리 일(一)자가 아닌 M자에 가깝다. 산에는 크고 작은 나무가 함께 있어 악보에 있는 음표처럼 예능을 표현하여, 지평선에는 마치 음파가 있어 음악의 한 소절이 금방이라도 들려오는 듯한 기운과 함께 많은 사람들이 모여서 나를 오라 하듯 소리 지르며 손짓을 하는 자태를 하고 있다. 이렇듯 가까운 숲에는 자연 순환법칙이 존재하면서, 생태를 보존하고 사람들이 생활하듯 풀과 나무들도 하루 24시간을 똑같이 생활한다. 잠자고, 세척하고, 산소 마시고, 노폐물 배출하고, 사람의 생리현상처럼 자연 속에 있는 숲 속에서는 같은 현상으로 생리를 활성화한다.

우리는 땅을 무척이나 고마워한다. 땅은 인간에 있어 에너지원을 생산해 주는 근본적인 장소이기 때문이다. 각자의 건강을 유지하고 삶에 활력을 남다르게 앞서 찾는 사람은 땅 기운의 활용을 지혜롭게 잘한다. 땅과 숲은 먹는 에너지, 정화의 에너지, 생활의 에너지 등을 사람에게 공급하여 사람과 필수 관계로서 서로 상생하며, 아끼고 관리와 보존을 해주어야 할 의무와 책임이 있는 것이다.

숲 속에서 선(仙)의 법칙을 보자. 숲 속의 풀들을 살펴보면 그들 나름대로의 가족의 구성원이 되어 있고, 잎의 각 줄기에 영양소를 공급하며 잘 성장하고 있다. 숲에는 풀만 있는 것이 아니다. 작은 꽃도 있고, 산나물도 있고, 나무도 있고, 개미, 벌, 새, 작은 짐승 등을 모아 작은 부락을 이루고, 숲 속의 왕국처럼 삶을 영위하고 있다. 이 속에도 규율과 규칙은 있다. 사람들은 이 작은 왕국을 마구 밟고 다닌다. 아무런 미안함도 없이 말이다. 이들도 생존의 법칙이 있고, 선의의 경쟁이 있다. 사람들은 의사소통을 언어를 통해 하지만 이내들은 바람을 활용한 자신의 분비물을 발산함으로써 자기 자신을 변론하고, 의사소통을 한다.

사람들이 느끼지 못하지만 풀과 나무들도 각각 주어진 주파수가 있어 자기의 고유 주파수를 발산한다. 물론 사람의 생체에도 전류는 통하고, 주파수는 있다. 아주 미세하지만 말이다. 숲은 노래를 한다고 많은 이들은 이야기한다. 그냥 가상적이고 상상이라고 말할 수 있겠으나, 가상과 상상은 아니다. 자연은 실리가 있는 음악을 연주한다. 사람에게는 안정감을 주는 화음, 가냘프고 향기로운 멜로디, 세포가 부러워하는 애절함 …….

필자는 종종 숲과 대화도 하고, 그네들의 음악을 감상하면서 또 다른 세계의 맛을 음미한다. 산속에서 몇 년 살다 보면 누구나 체험

할 수 있는 생태에 법칙이다. 나무와 풀잎에서는 자기 보호 또는 방어 차원에서 가스를 발산한다. 그런데 숲과 나무에서 발산한 가스(냄새)는 인간에게 유익하다고 한다. 그래서 사람들은 숲을 찾고 산림을 선호하며 숲과 나무에 관심을 갖는다.

숲의 풀과 나무는 자기의 이익과 대가를 목표로 공기를 정화하는 것이 아니다. 그렇다면 사람들은 현대 문명사회에 살면서 사회를 위해 얼마나 헌신하면서 살고 있는지 묻고 싶다. 숲에 있는 식물들도 사람들에게 헌신을 하는데 식물보다 못한 사람살이는 무엇일까.

식물 앞에 머리 숙여 배움을 청하니 선(仙)의 지혜를 얻어서 이제라도 봉사의 정신으로 사회생활에 입문하고 베풀면서 살자. 국가가 나에게 무엇인가 해주기를 바라지 말고 나는 국가를 위해 무엇을 할 수 있느냐를 생각하며, 자기가 살고 있는 지역 및 공동체 사회에 무엇을 할 수 있을까 라는 긍정적인 정신이 필요하다. 숲과 나무가 인간을 위해 끊임없이 영양소를 주듯이 우리도 자기 기능의 역량을 찾아서 업무와 연결하여 활동을 하고, 그 대가로 경제가 부흥이 되어 생활수준이 윤택하게 된다면 선(仙)의 생태 법칙 활성화야말로 자연과 사람이 상생할 수 있는 지혜를 얻는 바나 다를 바가 무엇이겠는가.

숲 속에서 수많은 종류의 생명체를 관찰하고 있노라면 자기 성찰의 기회가 주어지는 듯하다. 자기 생활에서 스스로 잃었던 자기 모습을 다시 찾을 수 있다는 것이다. 이것이 바로 자기 생활의 새 에너지를 발견할 수 있는 생태환경이라는 것이고, 때문에 지평선의 생태법칙을 생활에 접목하기를 권한다.

제2장

선仙 생활의 기쁨과 행복

사람은 누구나 기쁨과 행복을 원한다.
행복의 느낌은 인위적인 것이 아니다.

자연 속에서 바람이 옷깃 사이로 스며들듯
가슴에 와 닿는 것이다.

자연은 친절한 안내자이다.
현명하고 공정하며, 게다가 상냥하다.

- 몽테뉴 -

몸과 마음이 건강해야 성공의 지름길

건강을 잃으면 모든 것을 잃는다 하였다. 부도 명예도 무슨 소용이 있으랴. 건강에 있어서는 정신 건강이 수반된 육체 건강이 동반되어야 비로소 사람이 건강하다고 말할 수 있을 것이고, 정신 건강 없이 육체만 건강하다면 이것은 인성체가 건강한 것이 아니고 속빈 허수아비 건성체라고 말할 수 있을 것이다.

전투와 전술에 있어서 고지의 목표를 앞에 두고 고지를 탈환하려면 지혜로운 전투를 해야 되는데, 이는 정신과 육체가 건전해야 슬기로운 아이디어가 생길 것이요, 용맹성과 전우애가 싹터야만 아군의 피해를 최소한으로 줄이면서 빠른 시간 내에 고지를 점령할 수 있을 것이다.

사회생활에 있어 단체의 힘과 결집력을 위해서는 스포츠(운동)라는 이름을 많이 사용한다. 우리는 조직사회에서 체육대회라는 이름으로 각각의 종목을 나누어서 경기를 하고, 경기 규칙에 있어서는 계급장이 없는 상태에서 격돌하면서 우애를 다지고, 상하좌우 관계없이 자유로운 조건에서 자연스럽게 서로 인간관계를 맺는다.

레저 공간을 활력의 촉매제로

레저라 함은 아직도 소수의 사람들은 사치성 위락시설, 고급 스포츠 등으로 분류하기도 한다. 레저란 외래어이고, 우리말 표현은 여가생활, 공간, 틈새 생활에 있어 막간을 활용한다고나 할까. 생활의 지루함을 달래고 생산을 위한 재충전 활동으로써 체육, 문화, 예술, 과학 등의 자기 취향에 맞게 활동을 하는 것이라고 사료된다. 물론 사치성의 종류도 있다. 그러나 꼭 그런 종목만 있는 것은 아니다. 때문에 굳이 돈이 있어야만 즐기는 것도 아니요, 시설이 화려하고 특성이 있어야만 레저 시설이며 공간이라고 말할 수는 없다. 표현 분류를 동적(動的), 정적(情的), 문적(文的) 외 다수의 방식이 있다. 생활공간에서 시간과 장소에 구애됨 없이 자기가 하고자 하는 취미생활을 탐구하고 즐기는 것이라고 표현하면 좋을 듯싶다. 단지 취미를 하면서도 업무와 연결시킨다든지 친구들과 함께 할 수 있다면 생활에 더더욱 보람된 취미활동이라고 볼 수 있겠다.

레저라 해서 꼭 스포츠 쪽만 생각을 하는 것은 바람직하지 않다. 문학, 연극, 노래, 공작, 미술, 음식 만들기, 여행, 스포츠 등 항목은 무수하게 많다. 일반인들은 레저에 관하여 오해가 있는 듯싶고, 고급적이고 금전이 수반되어야만 할 수 있는 프로그램이라고 생각하고 있는 듯하다. 종목은 선택하기 나름이고, 자기 분수에 맞추어서 얼마든지 즐길 수 있으며, 레저 생활에 관하여 고정관념을 바꿀 필요가 있다. 레저를 행하거나 즐기는 것이 마치 무슨 계급을 논하는 것처럼 생각함은 잘못된 기준이다. 레저 종목에 따라서 그 사람의 생활수준 및 문화 수준의 잣대로 평가하는 것은 후진국에서나 있는 평가이며, 우리나라는 이미 선진국 수준이다.

진실한 레저는 주거와 직장의 공간에서 벗어나 생활의 연장선상에서 피로를 풀고, 새로운 업무 능률을 향상하기 위해 창의적인 구상과 체력을 증진하고, 정신을 맑게 하는 것이라고 생각하여야 바람직하다고 볼 수 있다.

레저의 공간은 제2 창업의 길도 있다. 생활에 적용하여 활용 범위가 넓어서 수많은 기술을 필요로 하고 있기 때문이다. 자기가 하고 있는 직종 외 다른 직종을 볼 수 있는 기회가 많다는 이야기다. 레저 활동이란 그룹끼리 모여서 한 팀을 이루는 형식이 많다. 인적 교류로서 직업의 네트워크 기능도 활성화되고, 그리고 또 다른 취미를 갖다보면 다른 프로그램을 접하게 된다. 이 세계를 들여다보면 생각 밖의 생각을 접하며 새로운 에너지를 충전시켜 주는 요소로 생활에 있어 효자 역할을 톡톡히 한다고 보겠다.

선線과 선仙 운동을 통한 참살이 삶

사회생활에 있어서 공간 영역은 일정한 형식과 규격이라는 틀이 있다. 건물 모양에 있어서도 아파트 같은 경우 직사각형, 일명 새장이라고 한다. 현재에도 주거 공간인 방 같은 경우 직사각형 및 정사각형이다. 그리고 크기도 9자 × 9자가 기본이고, 형편에 따라서는 조금 크거나 아니면 작다. 운동경기장의 모양은 큰 틀에서 타원형이다. 선(線)적인 규격의 생활과 생각이 연속적으로 이어지면 사람의 생각이 작아지고, 융통성과 창의성이 없어서 자기 미래 개발이 둔화되고 진보성이 없다는 것이다.

여기서 이야기하고자 하는 선(線) 운동이라 함은 다음과 같다. 첫째, 규칙적인 생활습관 속에 규칙적인 시간 선(線)을 정한 뒤 행하는 건강상의 운동을 말한다. 장소로는 도심 속에서 집 안이든, 작은 공원이든, 교외이든, 산속이든 관계없고 체력 향상을 위한 운동으로써 꼭 어떠한 종목을 지정한 것이 아니고, 자기가 하고 싶은 운동, 취미가 있는 종목을 가볍게 하라는 것이다.

둘째, 규격이 있고 형식적인 틀 속에서 운동을 하는 행위, 축구, 권투 등의 규격적인 선을 그려놓고 과격하게 하는 선수적인 운동은 삼갈 필요가 있다. 젊은이에게는 관계없으나 나이 많은 사람의 운동은 체력이 수반되어야 한다. 체력보다 과한 운동을 할 경우 생각 따로 몸 따로 움직여 건강을 해칠 수도 있다.

셋째, 운동이란 장기간을 두고 조금씩 해야 함에도 불구하고 타인이 운동을 해서 좋아졌다고 하니 사전 준비도 없이 어느 날 갑자기 과감하게 시작해서 낭패를 보는 경우가 있다. 운동에 앞서 자신의 체력을 측정한 후, 체력에 맞는 종목을 선정하고, 매일 조금씩 늘려나가는 방향이 좋다. 위와 같은 내용을 묶어서 우리는 생활 운동이라고 한다. 생활 운동에 있어서 꼭 과격한 운동을 하라는 것이 아니다. 가급적이면 실외 운동을 권하는 것은, 공기 좋은 곳에서 유산소 운동으로 조금은 건강에 도움이 된다는 것이다.

도시민으로서 일상생활에 쫓기다 보면 운동할 시간이란 마음뿐이지 실제로 실행을 못 하는 사람이 많다. 도시민이 과연 열성적으로 시간을 내는 사람은 과연 몇 퍼센트나 될까.

우리는 건강할 때 건강을 지켜야 한다고 생각하면서도 그것이 마음과 현실적으로 이루어지지 못함이 문제점으로 지적되어 있고, 도시민이라면 공통적으로 인식할 것이다. 그러다 비로소 몸의 어느 부위가 아프거나 건강상 문제가 있다고 판정이 나오면 하던 일을 줄여가며 운동에 시간을 할애한다. 그동안 선(線) 운동의 방식은 조깅,

워킹, 자전거, 테니스, 족구, 축구, 수영, 에어로빅 등이 있었고, 서울의 경우 한강변에서 조석으로 많은 사람들이 자기 방식의 운동으로 건강을 보존하고자 하는 사람들이 눈에 띄게 많이 있다.

시대적으로 생활양식이 많이 달라졌다. 물질이 풍부한 탓도 있지만 시대적 환경이 많이 바뀌었다. 10년 단위로 사람이 바뀌어 가고 있고 시대적 문화도 변하고 있다. 세대가 변한다는 것은 청년층이 장년층으로, 장년층이 노년층으로, 노년층이 노인층으로 층층이 층계단을 이루면서 조직사회를 구성한다. 문화도 다문화로서 취미와 개성과 성격이 다면적이어서 주민의 욕구는 높고 넓다. 그런데 사회가 국민의 욕구를 다 수용하지 못하고, 환경적 여건과 복지적 간접자본도 이에 상응하지 못한 듯싶다.

이에 우리는 사회 환경 탓을 하지 말고 장소와 시설 공간이 필요치 않은 운동 기법을 스스로 찾아서 자기의 욕구를 수용할 수 있는 자립 기반을 확립할 필요가 있다. 현대인들의 생활 운동도 선(仙) 운동으로 많은 관심을 가지고 있다. 이미 국제적으로도 활성화가 되어 있으며, 동남아에서 시작하여 서유럽까지 전파되고 있는 실정이다. 우리들도 다문화적인 차원에서 양면성인 운동 방향을 선택하고 체력 관리에 효율성을 기할 필요가 있다.

가정이나 직장 주변의 환경을 보자. 작은 공간이지만 검도장, 에어로빅 생활 댄스, 수영장, 명상원, 요가원 등이 있다. 이 운동 중에 에어로빅과 검도 등은 약간 과격한 운동이라고 볼 수 있고, 명상, 요가, 생활 댄스 같은 종목은 정신과 육체를 동시 단련시키는 방식이고, 작은 힘 속에 큰 운동의 효과를 보는 것이 장점이라고 볼 수 있다.

생활 운동 중 선(仙) 운동이라 함은 팔다리 등을 꼭 움직여서 하는 것만이 운동이라고 칭하지는 않는다. 벽을 바라보며 좌선을 하면서 명상을 하든지 조용하게 음악을 듣는다든지, 그림을 감상한다든지, 책을 정독한다든지, 주로 동적(動的)인 운동이라기보다는 실내 공간에서 정적(情的)인 운동으로서 기(氣) 수련이라고 보면 된다. 일종의 정신 운동이라고 할까. 자기 수련의 방식이다. 미래의 생활 운동이라고 한다면 동적인 운동과 정적인 운동을 개인 사정에 따라서 비율을 정해두고 3:7이라든가, 4:6이라든가 스스로 결정하여 전문가의 도움을 받아 운동을 실행하는 것이 바람직하다고 생각하고, 앞으로 흐름이 선(仙) 운동 방식이 자리매김할 것이다.

녹색 숲을 활용한 기氣 운동

우리나라 백두대간을 기점으로 원시림이 형성되어 있고, 전국적으로 산림녹화와 치산치수(治山治水)가 잘되어 있다. 농・산촌에는 4면이 녹색이라고 해도 과언이 아니다. 녹색의 숲을 바라만 보고 있어도 활력의 힘이 솟아나는 기분이 들기도 하고, 생기도 발생한다.

도시는 농・산촌과 반대로 녹색의 지형물이 풍부하지 못하다. 나름대로 녹색이 잘 준비가 되어 있는 곳도 많다. 그러나 준비가 되어 있지 않는 곳이 더욱 많다는 것이다. 준비가 되어 있다 하면 아파트의 주변 조경 및 소공원 조성 등을 들 수 있다. 비록 작은 양이기는 하지만 도시민으로서는 위안이라도 되는 공간이기도 하다. 나무가 단 몇 그루 있다 하더라도 그 녹색 공간을 활용할 수 있는 운동 방법을 찾아야 할 것이다.

녹색 식물 또는 나무는 신선한 산소를 배출시켜 준다. 운동은 가급적이면 유산소 운동을 하는 습관을 기르는 것이 바람직하다. 도시에서 부득이한 경우로 지하실에서 운동을 할 경우 반드시 산소 공급이 필수적이며, 공기의 순환이 용이하도록 흡입과 배기 시설을 충분히 갖추도록 해야 한다. 사람이 활동을 하면 주변에 의한 먼지를 발생하게 되고, 그 먼지 발생 원인은 이렇다. 혼자도 아니고 여러 명이 운동을 한다고 가정을 하자. 눈에 보이지 않는 미세한 먼지는 그 지하 공간에서 어디로 갈 것인가. 운동을 하다보면 사람의 심폐 기능의 작용은 더욱더 활발해진다. 우리는 그 미세 먼지를 입과 코로 흡입하게 될 것이고, 폐순환 기능 과정에서 일부 장기 속에 쌓이게 될 것이다. 먼지의 종류에도 여러 종류가 있겠지만, 지하실의 먼지는 아주 미세한 먼지이므로 사람이 호흡을 하면서 전혀 감지를 못한다는 것이다.

생체의 센서는 그 환경에 적응하려 노력할 뿐이지 나쁜 공기와 좋은 공기를 판단하는 기능이 없다는 것이고, 환경의 판단과 대처 방법은 자신 스스로가 대책이 있어야 한다는 것이다. 그 행위가 1회성이면 그래도 괜찮을 수도 있는데, 그 횟수를 여러 번 반복하다 보면 건강을 위한 운동이 아니라 건강을 해치는 공간이 될 수도 있다는 것이다. 운동 공간에 있어서 지하실 및 밀폐된 공간은 피하는 방법이 좋고, 주의가 요구된다.

운동에 기능은 이렇다고 생각한다. 일반인들이 생각하는 운동의 목적은 신진대사 촉진, 생체 장기 활성화, 생체기능 퇴화 방지 등이며, 운동의 종목에서도 선수가 아니면 몸을 가볍게 하는 것이 바람직하다. 운동을 하면서 땀을 많이 흘려야만 좋은 운동이고, 쾌감을 느낀다고 좋은 운동일까. 사람마다 운동하는 목표와 목적이 다르므로 어떤 방식이 좋다고 꼬집어서 말할 수는 없다. 그러나 근육을 활발하게 움직이는 만큼 충분한 산소 공급이 필요하다고 필자는 알고 있다. 그 근육은 혈액순환이 왕성해야 가능하며, 혈액이 가장 필요로 하는 물질이 바로 산소라는 것이다. 미세한 먼지를 많이 마시면 그 먼지는 혈액 속에 쌓이고, 피와 함께 우리 몸을 순환하면서 누적이 되면 결과적으로 피를 탁하게 만드는 원인 중의 하나가 될 것이다.

결론적으로 운동을 할 때에는 주변 환경을 고려해야 하는 습관이 무엇보다도 중요하며, 심지어는 아침에 안개가 많은 날은 운동을 피하라는 것이다. 이유는 공기 중에 산소의 밀도가 작기 때문이다. 운동에 있어서는 환경이 중요하다고 강조하면서 자연환경이 좋지 않는 곳에 있는 사람들은 산소량을 많이 소비하는 유산소 운동보다는 산소 요구량이 작은 기(氣) 수련 쪽으로 방향을 선택하는 것이 좋다. 운동은 보약이라고 하지만 보약도 잘 먹어야 보약이지 잘못 먹으면 독약이 된다. 자신에 맞는 운동이 보약이 될 것이요, 자기 체질에 맞지 않고 좋지 않은 환경에서 운동을 하는 것은 독약을 먹는 것과 다를 바가 없다고 생각한다.

도심에서 실내 공간을 살펴보자. 아파트의 경우 베란다의 공간을 활용하는 것이 좋을 듯싶다. 베란다에는 통념적으로 화초들을 많이 가꾸곤 한다. 그리고 외부와 창문이 바로 연결이 되어 있어서 작은 공간이지만 활용할 수 있는 유일하면서도 가치 있는 공간이다. 더욱이 좋은 점은 부부끼리 할 수 있는 사랑의 공간이라고 볼 수 있고, 남에게 방해를 받지 않는다는 장점을 가지고 있으며, 시간의 구애를 받지 않는다는 것이다. 베란다에 있는 화초가 운동에 있어 유산소를 많이 보충해줄 것이고, 특히 단호흡 쪽으로 기(氣) 수련의 공간으로 조성해보는 것이 바람직할 수도 있다. 처음의 생각을 실행에 옮기기는 어렵겠지만 전문가의 도움을 받으면 문제는 쉽게 해결점을 찾을 수도 있다. 그래서 자기 생활에 있어 이 작은 공간을 활용함으로써 스트레스라는 문제도 해결하고, 업무의 효율과 생활의 활력이 다시 찾아올 것이다.

주택과 아파트 주변을 벗어나면 도심에서는 녹색의 공간을 차기가 어려울 듯싶다. 주변 산에 있는 약수터 및 등산로를 찾아 작은 공간을 확보하고 가벼운 운동을 시작으로 10분간 하다가 약간의 땀이 형성되면 좌선을 하고, 명상을 한다든지 자연의 생태를 관찰한다든지 선(仙) 운동을 병행한다. 기(氣) 운동의 특징은 자연식물의 생태 관찰과 자연 에너지를 상호 교환하고 활용하는 것이 기본이며 핵심이다. 자연과 함께 정신 운동을 하자는 것이다. 식물의 냄새도 맡고 나무를 만져 보고, 나무와 대화를 하며 정신세계 차원에서 교감을 하는 기법이다.

전통문화를 관광 상품화

현대 생활에 있어서 생활 운동 자체도 개성의 시대를 맞이한 듯 싶다. 전국 8도별로 특징과 개성이 있고 각 도에서도 시·군 단위별로 또 다른 개성이 있다는 것이다. 각 지방별로 체육적인 문화가 대단히 많아서 이것을 잘 다듬으면 문화적 체육 상품이 가능하겠구나 하는 생각이 들었고, 시·군별로 개발을 하여 전국적으로 교류를 하여서 활성화한다면 훌륭한 관광 자원으로 자리매김을 할 수가 있다고 생각한다.

큰 분류별로 본다면 민속놀이가 있고, 현대 체육이 있고, 유동성 레크레이션이 있다. 민속놀이에 있어서 잠시 본다면, 과거에 했던 방식을 현대화로 개선하여 현대인들이 쉽게 접근할 수 있도록 체험 방식을 개량화해야 한다는 것이다. 그것도 단시간에 익숙할 수 있는 것, 장시간 숙련이 필요한 것 등으로 분류하고, 실내 및 가정에서 응용할 수 있는 것과 야외 공간 및 넓은 곳, 소공원에서 할 수 있는 것으로 선별을 하여서 상품화의 기회로 삼아야 할 것이다. 현대 체육을 본다면, 대체적으로 젊은 사람들이 리드를 한다. 그 예로 운동 방식, 운동 종목 등이며, 장년층은 그 방식을 따라가고, 중년층은 혼합형을 선호한다. 현재에는 농・산촌 민박지에 머물면서 체육을 할 수 있는 시설이라고는 족구장, 농구장 외는 별로 없다.

다음은 유동성 레크레이션을 보자. 레크레이션은 생활의 업무에서 지친 마음의 활력을 촉진하기 위한 재충전 프로그램으로써 누구나 같이 할 수 있는 게임의 방식을 말함이고, 게임이 쉽고 흥미를 유도할 수 있어야 한다. 고등학생, 대학생, 청년층에서는 레크레이션이라는 말이 새롭지 않고 많이 활용하고 있지만, 장년층이나 중년층에서는 아직까지 효과적으로 이용을 못하고 있는 듯싶다. 사회 구조 때문인지, 아니면 체면적 품위 탓인지, 쑥스러워하는 측면도 많다. 레크레이션 문화가 몸과 마음에 익숙해 질 수 있도록 사회적으로 분위기 조성이 필요하고, 개인적으로 즐거운 생활문화를 즐길 수 있도록 하는 자세도 필요하다. 그에 맞는 놀이문화를 위해서 스스로 개발의 의지가 수반되어야 할 것이다.

문화공연에서 보면 일반적으로 농・산・어촌에서는 풍물패라는 마을 단위의 구성원이 있다. 풍물패에 있어 고전적인 방식으로 가락만 행위 할 것이 아니고, 단체 또는 한두 사람이 할 수 있는 가락으로 변환해서 할 수 있도록 하고, 노래와 가락과 북치는 행동과 여러 가지 변형을 주어서 현대인의 구미에 맞는 모습으로 전환을 해야 한다. 북의 종류도 다양하지만 꽹과리, 징 등을 세트의 구성 요소에 따라 상품이 될 수가 있다. 똑같은 소재를 가지고도 구성된 시나리오에 따라 새로운 상품을 만들 수가 있다는 것이다. 춤 문화를 보면 농경사회에서 전통적으로 내려온 춤들이 서서히 사라지고 있는 듯하다. 농경 문화의 춤도 현대의 춤과 혼합한 춤사위를 만들 필요가 있다.

현대의 '생활 댄스'라는 것도 운동과 함께 응용을 해서 많이 사용하고 있지만, 이것 또한 소수의 인원이 할 수 있는 기술을 접목했으면 한다. 춤에 있어 몸에 착용하는 소품을 자연에서 생산되는 소재 활용 차원에서 의복이나 기구들을 천연 자재로 사용하고, 레크레이션의 경우, 젊음과 늙음의 놀이문화를 구분없이 병행할 수 있는 프로그램을 만들면 더욱 좋다. 나이를 먹을수록 젊은이의 놀이를 체험해 보면 삶에서 신선함을 느낄 것이다. 레크레이션 문화의 상품화는 필수적이다. 시장도 넓고, 농촌에 있는 주민들의 정서함양이나 농촌 관광의 소품으로도 사용이 용이하기 때문에 개발이 필수이기는 하나 종목이 다양해야 되고, 경제성과 실용성을 겸비한 연구와 생산을 해야 된다는 것이다.

레저를 사치성이라든지 개인의 운동이라 생각하고 바라만 볼 것이 아니라, 이것을 도시민은 생활 건강 프로그램으로, 농・산・어촌에서는 관광과 연계한 상업화로 접목이 가능하다는 시각으로 바라보아야 한다는 것이다. 도심에서는 강변이나 소공원을 활용하고 조석으로 일정한 시간을 정해 놓고, 요일별로 각각 다른 프로그램으로 각각 다른 강사가 열린 교습을 하는 것이다. 이런 교습 문화가 우리나라에서도 조금씩 형성되어가고 있으나 국민의 의식수준이 아직은 받아들이는 준비성이 부족한 상태이다. 그러므로 이 열린 교습 문화를 상업화로 활성화할 필요가 있다고 보겠다. 외국의 사례를 보아도 그들은 많이 활성화가 되어 있고 이것을 열린 관광 상품으로도 사용함과 동시에 경제적 소득원으로 연결을 하고 있지 않는가.

도심에서는 여가 체육 활성 차원 농·산·어촌에서는 휴선 문화 상품 개발 차원으로 하여, 단계적으로 개발 육성한다면 신선한 체험 프로그램으로 새로운 상품으로 자리매김할 수 있을 듯싶다. 앞으로 농·산·어촌에서 할 수 있는 체육 문화의 프로그램의 개발이 시급한 실정이며, 체육이라 함은 꼭 공(볼)을 가지고 하는 것만은 아니라고 생각하며, 농·산·어촌 현장에 있는 자연자원을 활용한 소재를 가지고 운동을 할 수 있는 시스템을 연구 개발하여 보급을 해야 된다는 것이다.

과연 이런 일의 연구와 개발 업무를 누가 할 것인가를 논의해야 한다. 농·산·어촌 현장에서는 이 부분이 문제점으로 돌출되어 프로그램의 단조로움으로 연결이 되고, 고객의 체험거리 및 휴양의 시스템에서도 전혀 준비가 되어 있지도 않고, 해야 되겠다고 하는 의지조차도 없다. 이제라도 준비를 해야 할 것이다. 앞으로 있을 체험 및 휴양 마을 육성 차원에서라도 있어야 하고 농·산·어촌 관광 활성화 차원에서도 더더욱 준비를 해야 한다. 준비함에 있어 중요한 점은 지역별 현장의 실태를 파악하고, 현장과 일치하며, 주민들의 사용과 소비자의 애용에 있어 실용성이 있어야 한다.

그런데 지난 10년이란 시간을 뒤돌아보면 정부에서 추진했던 농촌 관광은 붕어빵 찍기의 틀에서 벗어나지 못하고 매뉴얼 몇 개로 전국적으로 보편화시켰다. 앞으로 새로운 방식으로 농·산·어촌 관광을 활성화하는 기회가 된다면, 우리는 무엇보다도 지난날의 우

(愚)를 두 번 다시 반복하지 않기를 바라며 각성의 기회로 삼아야 할 것이다.

상기와 같은 제도를 실행하기 위해서는 차분하게 조사가 이루어져야 하고, 자료가 수집되면 평가를 거쳐서 상용이 가능한 것을 선별하여 단・중・장기별로 구분하고, 점진적으로 확대하여 가는 방향을 모색해야 될 것이다. 이 부분은 국가가 먼저 선행을 해서 기획을 하고 활성화를 위해서 전담팀을 구성해야 된다고 생각하며, 또한 지방자치단체에서 적극적으로 앞장서서 추진할 필요가 있다.

숲속 새의 지저귐에서 행복 찾기

도시에 있는 도시민이든 농·산·어촌에 있는 마을 주민이든 행복을 찾고자 하는 열망은 같다고 본다. 행복을 찾고 느끼는 방법에 있어 도시와 농촌에서 표현과 기준이 다를 뿐이다.

행복의 느낌은 인위적인 것이 아니고 자연 속에서 자연스럽게 바람이 옷깃 사이로 스며들듯 가슴에 와 닿는 것이다. 도심에 있는 도시민이나 농촌에 있는 마을 주민이나 행복의 만족도를 살펴보면 50 : 50으로 보면 되고, 어느 한쪽이 기울이는 편차가 있다면 장·단점의 논리로 산술을 하고 싶다.

생활 속의 여유로움이 행복이라고 하면 그 기준을 어디에다 맞출 것이냐가 논쟁이 되겠지만, 평균적으로 도시민들보다도 마을 주민들이 행복의 여유로움을 더 많이 즐기는 편이라고 생각한다. 농·

산・어촌의 주민들 대다수는 만족도의 높이가 그리 높지 않다는 것이고 목표의 수치가 낮기 때문에 더더욱 여유로움이 있는 것 같다. 농・산・어촌의 환경은 이렇다. 농・산촌에는 녹색 숲이 있고, 어촌에는 파란 바다가 있다. 일상에서 밤과 낮이 있듯이 생활의 논리에서도 흑・백의 양면성이 존재한다. 녹색은 사람으로 하여금 안정과 편안한 생리작용을 도와주고, 파란색은 사람에게 희망과 미지의 동경과 넓은 마음을 갖게 한다.

현대 사회에서는 돈이 우선이냐 공직에 출세냐를 놓고 사람의 모습을 평가하곤 한다. 특히 도시민들이 이 대열에 서서 자기가 만든 줄에 자신을 묶고 몸부림 속에 스스로 생활의 노예가 되려고 자청하고 있는 듯하다. 산촌의 주민들은 떼돈을 벌 일도 없고, 공직 사회로 출세를 할 일도 없고, 줄이 없으니 자신을 묶을 일도 없다. 제주도에서 유명한 말[言]이 삼다도라 했던가. 산촌에는 삼무일선(三無一仙)이다. 돈, 명예, 줄이 없어 삼무(三無)고, 신선의 지혜와 양심으로 생활에 임한다 하여 일선(一仙)이라 한다. 농・산촌에서는 아침이면 녹색의 산과 들을 바라보며 산에서 일하든 밭에서 일하든, 논에서 일하든 식물과 대화를 하면서 자연의 순리를 벗하며 하루의 일과를 갈무리한다. 바쁜 일과를 보내노라면 자기 생활에 묻혀서 타인의 생활에 관여할 시간이 없고, 하루의 일과가 종료할 때는 육체는 천근만근이 되지만 농작물을 바라보노라면 피로가 눈 녹듯 풀리면서 행복감이 들고 저녁상에서 반주 한 잔을 걸치면 황홀 그 자체이다. 신에게 감사함은 물 좋고, 공기 좋고, 햇볕이 좋다는 것이다. 이 또한 어느 행복에 견줄 것인가.

필자의 집 근처에는 새집이 여러 동 있다. 무당새집, 까치집. 올

해는 유난히도 새집이 많고, 새들도 다산을 하였다. 지역별로 다소 차별은 있지만 숲이 있는 곳이라면 새들이 서식하고 있고, 새들의 종류는 숲 종류와 지역별로 조금씩 다르다는 것이다.

오래전부터 전해오는 말에 의하면 까치는 좋은 소식을 전해오고, 비둘기는 가정에 평화를 가져오고, 까마귀는 나쁜 소식을 전한다고 알려져 왔다. 어느 책자에 나온 것은 아니지만 필자가 알기로는 까마귀가 나쁜 소식을 전하는 것이 아니고 어쩌면 위급한 상황을 전해주는 고마운 해결사인지도 모른다.

필자가 살고 있는 집 주변에는 중간 정도 높은 산과 작은 숲들이 병풍처럼 펼쳐져 있고, 아침에 기상을 해서 산책과 아침 운동을 하노라면 새들의 아침 인사가 정겹게 들려온다. 그중에서도 이제 아기티를 갓 벗어난 새끼 새들의 지저귐은 아침의 기분을 더욱 맑게 한다. 정자나무, 목련나무, 라일락나무, 벚나무, 엄나무, 단풍나무, 소나무, 전나무 등을 순회하면서 지저귄다. 필자가 운동하는 반경에서 새들의 지저귐은 연속이다. 새들과 함께 운동을 시작하고 새의 지저귐이 운동에 있어 구령 소리라도 되듯 내 스스로 그 박자의 리듬에 맞추어서 몸을 움직인다. 20~30분 운동을 마치고 나무 밑에서 좌선이라도 하고 있으면 머리 위의 나뭇가지에 앉아 하염없이 감미로운 멜로디를 들려주어 필자의 마음에 감정을 정화시키고, 마음의 평안을 찾는 소리, 스스로 반성하는 소리, 사랑할 수 있는 감정 변화의 소리를 들을 수 있다.

아침마다 소리 학습이 시작되고 몇 년이 지나니 나도 모르게 마음의 교화가 시작되었고, 사물을 바라보는 시각도 달라졌으며, 생활방식에서도 많은 변화가 있었으며, 감정과 감성을 생활리듬으로 활용하는데 눈을 뜨게 된 듯싶다. 처음에는 의사소통이 안 되고 그저 지저귀는구나 하였는데 몇 년이 지나고 어떤 의사표현을 하는가를 연구를 통해서 조금이나마 알게 되었다.

새의 지저귐은 아이가 사람을 부르거나 응석을 부리거나 엄마를 부르는 소리와도 흡사하고, 알 수 있는 표현으로서는 소리의 음파가 비슷하고 날갯짓의 표현과 아기의 손가락 움직임과 흡사하다는 것이다. 아이가 방긋 웃으며 엄마를 부를 때 엄마의 마음은 어떤 행복감을 느낄까. 그 행복의 만족도란 엄마가 되어서 그 현상을 맛보았을 때 비로소 쾌감을 느낄 것이다. 소리로써 행복감을 느낄 때 쯤 되면 인격체 형성과 자연 환경의 이해와 사회생활의 폭이 넓고 깊을 것이다.

아름다운 꽃을 바라 보면 그냥 예쁘다고 생각만 하지 말고 가볍게 표현을 해보라. 그러면 꽃이 반응하는 것을 느낄 수 있다. 꽃들도 칭찬하면 기뻐한다. 남이야 어떻게 하든 내 할 일만 하는 이기주의적인 성격이라든지, 타인을 위한 배려와 봉사정신이 없는 삶이라든지, 타인을 사랑할 줄 모르고 자신의 아집으로 가득 찬 사람이라든지, 위와 같은 사람들은 감성의 표현 부족으로 소리 학습을 통한 자기 변화를 가져올 수도 있다.

소리 학습을 깨달음에 있어 자기 스스로 내면의 세계를 바라보며 반성을 하면 마음이 가벼워진다. 차라리 속에 쌓였던 모순점 일부분을 풀어버리니 속이 시원하고, 버린 만큼 그 공백을 작은 행복이라는 단어가 메워지니 인격수양에 조금이라도 보탬이 되지 않았나 하는 생각이 든다. 자연과 생태계의 힘은 알면 알수록 경이롭다. 자연에 귀를 기울이면서 생활에 활력소가 될 수 있는 프로그램을 과학적으로 접근을 시도하며, 계속 연구하고 있다.

일상생활에 있어서 소리는 파장에 따라서 엄청난 효과를 증폭시킨다. 조직 사회에서 상사에게 꾸중을 들을 때 순간 감정의 주파수는 육체에 내면적으로 어떤 영향을 줄까. 이것이 보이지 않는 스트레스성 질병이라고 한다. 타인과의 관계에서 처음 보는 사람이 순간 욕설이라도 한다면 상대적으로 받는 감정의 주파수는 얼마이고 불쾌지수는 어느 정도일까. 여기서 순간 반사적으로 큰일이 발생할 수 있는 수치가 계산될 것이다. 큰일의 발생은 폭력과 폭행을 떠나서 살인까지도 할 수 있다. 그래서 종종 매스컴을 보면 순간 감정을 억누르지 못해서 과실을 범했다고 흔히들 이야기하곤 한다. 그 만큼 소리의 활용과 이용에 따라서 생활에 미치는 영향은 다각도로 많다. 귀족들이 고급 음악을 듣고 연주회에서 생음악을 듣고 하는 행위도 이와 무관하지는 않을 것이다.

가정에서도 TV에만 관심을 둘 것이 아니고 조용한 음악을 항상 듣는 습관이 필요하다. 가급적이면 좋은 소리를 많이 듣고 긍정적인 방향으로 사회를 바라보고, 이해관계를 맺은 사람과의 접촉을 해야 할 듯싶다.

숲 속에는 사랑과 행복의 전도사가 많은 듯싶다. 종합적인 새소리에 귀를 기울여 보라. 국민의 소리가 들리듯 여러 사람의 좋은 소리가 들릴 것이고, 새소리의 화음과 사람의 살아있는 소리. 우리가 살고 있는 자연 속에서 자연에 신비로움을 만끽하면서 신비의 소리 체험을 해보라. 스스로의 마음에 교화가 되는 동기가 될 것이다.

초목草木과 대화의 메아리

산속에서 풀잎과 나무와 대화를 한다. 일반 사람들이 생각하기에는 어처구니가 없다고나 할까. 일반 관례로서는 이해를 하기 힘든 부분이다. 산속에서 혼자 중얼거린다. 평범한 생활상은 아닌 듯싶다. 필자도 처음부터 스스로 시작하고 또한 능숙한 것은 아니었다. 우연한 기회에 어느 선생님에 의해서 전도를 받은 사항이고, 막상 실행을 옮기기가 어려웠다. 실행에 있어 처음에는 말문도 열리지 않을 뿐더러 어색하기가 이만저만이 아니었다. 마음만 가지고 소극적으로 표현을 하면서 독학 과정을 몇 년 하고 나서야 초목과 교감이 되기 시작하고, 내 마음이 서서히 열렸다. 대화의 종류는, 속마음으로 하는 유형, 혼자 중얼거리는 유형, 웅변을 하듯 외치는 유형이 있다.

산들바람이 불 때면 대화의 장은 더욱 익어 간다. 그중에서도 침엽수 계열인 솔잎과의 대화가 어렵고, 활엽수 계열인 벚나무, 생강나무, 오갈피나무, 오리나무 등과는 비교적 교감이 좀 더 편한 편이다.

초목과 대화를 하는 과정은 이렇다. 나무와 풀도 사람들과 교감을 하는 수종이 있는 듯싶다. 일상생활에서 처음 만나는 사람의 관계도 어색하듯이 나무와의 만남도 똑같다고 생각한다. 자주 가는 숲 속에서는 그 나무 앞에 서면 본체인 심재의 표피에서 인사를 한다. 이어서 작은 잎에서 반갑다는 날갯짓을 하며 대화가 시작된다. 오늘은 나무가 건강하구나, 기분이 좋구나, 점검할 수 있다는 것이다. 매일 만나는 친구 같지 않는가. "잘 있었나? 오늘은 얼굴이 좋아 보이는구나!" 등의 가벼운 인사는 사람이나 관목식물이나 비슷한 듯싶다.

필자는 몇백 그루의 나무 앞에 서서 강의를 시작한다. 강의 내용은 필자가 하는 전공 자료이고, 일반 강의 때와 동일하게 격식은 다 갖추고 시작을 한다.

"이 자리에 서서 계시는 나무 여러분! 바쁘신 중에도 귀한 시간을 내주시어 대단히 감사합니다."

이렇게 인사로 시작하여 30분 정도 강의를 한다.

사람 사는 환경이나 자연환경이나 비슷한 듯싶다. 자연에서도 작은 동물이 와서 시끄럽게 하고 곤충들이 울어대고 바람이 불어 나뭇가지가 스치는 소리로 간혹 강의 소리는 뒷전에 있는 경우도 있다. 사람이 있는 강의실과 같다. 딴청 피우는 사람, 졸음에 취해 있는 사람, 피교육생이라는 특징은 사람 모습이나 나무 모습이나 별다름이 없다. 같은 자연 속에서 인간과 식물은 불가분한 공생 관계를 지속해야 된다. 사람 중에서 말 못하는 사람을 보고 우리는 농아라

한다. 일반 사람과 농아가 대화를 할 때, 수화라는 수단을 활용해서 의사소통을 한다. 그런데 나무는 수화의 수단이 없다. 무엇으로 대화를 할까. 처음에는 눈으로 마주치고, 두 번째는 스킨십을 하고, 셋째는 열기로서 대화를 한다. 사람 스스로의 열기와 나무의 기운이 만나서 서로 대화를 시작한다.

대화 과정에서 나무는 시종일관 미소로 '그렇다 아니다' 표현을 반복한다. 초목에 있어 '예, 아니오'의 표현 방식은 나뭇잎이 앞뒤로 움직이는 것으로 가늠한다. 산골짜기 깊은 곳에 들어가면 어머니 품 속 같으면서도 공활한 느낌이 들게 한다. 도시에서 직장생활을 하다 보면 내가 이 속에서 어떤 역할을 하고, 내가 서 있는 위치가 어디쯤 일까를 조심스럽게 생각한다. 그리고 무의식중에 상하좌우 경쟁자가 많다는 것에 대하여 고민에 쌓이게 되며, 중압감을 느낀다. 깊은 산속에 혼자 있다 보면 자연적인 중압감을 느낀다. 이 느낌은 사회 속에서 느끼는 중압감과 동일하다. 과학적으로 밝혀진 바 없고 인위적으로도 표현이 곤란하다. 자기와의 싸움이라 할까. 그 공간에서 기(氣) 싸움을 하여 스스로가 기울면 그 자리를 벗어나야 한다. 그렇지 않으면 생명에 위험이 다가올 수도 있다는 것이다. 숲 속이라 하여도 무언의 경쟁은 치열한 듯하고, 결과적으로 강하게 숙련된 자만이 경쟁의 사회에서 생존이 가능하다는 것이 숲과의 대화에서 얻은 지혜이다.

우리는 산속에서 나무와 대화하며 산의 존엄성을 배우고 느낀 것은 공동체 생활을 해나가는데 정도의 길을 걷는 나침반의 역할이라고 생각된다. 공동체 생활에 익숙하기 위해서는 수련의 필요성도 있고, 무언의 대화술이 발달되다 보면 공동체에 있어 상호간에 갈등을 막는 기능을 연마하는 기회도 될 것이다.

테르펜의 신비한 기운氣運

테르펜을 마시자

소나무, 잣나무를 돈으로 만들자. 마을마다 공기가 좋다고 한다. 그러면 산소 교환이 어떻게 이루어지고 있는지 상식적으로 알아보자. 이 지식을 알고 난 후에는 농촌의 공기가 좋다고만 할 것이 아니라 체험장도 만들어 놓고, 도시민이 산소의 귀중함과 산림 자원의 활용도를 알 수 있게 지식을 전파하여 다시 찾는 마을을 만든다면 이 또한 일거양득(一擧兩得)의 효과이다. 도시민은 산림의 자원을 알고, 마을에서는 소득을 향상하니 쌍방이 좋고, 경제 가치적 사업이 아닌가 싶다.

생체는 생명을 유지하기 위해서 외부로부터 영양물질을 섭취한

뒤 섭취된 영양물질의 대사 과정에서 유리되는 에너지를 이용한다. 이때 대사 과정에서 에너지 유리 반응을 위해서는 산소(O_2)가 필요하며, 그 결과 발생되는 이산화탄소(CO_2)를 체외로 배출해야만 한다. 정상 성인의 안정 상태에서 폐를 통해 섭취되는 산소량은 매분 약 250ml이며, 이산화탄소의 배출량은 약 200ml나 된다. 그러나 단위 시간에 생산되고 소비되는 산소와 이산화탄소의 양은 세포의 활동 여하에 따라 현저한 차이를 나타내기도 한다. 이와 같이 생체 내 조직 세포의 신진대사 작용에 필요한 산소를 흡입하고, 대사의 최종 산물인 이산화탄소를 배출하면서 에너지를 생성하는 과정을 호흡이라고 한다. 호흡에는 크게 2단계의 과정이 있다.

① 외기와 폐포 사이의 가스 교환

② 폐포와 혈액 사이의 가스 교환

이러한 과정 아래에서 산소는 폐포에 있는 공기로부터 혈액으로 이동하는 반면 이산화탄소는 혈액에서 폐포로 이동하게 된다. 사람의 폐는 3~10억 개의 폐포로 이루어져 있다. 출생 시 폐포의 수는 약 3000만 개 정도이지만 출생 직후 급속히 증가하여 8세경에 이르면 성인의 수준에 달한다. 폐포의 총 면적은 70~90m로 체표 면적의 40~50배나 된다. 성인은 분당 15회 호흡을 하는데, 1회 호흡량이 500ml이고, 1분당 호흡하는 양은 7500ml이다.

비강(nasal cavity)

비강은 비중력에 의해 좌우 비강으로 나누어지고, 전하방은 외비공(nares)으로 시작하며, 후방은 후비공(choanae)으로서 인두에 개구한다. 비강은 외측 벽으로부터 상・중・하비갑개가 나와 있고,

그 하단에서 상・중・하비도로 구분된다. 비강은 호흡계 중에서 공기가 처음으로 접촉하는 곳이며, 공기를 가온 기습하여 공기 중의 먼지를 제거하는 일도 한다. 즉, 점막 표면에서 분비되는 점액에 의하여 작은 입자가 걸러지고, 비갑개 부위를 공기가 통과할 때 기류에 소용돌이가 일어나 먼지가 원심력에 의해 점막에 부딪히게 된다.

비강 표면에 있는 점막은 점액을 분비하는 배상 세포(goblet cell)가 풍부한 위중층 섬모 원주상피로 되어 있다. 상피 세포의 섬모는 운동성이 있고, 얇은 점액층과 먼지나 다른 작은 입자들이 인두 쪽으로 밀려나가게 한다. 와비공(external naris)의 입구에는 코털이 있어서 큰 먼지는 여기서 거르게 된다. 먼지가 호흡기를 통과하는데 10um 크기 이상의 것은 비강에서, 10um 이하인 것은 기관과 기관지에서, 0.3~2um은 폐포에서 0.3um 이하의 먼지는 혈관을 그대로 통과하게 된다. 그래서 우리는 맑은 공기와 테르펜의 향을 마셔야 한다는 것이다. 가급적 공기 중에서도 미세 먼지를 최대로 피해가면서 마셔야 된다.

우리가 일상생활에서 자신도 모르게 마시는 미세 먼지는 혈액을 오염시키고 탁하게 만드는 주범이 될 수도 있다. 우리는 건강 상식에서 좋은 음식을 먹는 것으로 건강이 좋다고 착각을 하며 삶을 이어가는 듯싶다. 모든 에너지의 발생에는 기본 사이클이란 것이 있다. 자동차를 예로 들어보자. 엔진에 시동을 걸려면 4사이클이란 순서가 있다.

흡입 ➡ 압축 ➡ 폭발 ➡ 배기

흡입이 제일 먼저다. 엔진 부품 중 에어클리너가 불량이며 막혔다고 가정해 보자. 과연 엔진이 원활이 시동이 잘 걸릴 것인가. 만약에 시동이 잘 걸렸다고 하더라도 에어클리너를 교환을 해주든가, 좋은 공기를 유입하는 등의 조치가 뒤따라야 한다. 그렇지 않으면 차량 엔진은 얼마가지 못해서 시동이 꺼질 것이다. 엔진으로서의 기능을 못한다는 말이다.

사람의 구조도 동일하다고 본다. 음식물이 식도에서 위로 내려가면 영양소가 만들어지는 과정에서 '산화 ➡ 환원 ➡ 분해 ➡ 합성'이라는 사이클을 통과하게 된다. 여기서 폐포를 통한 탄산가스 배출이 원활이 이루어지지 않으면 음식물 소화력과 영양소 분해가 잘 이루어지지 않는다고 본다. 공기를 많이 마시고 숨을 쉰다고 해서 몸에 맞는 적정한 공기를 마시는 것은 아니다. 공기 중 산소량과 얼마나 좋은 음이온과 피톤치드 같은 산림의 향을 마시느냐에 따라서 소화의 흡수력과 생체 각 부위별 영양소를 공급하는데 원활한 순환이 촉진된다.

나무 향의 구성 성분

나무 향 정유의 생성은 주로 식물 체내에서 생성되지만 통상 유선(油線) 또는 선모(線毛) 내에 함유되어 있거나, 수지 내에 녹아 있는 형태로 식물체의 공동에 존재한다. 그 대부분은 종자식물의 꽃, 꽃봉오리, 잎, 가지, 줄기, 뿌리 등 각 부위에서 얻어지며 조성은 식물의 종류에 따라 다르다. 정유를 포함하여 식물 성분이라 부르는 것은 식물의 대사산물로써 어떤 기관에서 또는 어떤 목적으로 생성되는지를 이해하는 것은 정유화학 연구 측면에서 의미가 있으며, 정유의 주성분인 테르페노이드나 페놀류는 식물 체내에서 어떤 과정으로 생·합성되는지 그 메커니즘이 해명되어 있다.

식물이 생육하는 토지의 기후 풍토에 따라, 또는 수확 시기의 차이에 따라 성분 조성 및 함량에 차이가 나게 된다. 정유의 종류는 520여 종으로 알려져 있으며 식물학적으로 분류하면 57개 과에 이른다. 정유는 대별하여 테르펜계 화합물, 지방족 화합물과 방향족 화합물을 함유하고 있다. 나자식물의 정유는 조성이 비교적 단순하여 테르펜계 탄화수소를 주요 성분으로 하고 있는 것이 많으나, 피자식물의 정유는 각종 화합물의 복잡한 혼합물이다. 또한 상엽식물은 단자엽식물보다 개략적으로 정유 함량이 많다.

테르펜류(terpenoid)

테르펜류는 정유뿐만 아니라 천연수지, 천연고무에서 단리 되고, 화합물의 모체가 되는 화합물이며 $(C_5H_8)_n$의 분자식을 갖는 쇄상 및 환상의 탄화수소로서 모체의 테르펜 탄화수소와 같은 탄소 골격을 갖는 알코올 알데하이드, 케톤 및 그 외에 유도체까지 포함한다. 테르펜의 특징은 모두 2-methyl butane 골격을 가지고 있다는 점이다. 이 테르펜 탄화수소의 대부분은 불포화 탄화수소이고, 이것은 이소프렌의 중합물로 생각되며, 이소프렌 분자는 두미결합(頭尾結合)을 하고 있다. 이러한 배향성을 isoprene rule이라고 부르고 있다.

수목에서 방출되는 테르펜의 종류

수목의 잎은 다량의 정유를 함유하고 있다. 적게는 수십 종에서부터 많게는 수백 종의 성분이 함유되어 있다. 그러나 모든 정유 성분이 그대로 식물체 밖으로 방출되지는 않는다. 잎에 있는 휘발성 성분 중 어떤 성분이 대기로 방출되는지, 어느 정도의 량이 방출되는지를 전술한 방법으로 분석하였고, 잎의 저유량이 높은 상록침엽수인 잣나무, 소나무가 역시 가장 많은 양을 방출했다. 소나무의 경우, 잎 정유를 추출하여 분석해 보면 50여 종의 테르펜 성분을 함유하고 있으며, 소나무림에서 방출되는 테르펜의 종류는 모두 휘발성이 강하고, 작은 모노테르펜류이다

하루 24시간 시각별 방출량

숲 속에서 느끼는 상쾌한 기분은 아침저녁의 서늘하고 고요한 때일수록 좋다. 그렇게 느끼는 데는 누구도 이견이 없을 것이다. 그러나 이 쾌적함은 피톤치드와는 관계가 없는 이야기이다. 산림 대기 중의 공기를 포집하여 분석해 보면 침엽수나 활엽수 모두 기온이 상승하는 정오 무렵에 방출량이 최대치에 달한다. 아침저녁의 2~3배에 상당한다. 기온이 높아질수록 발산 양이 많아지는 것은 당연하지만, 공기 유동이 빨라져서 상대적으로 느끼는 강도는 약해진다. 또 숲의 임상(林相)이 빽빽할수록 외부로 빠져나가기 어렵고, 깊을수록 피톤치드 효과가 크다. 침엽수 활엽수를 막론하고 테르펜 물질이 한낮에 기온이 높을 때 많이 발산된다 하더라도, 후술하는 쾌적감과 관련하여 생각해 볼 경우 아침부터 한낮까지의 오전 중이 삼림욕을 하기에 적당한 시간대라 할 수 있다.

행복과 부자의 길

테르펜은 우선 정신을 맑게 한다. 정신이 맑다는 것은 피가 맑다

는 것과도 논리가 같다. 그래서 도시민들이 숲이 있는 산을 좋아하는 데는 이유가 있다. 산촌에 둥지를 틀고 살고 있는 주민들은 건강이야 자연의 현상에서 살기 때문에 좋고, 장수를 하는 논리에도 이제는 과학적인 근거가 된다고 생각한다. 아침에 일어나서 몸과 마음이 가볍고 상쾌하다는 경험을 한 적이 있는가. 형용할 수 없을 만큼 행복하다. 이 속에서는 신선한 생각과 아이디어 창출이 자연스럽게 이루어지곤 한다. 우리는 일상에 있어 자연의 신선함은 돈으로 환산이 가능하고, 돈으로 매매가 가능하겠는가. 돈 많은 부자가 건강을 잃었다고 하자. 그 사람이 바라보는 부자는 돈이 전부가 아닌 자연 속에서도 테르펜의 향기가 그립다고 할 것이다. 부자의 방법도 여러 형태가 있다. 돈 많은 부자, 부동산 부자, 자식 부자, 자연 속에서 건강을 즐기는 부자……. 우리는 어느 줄에 설 수 있을까.

정신이 건강해야 마음이 건강하고, 마음이 건강해야 육체가 건강하고, 육체가 건강해야 가정에 행복이 수반되고, 가정의 행복 기반 속에 사업의 성공과 명예가 함께 있는 것이다. 우리는 한번쯤 여유를 가지고 테르펜을 체험하고, 테르펜의 지혜를 빌려 생활의 활력을 찾을 가치가 있다.

제3장
귀촌 휴선休仙

막연히 머리로 생각하는 것과
직접 몸으로 실행하는 것은 차이가 있다.

전원생활은 결코 녹록지만은 않다.
그러나 깊이 알고 철저히 준비한다면…
자연은 정답고 건강하고 여유로운 삶을 보장할 것이다.

인생은 흘러가는 것이 아니라,
채워지는 것이다.
우리는 하루하루를 보내는 것이 아니라,
내가 가진 무엇으로 채워가는 것이다.

- 러스킨 -

귀촌 생활과 담潭 휴양 관광 탐구

인제 골짜기와의 인연

미래를 향한 제2의 인생사에 새로운 길목을 찾다가 인제의 천연림이 좋아 이곳 인제에 정착하는 동기가 되었다. 정착의 둥지를 틀기까지 세 번이나 터전을 이동하면서 많은 시련을 겪었고, 마음에서는 외로움과의 싸움이 계속되었다.

현재 필자가 머물고 있는 곳은, 모험 레포츠로 유명한 지역이면서 내린천이라는 계곡에서는 래프팅이라는 스포츠를 즐기는 코스가 유명하다. 내린천은 소양호를 지나 팔당의 수계를 통과하여 한강으로 흘러간다. 1985년에 필자가 내린천을 처음 보았을 때는 물이 그리도 아름다웠다. 강변의 계곡도 제법 운치가 있었고, 내 마음을 머물게 할 만큼 형용할 수 없을 만큼 그냥 좋았다. 특히 강바닥이 너무도 청결했고 물도 맑았다. 계곡을 바라볼 때 단풍잎이 강물에 비치는 아름다움은 설악산의 유명한 계곡에서만 보던 그런 풍경이었다. 그런데 지금도 보존이 잘 되고 있을까. 아니다. 난개발의 문제도 있겠지만 기상이변인지 모르겠지만 오래전 처음 내가 보았던 그런 내린천의 모습이 아니다.

이 지역은 약초 재배로 오랜 역사를 가지고 있으며, 현재에도 약초를 많이 생산하고 있다. 주 작목은 천마, 일반마, 도라지, 더덕, 인진쑥이며, 약초 가공 산업이 그런대로 발전이 된 고장이다. 농수산물은 고추, 옥수수, 콩, 쌀 등이 주 생산품이다.

필자도 이곳에 정착 동기와 목적은 천연림의 약초를 활용한 약초 우렁이 양식이 희망이었고, 고단백의 우렁이를 양식하여 '초로뎅'이라는 초로묵을 생산하는 것이었다. 약초 우렁이 양식은 실패의 연속이었다. 이유는 건물을 짓는 도중 많은 비가 와 소실이 되어 1차는 시작을 하다가 실패를 했고, 2차 시도 역시 농촌 생활의 이해도가 낮아서 적응을 못하고 실패의 맛을 봤다. 또 2년이란 세월이 흘렀다.

아쉬움과 미련의 오기가 생겨 어떤 방법으로 든 정착을 해야 하는 길을 찾아야 했다. 왜냐하면 다른 사람의 비아냥거림에 반드시 무엇인가를 보여주어야 겠다는 결심을 했기 때문이다. 1988년은 한국에서 올림픽이 열리던 해이다. 전 세계의 관광객도 많이 모였고 풍성한 잔치의 한마당이었다. 그것을 보고 필자는 농촌 관광 사업을 해야겠다고 결심을 하고 필요한 지식을 모으기 시작했다. 서울에 있으면서 국내 관광사업의 미래와 국외 관광산업 현황을 살펴보기로 했다. 시간이 있는 대로 국내 유명한 명소를 방문하고, 중국과 일본 등 국외 여행을 하면서 내가 어떻게 해야 농촌 관광 사업을 성공할 수 있느냐의 해답을 얻었다.

1989년 인제에 정식으로 땅을 매입했고, 1990년 1차로 농촌에서 적응할 수 있는 기본 공구들을 들여왔다.

생각처럼 농촌의 적응이란 그리 쉽지는 않았다. 어디서부터 어떻게 해야 할지 번민이 많은 채 2년이라는 세월이 흘러갔다. 서울 생활의 만족도 부족과 건강 문제 등이 겹쳐 과감한 결단을 내릴 때가 되었다고 판단이 되어, 만족할 수는 없는 일이지만 어쩔 수 없는 낙촌의 길에 올랐다. 가재도구를 다 버린 채 간단한 이부자리와 책 몇 권을 챙겨 쓸쓸하게 서울을 뒤로 한 채 인제 골짜기를 향해서 차에 올랐다.

평소에 가서 살아야지 생각을 하고 또 했었는데도, 막상 이삿짐이 간다는 생각을 하고 실행을 하니 앞이 막막했다. 농사의 농자도 모르는 내가 농촌에 가서 얼마나 견딜 수 있을까를 생각을 하니 도무지 해답이 없었다. 그래도 필자는 남자이고 결정자이니 어떤 고통과 괴로움이 닥쳐온다 해도 감내해야 하지만 옆에 있는 집사람은 시골 생활에 전면적으로 반대했다. 서울에서 인제까지 오는 동안 하염없는 눈물과 침묵의 연속이었다. 그 당시만 하더라도 시골을 버리고 서울로 가는 시기에 나는 반대로 시골을 향해서 가다니 참으로 불쌍한 사람 아닌가. 스스로가 생각을 해도 현명한 사람은 못 된다고 생각했다.

인제하면 떠오르는 유명한 말이 있다. "인제 가면 언제 오나 원통해서 못 살겠네. 속초 가서 녹초 되고, 양양 가서 바다 보고 앙앙 울었다네." 이런 애기를 들어보신 분들이 많을 듯싶다. 그만큼 깡촌이고, 생활하기가 무척이나 좋지 않았다는 말이다. 이런저런 생각에 잠기면서 인제에 도착했다. 짐을 풀고 초라한 집에서 하루를 보내는데 피곤함에도 불구하고 잠이 오지 않았다. 수많은 사연을 헤아리면서 어설프게 하루를 보냈다. 인제에서 보따리를 풀어 놓고 처음 아침을 맞이하는데 감회가 야릇했다.

필자는 30대 나이에 젊은 청춘을 인제 골짜기에다 운명을 담보한 채 생애(生涯) 여로(旅路)에서 자신과의 전투가 시작된 것이다. 큰 태풍이 오려면 전야(前夜)는 그리도 조용하면서 아주 편안하다고 표현을 해야 맞는 말인가. 만감이 교차한 채 마음은 편했다. 무아지경(無我之境)이었다. 그 복잡한 서울을 떠나 갑자기 조용한 환경에 있으니 귀에서 환청이 들리는 듯했다. 새 소리가 자동차의 소리로 들리고 물소리가 전화의 벨소리로 들리고 그냥 공허한 마음이라고 할까.

몸은 시골에 와 있는데 마음은 서울의 사무실에 있는 것 같고 잠시 출장을 온 기분이 들었다. 1주일의 시간이 지났다. 주변 자연환경과 적응을 못했다. 이론 학습과 현장 학습이 사뭇 다른 것을 새삼 경험을 통해 알았다. 군대에서 야간 산악 행군도 하고 특공 훈련도 받아서 산 생활에 자신이 있다고 했는데, 막상 현지에서 적응을 하려고 하니 쉽게 적응이 안 됐다. 서울에서는 나무와 산림에 관한 책도 많이 읽고 연구를 했는데도 현장에서는 너무도 차이가 났다.

낮 생활을 그저 그렇게 적응이 가능했다. 사면을 바라보면 모두가 나무인데 그 동안에는 나무로 보이지 않고 숲으로만 보였었다. 15일이 지났다. 나무 이름 몇 종류를 알았고, 나무가 나에게 인사를 하는 듯했다. 밤 생활은 여전히 적응하기 어려웠다. 밤이 되면 칠흑같은 밤이라는 표현을 드라마에서나 듣던 이야기였다. 거처가 2평도 안 되는 곳에서 밤이면 밖을 나갈 수가 없었다. 옛날 시골집이라서 뒷간은 30m나 떨어져 있었다. 밖에는 짐승 소리가 여전하고 마음의 문이 쉽게 열리지 않았다. 도시에서는 밤에도 가로등이 있다. 밝은 빛 속에서만 살다가 어둠 속에서 적응하려고 하니 밤이 더 힘들고 괴로웠다. 그 와중에도 세월은 흘러갔다. 1개월이 지났다. 낮에 삽을 들고 나무를 심으려 하는데 삽질이 쉽게 되지 않았다. 양지쪽에 앉아서 신세 한탄을 조금했다.

"내 여기에 무엇을 하러 왔지, 어떻게 살아가야 하는데……."

그냥 혼자 중얼거렸다. 옛 선조들의 유배 생활이 이와 같을까. 지금의 내 처지가 그와 같은 꼴이니 스스로 보아도 가엽다고 볼 수밖에 없었다. 쓸 데 없는 생각에도 잠겼다. 나는 무슨 죄를 지어서 이 오지 마을에 와서 이렇게 초라한 삶을 엮어 가고 있는가! 대답 없는 질문이고 스스로 풀어야 할 숙제였다.

세월은 물 흘러가듯이 하염없이 낮과 밤을 가리지 않고 흘러갔다. 바람 같이 스치는 시간은 내 볼을 매섭게 채찍질하는데 나는 그 감각을 잊고 있었다. 3개월이 지났다. 아직 이곳에는 정착의 중심이 없었다. 그저 막연히 무엇인가를 해야 된다는 생각뿐이었다. 몸 따로 마음 따로 제각각이다. 나무를 심어보자니 육체 노동이 필요했고, 삽질도 요령이 필요했다. 산촌에 정착할 생활 계획을 너무 쉽게 생각한 듯싶었다. 괜스레 멍청한 마음이 들면서 후회가 밀려들었다. 울고 싶고 울어야 할 때가 많았다. 그러나 차마 울지는 않았다. 옆에 아내가 있는데 내가 조금 힘들다고 울어버린다면, 나약함을 보인다면 앞으로 이곳에서 어떻게 생활을 할 수 있을 것인가도 괴로웠다. 마음에서 혼돈이 일어나니 이곳이 싫어졌고, 서울이 그리워지기 시작했다.

옛 설화가 생각났다. 단종이 님을 그리워하여 한양 하늘을 바라보니 고향이 그립고, 님이 보고프고, 형제가 보고프고, 한양 생활의 안락함이 연상이 되어 그립고 보고프다 못해 지쳐서 울부짖던 애절함. 단종의 애환이 서린 사연이 내 머리를 스쳤다. 그 당시의 내 처지가 그와 비슷했다.

생애 이정표에서의 방황

나는 이곳이 고향도 아니고, 일가친척이 있는 것도 아니고, 주변을 돌아보아도 아는 사람이 한 사람도 없다. 즉, 사고무친의 외톨이 촌놈이었다.

실패는 성공의 어머니라고 했던가. 그 많은 돈을 버렸으면 수업료치고는 비싼 수업료인데 고작 현실의 결과는 이 모양이니 반성 또 반성을 하고, 미래를 위해 뒤를 돌아보며 평가를 해야 했다. 나 자신을 돌아보았다. 잘한 일이라고는 하나도 없는 듯싶다. 기술적, 기능적, 인성적, 뚜렷한 표적이 없고, 내실성이 없으며 그냥 건성이었다. 그랬으니 현시점에서 실패를 했지, 성공을 할 수가 있었겠는가.

쓰라린 눈물을 마시고 또 마셨다. 번민의 밤을 몇 밤 지새우다 지쳐서 어설픈 잠을 청했다. 어렴풋이 잠에서 깨어났을 때에는 마음에 상처가 골 깊은 산골짜기처럼 그려져 있었다.

"그래, 어두운 죽음이 있다면 반드시 밝은 삶도 있을 것이다."

인생은 기회를 자기 것으로 만들어야 함에도 불구하고 기회가 닿았을 때 포착하지 못한 것을 반성했다. 현실에 괴로운 마음을 비우고 새 길을 찾아야 했다. 그런데 '그 길을 어떤 방법으로 어떻게 찾을 것인가'가 헤매고 있는 문제의 핵심이었다. 생각은 비워 있고 사방은 둘러보아도 푸른 산뿐이고 이렇다 할 생각이 떠오르지가 않았다. 부질없는 생각의 연속이지 문제의 답은 허공에 맴돌고 있었다. 좌충우돌할 것이 아니고 작은 것부터 한 가지씩 나열을 하면서 계획을 세우고 실천하기로 했다. 무엇보다도 자신을 정비하는 것이 급선무였다. 흐려져 있는 마음을 가다듬고 자기 중심을 찾는 것이다. 일단 심신을 수련하기로 했다. 정신을 가름하고 건강의 길을 찾고 사람의 도리를 찾는 방식의 수련이 시작되었다.

절에서 스님이 하는 방식대로 아침에 일어나 집 주변을 빗자루로 쓸기부터 하고, 간단한 체조를 한 후에 냉수마찰을 했다. 1개월 동안 계속되었다. 이제 마당을 청소하는 의미를 조금을 알 것 같은 기분이었다. 아침에 기상을 해서 일과를 반복하고, 2차 일거리가 시작되었다. 주변에 나무를 심기로 했다. 모종삽으로 구멍을 파고 나무 심는 작업을 하는데 몸 따로 마음 따로 움직였다. 구덩이 하나 파는데 몇 시간이 걸리고 삽질하는 솜씨가 상당히 어설펐다. 나무 이식 작업이 며칠이 지남에도 불구하고 한 그루의 나무도 식재하지 못하고 망설임의 연속이었다. 이 얼마나 웃음이 나고 불쌍한 처지란 말인가. 나 스스로가 생각해도 맹랑할 뿐이었다.

시골 생활을 그리도 쉽게 생각했던가. 책상에 앉아 서류를 뒤척이던 생활환경에서 갑자기 육체의 노동으로 시스템이 바뀌니 적응을 못하고 요령과 기술이 부족했다. 일반적으로 삽질은 쉽게 하는 줄 알았는데, 생각 밖이었다.

그래서 고전에 고전을 거듭한 결과 삽질 솜씨가 조금씩 숙련되기 시작했다. 3개월이 지나서야 노동 환경에 조금씩 적응되고 나무 이

식 작업도 진전이 보이기 시작했다. 이제는 제법 하루에 몇 그루의 나무를 식재하곤 했다. 주변에 있는 산을 오르기도 했다. 건강관리 차원도 있지만 땔나무가 필요했다. 때문에 산에서 나무를 해야 하는데 이 또한 그저 하늘만 쳐다보고 있었다. 어떻게 할 재주가 없었다. 선녀와 나무꾼에서 산속에 살면 나무는 자연스럽게 하는 줄 알았는데, 그저 지게를 지고 다니니 남의 일이라 너무 쉽게 생각하고 본 듯싶다. 일단 나무를 절단하는 방법에는 두 가지가 있다. 하나는 낫을 사용하는 방법, 또 하나는 톱을 사용하는 방법이다. 나는 두 도구를 다 사용할 수는 있었지만, 낫과 톱을 다루는 일도 서투를 뿐만 아니라 능률도 없고 더더욱 안전에 위험이 내포되어 있었다. 나무를 자르다가 손도 베어보고, 긁히고, 표현할 수 없을 만큼 온 몸에는 상처투성이다. 내가 나를 보아도 한심할 지경이었다. 그래도 앞으로 헤쳐 나갈 일이라면 숙련이 필요할 것이다. 그래서 여기에 대한 기술적 요령이 필요했다. 날마다 해보는 것이다. 3개월이란 시간이 지나서야 비로소 조금 손에 익기 시작했다. 3개월이라는 시간 동안에는 간간이 사람을 시켜서 나무를 하곤 했다.

도시 생활을 할 때에는 시골에서 장작을 패는 일이 참으로 낭만적으로 보였고, 그것이 바로 전원 생활이라 생각하고 꼭 한번 해보고 싶었다. 그런데 이론과 현실은 너무도 달랐다. 영화의 한 장면처럼 페치카에 불을 지펴 놓고 안락의자에 앉아 커피 한 잔을 마시는 그 낭만이야말로 얼마나 황홀하던가. 글쎄, 본인이 직접 그 과정을 준비하기 위해서는 두 번 다시 하고 싶지 않은 일이었다. 그래서 한 가지를 또 깨달았다. 남의 환경을 기준하지 말고 내 능력에 기준을 두자는 것이다.

산 넘고 산이 있다고 하더니, 이제 조그마한 산 하나도 넘지 못했는데 앞에는 바위 절벽이 놓인 기분이 드니 앞으로의 길을 어떻게 헤쳐나가야 할지 참으로 캄캄한 지경이었다. 혼자란 것이 이럴 때에 더욱더 외로움을 느낀다는 것을 실감하는 상황이었다.

인생의 삶이란 다 그러하듯이 개개인마다 사소한 애로 사항이 봉착하고 그 애로 사항을 풀어줄 만한 교과서가 없다는 것이다. 그렇다면 앞으로 부딪히면서 살아갈 수밖에 없지 않은가. 일단은 임시 쓸 나무는 남의 일력에 의하여 준비를 해 놓았다. 그러나 계속해서 남에게 도움을 청할 수는 없지 않은가. 그래서 산에 나무를 하러 가기로 했다. 숲을 헤치고 나무 수종을 공부하고 선택을 해서 하루에 작업을 한 양이 얼마 되지 않았다. 내 스스로가 보아도 가소로운 일이라는 생각이 들었다. 가야 할 길은 멀고도 먼데 생활에서 나무하는 것 한 가지를 놓고 이렇게 고민을 해서야 10년이 가도 몇 가지의 일을 헤쳐나갈 수가 있겠는가. 그래도 해야 한다는 신념이 있었다.

산속에 살려면 산의 지혜를 익혀야 한다. 그 익히는 방법이 이론의 책이 아닌 산행이 실전이다. 그래서 아침 식사가 끝나면 도시락을 챙겨서 산을 올랐다. 등산의 목적은 체력 단련과 나무 수종의 공부였다. 산림의 향이 좋았다. 열심히 다녔다. 2개월의 시간이 흘렀다. 이제 조금 산행에 익숙해지기 시작했다. 흥미도 나고 재미가 붙었다. 그래서 식사를 하고 하루의 일과는 땅을 파고 나무를 심는 것과 인근 산을 산행하면서 산속의 식물 및 나무를 탐구하기로 하고 열심히 했다.

어느 날 산행을 했는데 누군가가 나를 바라보는 듯한 기분이 들었다. 고요와 적막과 새소리 사이에서 묘한 기운이 감돌았다. 산신

령의 기운이라는 것이었다. 처음에는 등골이 오싹하더니 이내 적응이 되어 마음이 편하였다.

"산신령님, 저를 도와주십시오. 내가 이곳에 정착하도록 가르침을 주십시오. 저는 이곳에서 죽음을 마다하지 않고 앞으로 살아가야만 합니다. 길을 인도해 주십시오."

그냥 혼자 중얼거렸다. 진실한 기도였다면 정한수 한 그릇이라도 떠 놓고 기도할 것이지 성의가 너무 없다는 생각이 들었다. '아차 또 실수를 했구나.' 어리석음의 연속임을 깨달았다. 인간의 한계성이 그 수준인가. 나의 두뇌가 안 돌아가는 것일까. 꾸지람의 연속이다. 어리석기 그지없는 나를 산신령님께서 포옹을 해줄 리가 있겠는가. 그렇지 않으면 내가 졸라대는 차원에서 끈질기게 노력을 하리라.

새벽 4시 30분에 기상을 해서 저녁 9시까지 닥치는 대로 일을 하고 또 일을 했다. 그 일이라 함은 금전이 되는 생산의 일이 아니고 주로 집 주변의 환경 정리와 삶의 변화를 주는 신물질의 기초 작업이었다. 하루의 일과표를 작성하고 내가 할 수 있는 일부터 시작하기로 했다.

작업 우선순위를 선정하니 샘물이 필요했다. 샘물이 나오도록 하기 위해서는 먼저 구덩이를 파고 옆에 쌓을 강돌이 필요했다. 그래서 지프를 가지고 강가에서 돌을 실어 올리기로 했다. 차가 강에 진입을 해야 하기 때문에 도로를 닦고 강에서 돌을 실어 올리기 시작했다. 이 또한 표현할 수 없으리만큼 고통을 수반했다. 매사에 쉬운 일이 어디에 있으랴마는 나를 괴롭게 압박해 왔다. 지금에 와서 생각해보면 강돌 한 차에 돈 얼마를 주면 작업 장소까지 실어다 주지 않는가! 참으로 그 시절은 경제적으로 어려운 시기였던 것 같다. 안 사람과 둘이서 계속해서 돌을 실어 올렸다. 어느 정도 올려놓은 후 샘터를 만들기 시작했다. 적당한 크기의 샘터 구덩이를 파고 바닥과 측면에 돌을 쌓기 시작했다. 석공도 아니고 돌을 쌓는 폼이 영 아니었다. 진도가 보이지 않고 시간만 가고 있었고, 마치 세월을 쌓고 있는 듯했다. 그래 세월을 쌓고 내 마음의 수양을 하는 것이다. 산 속에서 스님들이 도(道)를 닦는다고 하지 않는가. 엉성한 말을 인용한다면 도를 닦든 돌을 닦든 돌을 많이 만지고 그 고통과 육신의 아픔과 번뇌 속에 인생이란 두 글자를 자신만의 것으로 수행을 하는 것이 아니지 않겠는가. 지난 시간 속에 아픔을 잊을 수 있는 기회인 듯싶었고, 반성하며 참회하는 분위기가 조성된 듯싶다. 잠시 괴로움을 잊고 돌을 쌓는 일에 심취할 수 있었다.

내 안에 온갖 번민과 쓰레기 같은 무거운 짐을 청소하는 듯 마음이 가볍고 몸도 가벼웠다. 그릇 속에 가득한 물을 비우고 나니 새로운 물이 고였고, 물이 고이는 방법도 알게 되었다.

“그래, 일찍이 왜 이 방법을 몰랐을까!”

이제는 돌 쌓는 일이 제법 재미가 있었고, 기술도 조금씩 향상되었다. 수십 개, 수백 개의 돌을 쌓으면서 사람으로서 삶의 의미를 느끼는 듯싶었다. 서울 생활을 잠시 살펴보면 나는 욕심이 너무 많았다. 쉽게 말하자면 나는 나의 체형에 맞는 생활을 하지 않았다. 그러했으니 실타래가 풀려가야 되는데 꼬여만 가고 있었다. 물론 사고무친(四顧無親)과 행운의 뒷받침도 핑곗거리가 되겠지만 세상을 쉽게 살려는 너무나도 안일한 생각과 자기만의 개성과 핵심적인 기술이 없었던 것 같다. 이제 지난날의 실패 사유를 조금 알 만했다. 그래 앞으로 나만의 기술을 습득할 것이다.

지성이면 감천이라 했던가. 돌을 하나씩 하나씩 쌓아가면서 공을 들였더니 삶의 길을 깨달았다.

"그래, 작은 것부터 시작하는 거야."

첫째는 나의 체형에 맞고, 둘째는 건강의 아이템이다. 아직은 아이템이 결정된 바는 아니지만 앞날은 생각한다면 좋은 생각이 떠오르지 않겠는가. 이제 제법 샘터의 형틀을 갖추고 샘의 모양이 되는 듯싶어 마음이 흡족했다. 이 작은 만족은 참으로 오랜만에 느껴보는 기분이었다. 시골에 와서도 처음이고, 서울에서 생활할 때에도 이런 만족감은 없었다. 남이 보았을 때에는 별것은 아니지만 내 스스로가 수많은 고통 속에서 아주 작은 것을 해냈다는 긍지심이랄까. 앞날에 대한 예감이 좋았다. "그래 이거야." 나는 그 동안에는 큰 것에만 중심을 두고 사업적으로 뛰었지 작은 것에는 관심도 없었다. 이제 그 동안의 나에 맹점을 알았다. 누구나 다 알고 있는 일반상식도 잊고 살아온 듯싶다.

계단으로 이루어진 100단계의 과정을 거쳐야 하는 과정이 있는데, 사람은 처음부터 100단을 오를 수는 없지 않은가. 나는 너무도 과정을 무시한 채 결과에만 매달려 목표를 달성하려고 부단히도 쓸데 없는 에너지를 소모한 듯싶다. 과정을 무시한 결과는 부실을 초래하고, 부실이 부실을 초래하는 악순환이 계속 이어져 사업 경영에 실패와 인생 경영에 실패가 이어지는 것이 아닌가 싶다. 나 또한 이런 부류에 속해 있던 것 같다.

먹을 수 있는 샘터가 완성이 되었으니 이제는 천연의 냉 샤워장이 필요했다. 위치를 선정하고 기초의 토목 작업을 삽으로 며칠에 걸쳐 파고 나서 큰 돌을 실어오기 시작했다. 제법 많이 가져와서 기초 틀을 쌓았다. 큰 돌이라 그런지 쉽게 쌓이지 않았다. 7일 정도 계속해서 작업이 진행되고 샤워장 모양이 형성될 쯤 큰 돌을 들다가 허리를 다치는 사고가 발생했다. 즉시 공사를 중단하고 방에 와 누워 있었다. 파스나 바르고 이틀 쉬면은 일을 할 수가 있을 거라고 간단히 생각했다. 샤워를 하고 뜨거운 물로 마사지를 하고 편하게 쉬었다. 3일째 되는 날 아침에도 별 변화는 없었다. 이상했다. 다른 때 같았으면 쉽게 일어날 수 있었을 텐데 7일 정도가 지났다. 별로 차도가 없고 해서 급기야 이거 문제가 심각하다는 생각이 들어 침을 맞기로 했다. 어렵게 차를 타고 침을 맞으러 다니고 저녁에는 물리치료를 받으며 7일의 시간이 지났다. 그래도 별 차도가 없었다. 차츰 심각성을 느끼고 병원에 가서 검사를 받아보기로 했다.

검진 결과 척추가 일반인에 비해 마디가 1개 더 있다는 것이었다. 그 외에는 특별한 사항을 발견하지 못했다는 것이다. 며칠 입원을 하고서 자세한 검진을 하라고 하는데 당장 병원비가 걱정되어 집에서 치료하기로 마음먹고 집으로 향했다. 집으로 돌아오는 길에 마음이 참담했다.

'앞으로 어떻게 해야 하지?'

치료의 방법을 찾아야만 했다. 문제는 돈이었고, 병원비만 여유가 있더라도 서울이나 큰 병원을 가서 치료를 하면 길이 있을 텐데 알면서도 돈 때문에 큰 병원에서 진찰 한 번 받지 못하는 내 스스로가 가여웠고 미웠다. 내 스스로의 무능력에 통한의 울음을 삼켜야 했다. 실제로 속 시원히 울고 싶었고, 이런 모습으로 내 인생이 살아가야 되는가를 생각하니 형용할 수 없으리만큼 괴로움이 가득했다. 아직은 30대의 청춘이 아니던가.

이런저런 씨름 속에 1개월이란 시간도 지난 듯싶다. 내 아내는 20대의 나이다. 걱정이 태산이 아닐 수 없었다. 어떻게 하든 빠른 시일에 몸이 쾌유를 하는 것이다. 지식은 없지만 내 몸을 구해줄 사람은 나 스스로 뿐이었다. 그러면 처방을 연구해야 했다. 일단은 동네 어른들의 자문을 구하기로 했다. 민간요법에 따라 약초를 구해 먹으면서 또 1개월의 시간이 흘렀다. 차도는 별로 없었다. 앞으로의 생활이 걱정되기 시작했다. 집 주변의 정리와 이제 곧 겨울이 닥칠 텐데 땔나무도 해야 하고, 월동 준비를 해야 되는데 진정 구원의 손길이 필요한 시기였다.

어려운 사정이 주변에 전파되어 땔나무도 준비해주고 허리에 좋다는 약초도 구해주고, 우담철남생이라는 약도 주고 수많은 도움을 받았다. 그러던 와중에 3개월의 시간이 지나고 몸의 차도는 조금 좋아지기 시작했다. 해결 방법에 탄력이 붙기 시작하고 탐구에 자신감이 생겼다. 산속에서 의지할 것이라고는 산에 있는 약초를 생각했고, 약초를 달여서 먹고 허리에 온열 요법을 해보기로 했다. 온열요법은 온돌방에 불을 많이 지피고, 구들이 달으면 그 위에다 솔잎을 깔고 등을 치료하는 것이다. 참으로 시원하면서 치료의 효과도 있었고, 빠른 속도로 회복이 진행되었다. 며칠을 계속하자 제법 혼자서도 걸을 수 있는 단계까지는 왔다. 그러나 완전히 허리가 펴진 상태는 아니고 그저 가볍게 움직일 수 있다는 것이다. 허리에 복대를 차고 지팡이를 의존하면서 조금씩 월동 준비를 했다.

산속에 와서 처음 가을을 맞이하는 마음은 쓸쓸했다. 그 푸르던 낙엽이 단풍이 들어 떨어지고, 나뭇잎은 바람결에 밀려서 자기의 의지와는 상관없이 이리저리 나부끼는 것을 보면서 나는 언젠가는 나도 스스로의 의중과는 관계없이 떨어진 낙엽처럼 왔던 곳으로 돌아갈 것을 생각하니 인생무상이란 감상이 마음을 지배했다.

모질게도 세찬 바람이 하염없이 얼굴을 치고, 가을밤은 한없이 나그네의 마음을 뒤숭숭하게 만들면서 첫 서리가 내렸다. 이쯤이면 산촌에서는 마음이 급해진다. 농가에서는 농사의 마지막 일인 겨우내 먹어야 할 김장을 해야 한다. 나도 아픈 몸을 이끌고 월동 준비에 들어갔다. 산속에서 맞이하는 겨울은 처음이라 걱정 반 불안 반 초조하게 하루하루를 보내면서 서투른 준비를 했다. 김장을 하여 땅속에 묻었고, 창문 및 출입문 벽을 손보는 등 나름대로는 한다고는 하나 엉성하기는 그지없었다.

시간은 흘러서 첫눈이 내렸다. 갑작스런 첫눈에 당황스럽기도 하고 산천이 하얀 모습에 아름답기도 했다. 아름답고 낭만은 잠시뿐이 긴긴 겨울에 무엇을 하면서 어떻게 보내야 하는지 컴컴한 밤길을 가야 하는 나그네의 마음만 같았다.

뒷방에 앉아 마음을 다스리는 좌선을 하기로 했다. 지금쯤 내 길의 방향을 교정할 때가 된 듯싶었다. 변화란 이렇게 어려울까. 기존의 직업을 벗어나 새로운 직업 선택이란 길이 쉽게 열리지 않았다. 세상사를 나는 그동안 너무나도 행복하고 편하게 살아온 듯싶다. 넉넉하지는 않았지만 이토록 큰 시련은 없었다.

그렇다면 지금부터 인생을 참답게 살아가야겠다는 생각을 했다. 새 자루에 새 물건을 담으려면 정리와 선택이 필요한 듯하였고, 이제 다시 담는 물건들은 제대로 정리가 잘된 물건들만 담으리라고 결심했다. 겉을 꾸미기보다는 마음을 정리하고 심신을 수련하는 것이다. 미래적 마음으로 만들고자 하는 그릇의 크기를 선정하고, 그릇을 먼저 만드는 것이다. 그리고 그릇을 비우는 것이다. 이제부터 새 물을 받을 것이다. 이 새로운 물이 내가 이 골방에서 벗어날 수 있는 에너지의 원동력이 되도록 지혜를 모아야 할 것이다. 미래의 에너지를 갖추기 위해서 나는 나 자신을 이렇게 변화하기로 했다. 자신을 탓하고, 남을 탓하지 마라. 모든 일에서 나의 원인 제공이 없었다면 잘못된 일이 있다고 해도 자신을 탓할 일이 없을 것이다. 과거를 탓하지 마라, 이미 흘러가 버린 것을…….

미래를 아름답게 만들기 위해 고민에 고민을 거듭하기 시작했다. 먼저 우리나라에 있는 직업을 나열해 보았다. 둘째, 산속에서 할 수 있는 직업을 나열해 보았다. 셋째, 내가 가지고 있는 재능이 무엇이고, 할 수 있는 분야가 무엇인가를 생각했다. 그러나 문제만 나열될 뿐 해답은 떠오르지 않았다. 문제를 고민하기가 30일이 지나서 큰 틀이 주어지고, 또 정리하고 정리하기를 수십 번도 더했다. 미래적이면서 현실에 부합되는 산림자원을 활용하는 시스템이었고, 생체역학적인 건강을 즐길 수 있는 아이템을 선정했다. 거의 60일이란 시간 속에서 미래의 직업관은 농촌 관광 활성화란 제목이었고, 그 속에서 고급 민박이라는 개념을 고안해냈다.

녹색 광(光)이 보이는 휴선 관광업

필자는 1974년 설악산에서 관광이란 사업의 개념을 알았고, 관광사업의 기초를 배우기 시작했다. 객실 청소에서부터 요리 가이드, 단체 영업, 계절별 특성의 휴대 상품, 돈이 되는 관광 품목을 배우기 시작했다. 일반 관광과 패키지 관광을 알았고, 4계절 관광법을 터득했다. 물론 그 시절에만 하더라도 설악산이란 학생의 단체와 농민 단체관광, 신혼여행, 산행, 설산 눈 훈련팀 등 가을철에는 1일 관광객 수가 20만 명을 육박할 정도로 전성기였다. 그 속에서 필자가 바라보는 경제의 논리는 굴뚝 없는 산업으로 생각했다.

고급 민박이라는 개념을 논리적으로 전개할 수가 있었던 것은, 앞서 관광지에서의 실전 경험이 도움이 되었다. 내가 추진하는 관광 논리는 일반 관광과 농촌 관광의 혼합 프로그램이었다. 또한 산업화로 인한 건강 문제 발생과 생활수준 향상으로 인한 건강 문화, 욕구 충족 등을 병합하고, 산림자원을 활용한 치유 개념을 함께 도입했다.

1989년에 기획을 하고, 2010년 1단계 사업 목표를 설정하고 프로그램 개발에 들어갔다. 현지의 사정은 너무 악조건이었다. 주변 환경과 주민의 의식에 관광이란 개념이 없고, 간혹 몸이 안 좋아서 휴양을 하는 사람, 잠시 바람의 쐬러 오는 사람 등이 외부에서 오는 손님의 전부였다. 1년차에서는 기상 악화로 재료들이 유실되는 바람에 공사가 중단되고, 2년차에서도 실패를 거듭했다. 잠시 쉬다가 '7전 8기'라는 오기가 발동을 하여 1993년에 재차 시도했다. 그런 시행착오를 겪으면서 어떤 시련에서도 이겨낼 수 있는 긍지와 자신감이 생겼다.

프로그램은 거창하고 미래가 있어 보였지만, 그와 같은 환경을 만들기까지의 자금이 필요했다. 그런데 자금이 문제였다. 자금 문제를 해결하기 위해 여러 날을 궁리한 끝에 실 같은 희망이 보이기 시작했다. 역발상이라는 것이었다. 콘도 같은 큰 건물과 호텔 같은 뛰어난 건물만을 숙소 시설로 정하고 관광을 하는 것은 아니다. 그렇다면 나는 아주 토속적으로 가는 것이다. 이런 계획을 주변 사람들에게 알렸더니 정신이 나간 사람이라고 했다. 그러나 나는 자신감이 있었다.

무(無)에서 유(有)를 창조하자

무(無)에서 유(有). 간단명료한 말이지만 실행하는 것은 말처럼 쉽지 않다. 필자는 현실부터 직시했다. 내가 가진 것, 쓸 수 있는 것, 자원을 만들 수 있는 것을 꼼꼼히 살펴 메모를 했다.

주거 환경은 1950년도에 지은 목조 황토 초가형 구들식 온돌방 15평, 소 외양간 3평, 소 먹이용 각진 방 4평, 재래식 화장실 0.5평, 밭 650평 중에서 대지는 300평. 집의 방향은 전형적인 남향을 하고 있고, 겨울철 햇살이 매우 좋았다. 잠시 건물을 살펴본다면 벽체의 일부분은 경사 15도로 기울여져 있고, 부엌의 천장에는 하늘이 보이는 아주 옛날의 전형적인 비약의 구조이며, 아궁이에 장작불을 지핀 관계로 벽체 및 천장의 스래트에는 검정 그름이 가득하고, 거미줄이 즐비하게 쳐져 있었다. 집 구조상 단열이 전혀 안 되는 구조였다. 내가 가지고 있는 자원이라고는 그것이 전부였다.

그 상태에서 어떻게 손님을 맞이하는 시설로 개조(改造)를 할 것인가를 가지고 아이디어를 모으기 시작했다. 장작불을 지핀 구들의 아랫목에서 아픈 허리를 지지며 이 궁상 저 궁상. 허름한 공책 한 권에 연필 한 자루를 들고서 이 방법, 저 방법을 찾아 1차 안을 만들었다. 첫째는 내가 몸이 아프니 나를 치료할 수 있는 시스템을 만들기로 하고, 치료 전용의 솔잎찜질방을 설계하였다. 지식이 부족하여 마을 어른들에게 자문도 구하고, 참고할 수 있는 서적을 탐독하고, 스스로 지혜를 모으면서 구도를 잡아가기 시작하여 제법 그럴싸한 설계도를 만들었다. 다음은 깍지방에 변화를 주기로 하고 그림을 그렸다. 벽난로에 장작불을 지피고, 차 한 잔을 마시며 노래 한 곡을 즐길 수 있는 공간으로 준비하기로 하고 설계도를 완성했다. 다음은 방가로를 만들기로 했다. 서구형이면서 세련을 가미한 스타일로 하면서 베란다에서 취사와 세탁, 건조가 가능하도록 구도를 했다. 1차 공사 계획은 여기까지만 하기로 하고, 이 설계에 의한 실행을 어떻게 할 것인가를 생각했다.

12월의 크리스마스 캐럴이 울리면서 한 해가 저물고 있었다. 설계도를 그려 놓았지만 실행할 자금이 문제였다. 막상 일을 시작해야 하는데 확신이 없었고, 잡음만 연속이었다. 앞을 보면 캄캄한 밤중이요, 뒤를 보면 아득한 절벽이 놓여 있는 느낌이었다. 그렇다고 포기할 수는 없었다.

"그래, 할 수 있어!"

긍정적인 마음을 가졌다. 무식하게 해보자고 스스로를 위로했다. 어차피 절반은 죽은 인생이 아니던가. 허리에 힘을 못 쓰고 구부정하면 사나이로서 송장이나 다를 바가 무엇이던가. 땅을 기어다니면서라도 할 수 있다는 자신감이 있었다.

첫 삽을 들었다. 황토 뜸기욕장을 만드는 작업이다. 기초 토목공사를 마치고 아궁이 및 구들을 놓고 벽체를 쌓아 올리고 지붕을 덮는 순으로 작업을 시작하였다. 20일이 지나자 뜸기욕장 윤곽이 드러나자, 15일 동안 샤워장을 만든 다음 뜸기욕장의 2차 공정을 하는 작업을 시작했다. 바닥과 벽을 만드는 것이다. 15일의 공정 끝에 내부 기능을 완료하고, 5일간 양생 과정을 걸쳐 시운전을 하는 날이 되었다. 불을 지펴놓고 경건하게 이 시스템이 잘 가동이 되어 1차로 내 몸을 치료하고, 2차로 관광 사업의 발로가 되었으면 하는 기도가 간절했다. 얼마나 시간이 흘렀을까. 아궁이에서 연기가 굴뚝 쪽으로 나가지 않아서 내심 당황했고, 해결할 길을 찾아야 했다. 이리저리 살핀 후에 해결점을 찾았다. 불은 계속해서 타고 2일째 되어서야 온도가 오르기 시작하여 기능성을 점검하기 시작하고, 3일째 되는 날 생체 체험이 시작되었다.

효능 실험은 10일간 여러 형태의 방법으로 실행되었다. 기분이 감미로웠다. 일단은 나를 치료해서 회복의 차도가 있어 제일 기분이 좋았다. 솔잎 찜질이 시작되었다. 과학과 의술로는 알 수가 없으나 회복의 속도가 눈에 보이게 좋아졌다. 나 자신도 알 수 없는 매력에 빠져들기 시작했다. 30일 정도 계속 다른 방법으로 실험하면서 부족하거나 기운이 약한 부분을 교정하는 방법을 강구했다.

귀촌 휴선

기능 보완 작업에 있어 무엇을 먼저 해야 할까 생각하다가 황토 장판을 만들기로 했다. 바닥에 황토를 펴고 그 위를 다지는 방식으로 2층을 형성하고, 솔방울을 넣고 황토를 펴고 다지고, 볏짚을 넣고 황토 다지고, 풍엽토를 넣고 다지고 등의 작업을 한 달 동안 계속하였다. 다음은 기능성을 점검하는 순서로서 원적외선 방사율을 측정하고 생체의 감각을 감지해야 하고, 몸체의 피로도를 검측했으며, 체험의 감도는 피실험자들이 개인적인 감응도를 말한 대로 설문을 작성하여 효과를 파악했다.

황토 장판 위에 처음에는 장판을 깔았다. 그러나 열기가 높아 화학 성분으로 피부의 접촉 면이나 실내공기가 좋지 않았다. 다음에는 가마니를 깔았다. 흙먼지가 많이 나고 땀의 발생으로 악취 문제와

위생을 감내하기 힘들었다. 위생적이면서 생체에 유익한 소재가 없을까를 골똘히 생각한 끝에 솔잎에 항균 성분과 테르펜의 정유 성분이 있음에 착안하여 솔잎을 활용해 보기로 했다. 두 달 동안 많은 시행착오를 겪으면서 문제점을 개선하고 장점은 보충했다.

60일이 지나는 동안 나의 몸도 많이 좋아졌고, 허리 부분도 정상을 되찾았으나 장시간 활동은 아직도 힘에 겨웠다. 그래도 솔잎뜸기욕이라는 민간요법의 원리를 깨달았기에 마음은 기뻤다. 계속 새로운 방식을 찾기로 했다. 척추는 솔잎으로, 실내공기는 원적외선으로, 목욕물은 약초물로, 뜸질 물리치료와 약초 음료수 복용을 병행했다.

3개월 후 몸의 회복은 빠르게 진전되었다. 그 경험은 무엇보다도 자신감을 심어주었고, 향학열을 불타오르게 했다. 어떤 아이템을 창출할 것인가를 생각하게 되고, 아이디어를 모아 거듭 연구하기 시작했다. 원적외선이란 무엇인가? 원적외선이 세포 활성화에 미치는 영향 등 나름대로 과학성을 접목하고 서적 탐구를 병행하면서 이론을 접목해나갔다. 그 이후 체험을 해본 사람들의 입소문을 타고 체험객이 1명, 2명씩 늘어나기 시작하였고, 체험자들의 반응도 좋았다.

내가 살고 있는 주변에 군단 부대가 있는데, 체육활동을 하다가 근육 인대가 늘어난 사람 등 뜸질의 효능이 좋다고 소문이 나기 시작했다. 많은 사람들이 방문하여 체험을 하고, 반응이 좋아 계속 개발의 필요성을 느꼈다. 그 당시는 장사의 개념이 없었고, 순수하게 체험의 정도로 작은 비용을 받았다. 이때가 1994년 여름이었다.

나의 몸도 완벽하지는 않지만 그런대로 활동도 가능하고 많은 사람들이 뜸기욕장이 시설은 보잘 것 없는데, 기능이 좋다고 호평이 있어 내가 그동안 고생과 시련의 고통들이 눈 녹듯이 녹는 듯했고 마음이 날아갈 것만 같았다. 인제 골짜기에 와서 처음 느끼는 희열이었다. 그러자 이 시스템을 재정비하여 상용화를 해보자는 희망이 생겼다. 그러나 또 자금이 문제였다. 자금 문제로 무수한 고민과 번뇌를 연속 반복한 결과 기능성 고급 민박이라는 아이템을 얻었다.

군청에 영업허가 신고와 세무서에 사업자 신고를 마치고 영업을 할 준비를 하나하나씩 해가면서도 내심 걱정이 계속되었다. 아무리 기능성이라 해도 시설이 좋지 않은데 과연 손님들이 이런 환경을 이해하고, 이용을 해 줄 것인가 하는 반문의 연속이었다. 많은 사람들은 불가능하다고 했다. 이 산속에서 무슨 장사가 되겠느냐는 것이다. 현재의 시설 가지고는 안 된다는 이야기뿐이었다. 나는 그때 결론을 내렸다.

"자, 시작을 해보는 거야. 될 수 있어!"

그 당시의 시설은 손님이 오면 잠잘 수 있는 방이 필요한데 토굴 같은 방이 하나 있었고, 방가로 2동, 정자 2동, 토굴 샤워실 1동, 뜸기욕장 1실, 노래방 1실, (소먹이통)내실 1실, 부엌 1실, 서재 및 창고 1실, 재래식 화장실 2칸. 참으로 초라하기가 그지없었다. 본인 스스로가 생각해도 한심 그 자체였다.

아무튼 영업을 시작하기로 하고, 동네 사람 몇 명 모아놓고 조촐하게 개업식도 했다.

영업의 범위는 몸에 좋은 기능성 시설, 뜸기욕실, 몸에 좋은 음식과 술, 표고버섯 요리와 옥수수 전통주, 노천 뜸기욕 체험장 등의 종목인데 솔잎 뜸질은 그 당시 아주 인기가 높았다. 또한 황토 마사지팩과 약초 스킨, 약초물 샤워는 호응도가 무척 좋았다.

먹을거리에도 각별히 생각을 하고 신경을 썼다. 메뉴는 표고버섯 덮밥, 표고 회, 표고 튀김, 표고 장국, 표고버섯 전골, 해산초전이다. 이러한 음식은 1994년도만 해도 일반 식당에서는 찾아볼 수 없는 독특한 산골 메뉴였다. 생각 외로 반응이 좋고 음식이 잘 팔렸다. 그 중에서도 표고 회는 일미였다. 회라는 개념이 바다에 가서 생선 회를 먹는 것으로 생각하던 때였는데, 산골에서 이름도 신선한 표고 회라는 메뉴를 선보였으니, 가히 인기상승이었다. 1접시에 15,000원으로 그 당시로는 비싼 가격이었지만 찾는 사람이 많았다.

그 경험으로 인해 깨달음이 있다면, 상품의 질을 높이자는 것이었다. 영양소가 듬뿍 있는 독특하고 신선한 메뉴를 개발하자는 생각이 들었고, 많은 고민과 연구 끝에 이 고장을 대표할 수 있는 '찰옥수수 맑은 술'이라는 브랜드의 술을 제조했다. 시간이 흘러 영업은 기초가 잡히는 듯싶었고, 필자의 음식 솜씨도 손에 익어 장사의 개념과 세련미가 몸에 배어가는 듯했다. 물론 필자는 요리사 자격증도 소유하고 있다.

주로 서울 손님이 많이 찾아왔다. 주변 군부대에서는 음식 관계로 찾아오고, 서울 손님들은 찜질이 좋아서 찾아오고, 고객의 계층은 다양했다. 여름철 6월부터 바쁘기 시작하여 7월 하순 피서철이 되면 문전성시를 이루어 손님 접대하기에 지쳐 즐거운 비명소리도 내어보기도 했다.

여기서 또 다른 도전을 했다. 다음 메뉴는 약초 순대였다. 내용물은 천연적인 소재로서 약초를 배합한 일명 가마솥 약초 순대였다. 그 시절 옥수수 술 한 통, 약초 순대 한 접시가 우리 집 명품으로 자리매김했다. 인기가 폭발적이어서 10년 넘도록 인기가 있는 메뉴였다.

이 밖에도 여러 가지 메뉴를 개발하여 손님들의 호평을 받았다.

조용한 산속에 노래방이 필요할까? 휴식과 휴양은 조용하면서도 편하게 생각했는데, 다수인들의 의견을 수렴한 결과 도시의 탈출은 스트레스라는 이유를 알았다. 그리고 '물 좋고, 공기 좋고, 더 나아가 자연 식품을 먹고'라는 고객의 주문 사항이 있었다. 고객의 의견을 수렴하고 시스템을 교정하기로 하여 노래 기기를 설치하고 고객을 맞이했다. 손님들은 저마다 새로운 깨달음이 있다고 하였는데, 자연 속에서 자연의 공기를 마시며 노래를 하니 속이 후련하고 마음의 답답함이 풀린다고 하였다.

치유의 개념을 자각하고 휴양객에게 프로그램을 만들어서 한 가지씩 적용했다. 프로그램 중에는 슬픈 눈물의 하소연, 기쁨에 한바탕 웃음, 내공을 수련하는 즐거운 노래 등이 있었다. 고객 중에는 휴양객이 종종 있었고, 그들의 반응은 마음의 병 치유와 동시에 기존의 아픔도 호전되었다는 것이었다.

휴양객의 분류는 산후조리(50대의 산후풍으로 인한 관절 및 종합 몸조리), 유방암 잔류 처리, 고시생 정신 치유, 일일 관광객 세종실록 솔방 체험, 테르펜 체험, 피톤치드 체험 등 그 당시에는 생소한 시스템이었는데, 그 프로그램이 오늘날 치유라는 이름으로 활성화되어 많은 이들이 애용하게 되어 새삼 감회가 깊다.

이리하여 종합적인 휴양의 개념과 소비자의 요구를 파악했으며, 휴식을 위한 체험과 휴양 및 치유를 위한 소품을 준비하고, 전문 지식을 위해서 본격적인 연구를 하였다. 그 무렵 장사가 잘된다는 소문이 점점 확산되어 서울에서 예약을 하고 찾아오는 손님도 늘었다. 그리하여 방송국에서 취재 섭외가 왔고, 「SBS 모닝 와이드」 출연하여 뜸기욕장과 표고 회를 방영하였다. 그런 후 손님의 수는 상당히 많아졌다. 이어서 신문, 잡지 등에 연재되어 손님이 많이 찾아왔는데, 막상 현장에 와보고 실망을 하는 손님이 많았다. 실망이란 다름이 아닌 시설 문제였다.

그 당시 농촌 환경이 그러하듯 정상적인 주택이 별로 없는 시절이며, 별장 같은 집은 더욱이나 희소했다. 그래서 제일 많이 부딪히는 것이 농촌 주거 환경에서 화장실, 샤워장이 문제의 1순위였고, 해결을 해야 할 부분의 1순위였다. 손님들은 점점 많아지는 동시에 고급 손님들이 늘어나면서 고민이 커져갔다. 그렇다고 돈을 많이 모은 상태도 아니라서 고민하다가 새로운 건축물을 짓기로 결단을 내렸다.

제2의 도약을 위해 치밀하게 설계를 했다. 본체의 크기는 180m^{2}로 2층 구조이고, 지역 환경과 조화를 이루고 외관상 서구형의 모양을 내고, 별장이라는 이름에 맞게 내부는 은은하면서, 산속이라는 맛이 나도록 설계를 하여 건축물을 완성시켰다.

그 후 13년이란 세월을 하루같이 초심을 잃지 않고 살아왔다. 지역 농·산촌 관광 활성화에 이바지하고자 마을 단위로, 때로는 개인적으로 기술 이전 및 교습을 위해 강의가 진행 중이며, 과학적인 휴양 체험을 위한 소재 개발, 치유의 기능 촉진 등 건강을 위한 기(氣)방과 노폐물 제거를 위한 기능성 목욕, 치유의 촉진을 위한 에너지원의 음식 개발 등을 연구하면서 '귀촌 휴선'의 보람과 재미를 한껏 만들어 가고 있다.

선腺의 양식糧食에 감사함을

대한민국 땅속에는 선(腺)과 선(腺)이 수많은 갈래로 연결되어 있고, 선(腺)이 흐르고 있으며, 그 선(腺)은 산과 논밭을 기름지게 만들고, 곡물이 잘 되도록 촉진제 역할을 하고 있다. 목마른 우리에게 먹을 물도 주고 계곡에서 사람들이 휴식을 취할 수 있도록 시원한 산림 공간도 만들어 주고, 삶에 있어 샘과는 긴밀한 관계가 있는 듯 싶다.

우리나라는 4계절이 뚜렷하고 전국 8도의 개성과 사투리, 문화 등이 조금씩 다르며, 그 속에서 어우러져 살아가는 이 모습이 얼마나 아름다운가!

국토 허리가 잘린 북부지방 강원도 고성에서부터 전라남도 흑산도 까지, 더 나아가 국토의 토질이 지방별로 다르다. 즉, 토양의 종류가 다각화이다. 거기에다 기후도 위도별로 조금씩 다르다. 그래서 작물도 지방별로 특색이 있는 곡물, 과일을 채소를 생산함으로 4계절 우리의 식탁을 풍요럽게 만들고, 영양에 있어서도 균형을 맞출 수 있는 식문화의 여유로움을 만끽할 수 있다.

작은 나라이지만 만족할 만큼 신의 선물을 얻을 수 있는 곳이 유일한 대한민국이 아닌가. 불가항력적인 천재지변 피해가 없다면 우리나라의 먹거리에 있어서 콩 심은데 콩 나고, 팥 심은데 팥 나는 신비로움에 가까운 자연환경 조건이다.

우리는 산이 있고, 바다가 있고, 기름진 땅이 있다. 그 사이에 도도하고 유유히 흐르는 우리 민족의 젖줄인 강이 있다. 때로는 심산유곡에서 몸에 유익한 약수가 샘솟고, 온천이 오르고, 자연으로 말하자면 풍부하지는 않지만 5천만 우리 국민이 고르게 나눔에 자리는 된다.

필자도 농토가 3500평 정도 있어 일부는 콩을 생산하고, 그 외에는 종합적인 먹거리를 생산한다. 우리가 먹고 나머지는 일가친척과 나눔을 실천하며 또 일부는 내방객에게 조금씩 나누어 주는 행복으로 즐거운 나날을 보내고 있다.

요즘에는 먹는 물, 식수가 매우 귀중한 시대를 도래했다. 우리나라는 세계 다른 나라에 비하여 물의 수질 상태는 좋으나 정제의 기술이 떨어지는 듯싶다. 그래도 수질이 양호한 편이니 모두가 건강하게 잘 살고 있지 않는가. 이 또한 얼마나 행복한 일인가.

우리들은 가장 필요한 것의 가치를 과소평가하는 경향이 있다. 돈이 들어가지 않는 산소 흡입에 있어 사소한 공기에 불과하다고 가벼이 여기는 사람들이 있다. 어쩌면 물보다도 산소가 더 급할지도 모른다. 물은 7~10일을 마시지 않아도 최소한 생명을 유지하며 버틸 수 있지만, 또한 악조건에서는 자기 자신의 소변이라도 먹으면서 생명의 한계를 유지할 수가 있다는 학설도 있다. 어떤 사고가 있을 때 체험자들의 이야기이다. 그러나 공기(산소)는 생체학에 있어 오래 기다려 주지를 않는다. 목숨이라는 것이 불과 몇 분만 산소 공급이 없으면 그 생명체는 살아있다고 볼 수 없다.

옛적에는 물을 돈 주고 사먹었는가? 물론 상수도 요금은 내주었지만은 지금은 어떠한가. 물값이 기름 값하고 같이 간다는 것 아닌가. 물값의 대가를 비싸게 치루니 이제야 물 귀중함을 알고 좋은 물, 생수라는 이름을 찾느냐고 혈안이다. 그만큼 물과 산소는 우리가 살아감에 있어 무척이나 귀중함에도 불구하고 소홀함이 많았다. 이제라도 우리는 살고 있는 자연환경에 감사를 할 줄 알아야겠다.

농토에서 곡식이 발아하는 과정을 보자. 필자는 아직도 확실한 농사꾼은 못되고 연구에만 열중이다. 농토에 씨앗을 파종했을 때 적절한 온·습도가 맞지 않으면 발아가 잘 안 돼서 싹이 트지 않는다. 그나마도 수분이 없으면 말라서 고사를 한다. 그래서 농부들이 하늘을 바라보며 물을 좀 달라고 애원을 하는 그 마음을 그 누가 알까.

사람이 물 없이는 살 수 없듯이 식물들도 마찬가지이다. 하늘에서 내려주는 물도 맑은 물이이어야 한다. 그런데 요즘에는 빗물이 석연치 않다. 대기의 환경이 좋지 않아서 그러는지 때에 따라서는 농작물의 성장률이 저조하기도 하고 기형들이 많이 발생한다. 이제는 밭농사에 있어서 생수를 공급이라도 해야 우량 곡식을 섭취하지 않을까.

자동차에는 기름이라는 에너지원이 필요하듯, 사람들에게는 곡식과 채소, 고기, 생선, 갖은 양념 등이 에너지원으로 필요하다. 자기 실체의 존재 이유와 자기가 있다는 감사와 더불어 출세하여 명예도 있고, 그 명예 속에 품위를 유지하려면 삶에 이유가 있는 자기 실체를 만들어야 한다는 것이다. 곧 건강해야 명예도 부(富)도 가정의 행복도 함께 있다. 자아 실체를 만들거나 유지하기 위해서는 양질의 양식을 찾는데, 그중에서도 명품을 찾아야 한다.

명품의 요건은 신토불이 자연산이며, 친환경 유기농산물, 청정 해산물 등이다. 더 믿음이 있는 길을 찾는다면 농·산·어촌에 있는 농·어가와 1가 1가를 맺어 품목별로 공급을 받는 방식도 있다. 더욱 확실한 방식은 자기가 직접 수도작을 해서 생산과 소비를 하는 방식이다. 도시민으로서 수도작 생산은 힘들다. 그래서 주말농장이 필요한 것이다. 그것도 여의치 않으면 아파트 베란다 공간을 활용하여 간이적인 채소 공급이라도 필요하고, 앞으로 필수적으로 하게 될 것이다. 생채 정도는 자급자족의 시대가 도래할 것이고, 할 수 있도록 사회적으로 제도화하고, 필요하다면 기술도 제공하여 국민건강에 이바지하는데 정부가 나설 필요도 있다. 결과적으로 우리가 살고 있는 국토에는 몸에 유익한 선(腺)이 흐르고 있다.

우리는 이것을 친환경적으로 잘 보존하고, 생활 필수품으로 하여 생산성 향상에 일조를 할 수 있도록 실용성 있는 연구와 생활 소득원의 접목이 필요하다. 물은 생명체에 있어 필수 자원이며, 그 자원에 의한 식량 생산은 현재 우리가 살고 있는 이 땅의 주인인 우리들의 사명감이요, 후손에게 물려줄 지혜다.

필자는 샘물을 먹고 있다. 요즘에도 무슨 샘물이 있느냐 하겠지만 샘 중에서도 참샘이다. 샘이란 지표수로서 지리에 따라서 다르겠지만, 온갖 동식물의 배설 등이 흙이라는 자연 필터 장치에 의하여 무기질을 함유하고 몸에 유익한 미네랄을 듬뿍 담고 있는 것이 참샘이라는 원리인 것이다.

물에도 맛이 있다. 그런데 간혹 서울을 가노라면 생수를 사먹어도 그렇고 정수기 물을 먹어도 에너지가 없다는 직감이 들곤 한다. 과학적으로 확실한 이유는 알 수 없으나 물의 종류는 여러 종류가 있으며, 물에도 영양소가 있다는 것만은 사실이다. 필자가 참샘을 먹을 수 있다는 것은 자연과 신에게 감사드리며 살고 있다. 우리 집 참샘의 물은 지금 이 시간에도 하염없이 흘러가고 있다.

곡식의 소중함

필자는 우리나라 6.25 전쟁 전후 출생자다. 지난날 배고픔에 관하여 몇 자 적어볼까 한다. 필자의 고향은 속초이다. 항구 중에서도 동명항이다. 1965년쯤 매년 봄이면 '보릿고개'라는 고개가 있었다. 필자가 9세~13세 무렵 위치적으로 바닷가에 살았기 때문에 유독 곡식이 귀할 수도 있겠지만, 봄이면 1일 2식을 먹어야 하는 가난의 굴레를 체험했다. 우리 가정에만 한정된 것이 아니고 동네 주변에는 다 그러했다. 그래서 그 시절에는 하루에 2식을 하고 점심이란 것은 없다고 생각을 하기도 했다. 미군정의 보급품으로 배급을 받아다가 식용했으며, 그 곡물 이름이 밀기울로 기억하고 있다. 그것을 가져다 개떡이나 죽을 만들어 먹었고, 그 곡분도 양이 없어서 점심때에는 걸러야 하는 아픔을 겪기도 했다. 밀기울은 요즈음의 돼지사료 같은 것이나 다를 바가 없다. 돼지사료도 지금은 그와 같은 먹이는 안주는 걸로 알고 있다. 그 당시를 회상해보면 돼지만 못한 식생활을 했구나 하는 가슴 아픔을 기억하곤 한다.

곡물과는 반대로 해산물은 풍부했다. 배가 고프면 바닷가에 나가 해초류를 먹거나 홍합, 전복, 해삼, 멍게, 미역, 진도아리, 톳 등을 그냥 주워서 굶주린 배를 채우곤 했다. 요즘도 간혹 옛날 이야기를 하면서 배가 고파서 먹거리로 해삼, 멍개, 전복을 먹었다고 하면 영양식을 했다고 위안을 받기도 한다.

세월이 몇 년 지나서는 보릿고개가 없어졌다. 곡식이 조금은 순환이 되는 듯 보였다. 여름에는 주메뉴가 해산물 일색이고 깡보리 섞인 감자밥이 주식이었다. 필자는 이 과정을 걸치면서 2가지 교훈을 얻었다. 첫째, 곡식의 귀중함을 알고 곡식의 가치를 생각하게 되었으며, 둘째, 그 뒤로 지금까지 식탁에서 반찬타령, 맛 타령이 없고 환경에 맞추어서 먹고 있다. 그래서 집사람으로부터 듣는 칭찬이 식단 준비가 편리해서 좋다고 한다.

생산자(농부)를 위한 소비자의 반성

가정에서 음식을 만들 때 나물의 모든 음식에는 참기름이 사용된다. 재료를 사용함에 있어 소비자들은 결과만 놓고 평가를 한다. 가격은 적정한가, 그 제품은 국산인가, 수입품과 혼합되지는 않았을까, 맛은 어떠한가? 돈 주고 사먹는데 상품의 질이 왜 이래, 가격이 비싸 등의 푸념만 한다.

우리는 식재료를 공급하는 농부들에게 고맙다는 인사라든지 마음이나마 한번쯤은 감사한 생각이라도 해보았는지, 소비자들도 반성의 시간을 가져볼 필요가 있다.

삶에 있어 상호간에 신뢰라는 것이 있다. 우리는 이 신뢰의 벽이 깨어지지 않도록 무한한 노력이 필요하며, 신뢰와 믿음 속에 상거래가 싹트고 웃으면서 즐겁게 음식을 섭취할 수 있음에 가정에 행복이 깃들 것이다. 그동안 우리는 농부들에게 감사라는 표현이 인색했던 것 같다. 경제 논리적으로 상거래 원칙에서 돈을 지불한다는 이유를 든다면 정이 삭막하다. 이런 표현이 있다.

"법 이전에 인간이 있고, 사람의 정이 있다."

영업을 하는 식당에서 돈을 주고 밥을 먹으면서도 우리는 나오면서 잘 먹었다는 인사를 한다. 그런데 가정에서 부인이 식사 준비를 해주어 식사를 하고 나서 고맙다는 인사를 하는 사람이 몇 명이나 될까. 아무리 직위가 높고 권세가 있다 해도 식사 시간이 되면 에너지를 보충해야 한다.

농부의 입장에서 이야기해 보자. 참기름을 생산하기 위해서 참깨라는 곡물이 있다. 쌀보다도 알갱이가 작다. 이것을 한 알갱이라도 더 주우려고 애쓰고 노력한다는 것을 도시민들이 얼마나 알고 있으며 이해를 할까. 한 줄의 책을 읽고 남에게 이야기를 통해서 듣고 소설 같은 이야기라고 말할 것이다. 필자도 몇 년 동안 깨를 털어 보았다. 낱 알갱이를 줍고 있노라면 기름을 못 먹을 것 같았다. 아껴서 먹어야 되고, 감사는 잊지 말아야겠다는 것을 깨달았다.

선(腺)을 기초로 한 흙에서 우리가 일용할 양식을 얻게 됨을 이 땅에 감사드리며, 우량의 식사를 할 수 있도록 하고 에너지원의 식자재를 공급하신 농부님들께 감사드린다.

선鮮의 숲을 통한 자아가치 탐구

선(鮮)이라 함은 곱다 깨끗하다의 표현이다. 삶에서 자기 자신의 의지가 뚜렷하고 목표를 가지고 초지일관하면서 살아야 한다. 가치라 함은 균형에 있어 저울질하는 눈금의 자와 같은 존재이다. 우리네 사람들이 흔히 하는 말이다. 어떤 일을 할 때 그 일을 할 만한 가치가 있다. 그 사람은 살만한 가치가 있다고 하듯 우리는 가치라는 말을 자주 쓰곤 한다. 일반 관례에서는 어떤 상품을 평가할 때 흔히 사용되는 말이기도 하고, 어떤 상품을 두고 하품이니 상품이니 하는 저울질을 한다. 과연 내 스스로가 하고 있는 일과 가고자 하는 목표가 가치 있는 일이며, 후일에 목표에 도달했을 때 시세 가치가 있을까 하는 의문을 담는 이들도 많을 것이다. 선(鮮)에서 가치란 균형과 중심을 말한다.

현대인들은 일상생활에 있어 균형과 중심을 잃고 살아가는 듯싶다. 현대과학 문명적인 시스템이 흐리게 하는 것인지, 생활규칙에 얽매여서 판단을 흐리게 하는 것인지, 양쪽 중에서 어느 쪽이 비중이 높은 줄은 모르겠으나, 현시대에서 자기표현을 바르게 또는 자기의지대로 표현을 하면서 사회생활을 하는 이는 극히 드문 일이라 본다.

숲 속은 매우 정적이 감돈다. 외계인의 소리처럼 벌레가 울고 새가 지저귀고, 숲의 세계가 마냥 포근하면서 깨끗하기만 하는가. 사실은 어수선하면서도 산만하다 다행히 악취 같은 것이 없다. 숲의 세계에도 삶의 경쟁은 치열하다. 싸움에서 지는 나무는 옆으로 쓰러져서 자라고, 더욱 심각하면 말라 죽는 수순을 밟기도 한다. 우리가 살고 있는 사회의 제도와 비슷한 환경이라고 생각된다.

지구에서 자연 환경 배경으로 생명체를 영위하는 모든 것들은 존재와 성장의 방법과 방식이 다를 뿐 울타리안의 규칙은 나름대로 비슷한 듯싶다. 그렇다면 나름대로의 방비책 정도는 준비를 하여야 할 것이 아닌가.

균형과 중심의 논리를 이해하려면 자연의 품속에서 심장의 소리에 귀를 기울여 볼 필요가 있다. 나무의 성질은 직선으로 상승을 하려고 하는 습성이 있다. 그리고 그 속에는 심재와 변재라는 구조를 가지고 있다. 심재는 중심을 담당하고 변재는 균형적인 영양공급을 담당하고 있다. 인간으로 태어나서 조직 생활에서 할 말은 하고 싶고, 아닌 것은 아니라고 말하고 싶고, 여러 가지들을 왜 표현하고 싶지 않겠는가. 표현 못 할 사회 구조가 외로울 뿐이다. 때로는 힘이 들 때면 자연의 힘을 빌려 에너지원과 초자연의 지혜를 활용해

볼 필요가 있다.

균형과 중심을 잃었다고 방향 감각마저 잃지를 않기를 바란다. 방향 감각을 잃지 않고 살아간다면 균형과 중심은 때가 되면 원상회복이 가능할 것이다.

선仙의 마음으로 삶의 질 회복

선(仙)의 마음이란 정도(正道)적의 기준점이라고 말하고 싶다. 삶에서 선의 헤아림이란 일상생활에 있어 필요한 제반요건을 숙지하고 실행함에 있어 자기 자신에 맞춤형 옷을 입고 생활환경에 맞는 활동을 하라는 뜻이다. 실행에 있어 반드시 과욕을 삼가라. 자기 그릇을 만들고 그 속에서 행하라. 일상생활에 있어 우리는 이런 실행을 자주한다. 결정과 결단이라는 단어 사용에 관해서다. 가정이나 직장에 있어 어떤 일을 실행하고자 할 때 실행에 필요한 기준점을 놓고 균형적인 저울질을 하는 기술을 요구하는 것이다.

일상에서 사용되는 기구들 중에 물리적인 요소인 탄성과 소성의 원리를 우리는 자신도 모르게 사용하고 있다. 탄성은 융통성을 말함이요, 소성은 아집을 말함이다. 기준점 선상에서 저울질을 할 때 융통성을 선택할 것인가 아집을 선택할 것인가. 현대인들이 고민하는 부분들이 이런 과정일 것이다. 쉽고도 어려운 부분이다. 우리는 이 과정에서 슬기롭게 대처할 수 있는 훈련이 필요하다. 해결의 열쇠를 어떻게 찾을 것인가 부드럽게 생각을 해보자. 일차 시도는 자연과 마음에서 찾고, 그 방법과 방식을 탐구하여 풀어 가는 것이다. 언중유골(言中有骨)이라는 단어가 있다. 복잡한 공식이 아니더라도 자연의 순리와 한 권의 책과 절친한 벗의 말 한마디가 때로는 열쇠가 될 수도 있다. 자기가 처해 있는 환경적 직분에 따라 공식을 선택함이 현명할 것이다.

삶에 있어 예(禮)라는 단어가 있다. 사람이 태어나서 백일이 되는 백일잔치, 일 년이 되면 생일잔치, 성년이 되면 성년식, 약혼식, 결혼식, 장례식, 기념식, 준공식 등의 예를 치른다. 생사에 있어 시기(時期)라는 기준점의 식을 치른다. 사회적으로 공익적인 기공(起工) 행사를 할 때 기념식 또는 준공식을 치른다. 살아가면서 마디마디에 기준점이 있다. 이 기준점의 예식은 선(仙)의 생활에 일부분이 될 것이다. 마인드 컨트롤이라는 단어 사용에 있어 요즘에는 조금 소홀한 듯싶다. 마음을 다스림, 마음의 화(火)를 다스림, 스트레스 관리를 여기다 두고 하는 말이다. 때로는 자기 의지와 상관없이 자신을 통제하지 못하고 폭발을 하는 경우, 때로는 폭발을 해보고 싶은 욕구가 충동될 때, 스스로 다스림이란 어려울 것이다. 흔히들 말하기를 산속에 있는 도사들이나 수행하는 것이지 내 자신이 할 수 있을까. 당연히 어렵다. 어렵기 때문에 길을 찾아야 하고, 본인이 가고자 하는 목적지가 뚜렷하다면 갖은 번뇌를 통해서라도 수행을 통한 자신을 통제할 수 있는 지혜를 쌓아야 된다는 것이다. 자기 자신의 조정과 가족의 조정 후에 조직의 리더가 될 수 있다는 말이다.

2보 후퇴 1보 전진, 삼사일언(三思一言), 3보 1배, 이외에 다수의 좋은 말들이 있다. 2보 후퇴 1보 전진에서 2보 후퇴란 기다림의 인내심과 조급증에 설익음이고, 1보 전진이란 후회 없는 결단 또는 결정이라고 말하고 싶다(최소한의 손실). 2보 1보는 필자가 생활하면서 근래에 생활규칙으로 접목을 한 사례인데, 마음이 편하며 시야가 넓어지고 사회가 아름답게 보이고 생활에 여유가 생겨서 삶에서 사람답게 사는 맛을 알았고, 행복이 바람같이 찾아왔다. 비로소 욕심을 버려라, 과욕에 집착하지 말라는 말의 의미를 깨닫게 될 것이다.

인생에 있어 성공이 곧 최상급이라 하면 돈을 많이 벌고 고위공직에 있어야만 출세하고 성공했다고 말할 수 있을까? 인생에 있어서 성공자라 함은 사람으로서 사람의 도리를 다함에 있어 인격이 완성되었다고 할 수 있고, 사랑을 베풀 수 있는 여유로운 자만이 진정한 승리자요, 성공자라고 표현함이 바람직하다고 본다. 돈 많은 사람이 세금을 내지도 않고, 고급 승용차와 고급 주택에서 살거나, 공직사회에서 높은 자리를 올랐다고 해서 안하무인(眼下無人)인 자 또한 사람으로서 인격이 성숙되었다고 할 수 있을까. 이런 분들은 성공자가 아니고 삶에 있어서 실패자에 속한다. 실패자 중에서도 가장 불쌍한 사람이다. 혹자는 착각 속에서 살아가고 있는 사람들이 많다는 것이다.

거짓과 반칙 게임이 난무하다. 자석에 있어 플러스극과 마이너스극의 세계를 보는 듯하다. 양극화라고 표현한다. 상호 조화를 이루어야 사회가 건강할 텐데 우리의 생체에도 전류가 흐르며 양극과 음극이 존재한다. 생체에 있어서는 양극보다 음극이 세포 활성화 하는 데는 역할이 크다고 본다. 선(仙)의 마음에 있어서 이런 모습은 참다운 삶이 아니다. 혹자들은 타인이 보는 곳에서는 선심 쓰며 좋은 일하는 것처럼 보여서 선행을 하고 다른 이면에서는 법과 힘에 논리를 앞세워 반칙을 일삼는 가여운 사람도 있다.

선(仙)의 생활에 있어 자연 속에 행복이라는 길이 있다. 사람살이에 있어 생활에 법규가 있어서 남에게 피해를 주지 않아서 열심히 살아가는 것이 아름다운 것 아닌가.

삶에 방향에는 수많은 길이 있다. 어느 길이 좋다는 가치적 기준은 없다. 자기에게 주어진 직책을 긍지와 보람을 갖고 최선을 다하면 된다. 남의 직업을 부러워하지 말자. 나름대로 고통과 즐거움은 다 있다. 남의 직업에 쫓아가려고 하지 말자. 당신이 하고 있는 지금의 일이 최고다. 위만 쳐다보지 말고 아래도 쳐다보자. 앞만 쳐다보지 말고 뒤도 돌아보자. 그리고 옆도 쳐다보자. 그러면 자신이 서 있는 위치가 보일 것이다.

끝으로 선(仙)의 마음은 참살이라는 단어로 마무리하고자 한다. 선(well-being)을 우리말로는 참살이로 풀이하는데 육체적, 정신적 건강의 조화를 통해 행복하고 아름다운 삶을 추구하는 삶의 유형이나 문화를 통틀어 일컫는 개념이다. 이전에도 다양한 형태로 육체적, 정신적 삶의 유기적 조화를 추구하는 움직임이 있기는 했지만, 이러한 움직임이나 삶의 문화가 포괄적인 의미로 참살이는 복지, 행복, 안녕을 뜻하는 말로도 통용된다.

선(仙)의 건강은 삶의 질(quality of life)을 높이는 기본 요소이다. 생활의 만족도가 높고, 즐거우면서 신체의 면역기능도 높아지며, 내분비계의 기능도 활성화되어 건강은 더욱 좋아진다. 삶의 질을 높이는 것은 현대인의 가장 중요한 생활 목표 중의 하나다. 따라서 몸과 마음의 건강 상태를 유지하는 것은 좋은 건강을 지키는 가치 있는 일이며, 삶의 질을 높이는 기반이 된다.

선仙 체험과 담潭 휴양 맞춤형 프로그램 개발

전국적으로 체험 마을 시범사업이 활발하게 진행되고 있는 것은 참으로 다행스러운 일이다. 늦은 감은 있으나 이제라도 현장과 소비자의 마음을 읽었다면 정부로서는 대단한 혁신이요, 변화다. 시작이 좋았으니 끝까지 좋은 안을 가지고 마을에 도움이 되어 주민의 소득과 정주공간적(定住空間的) 참살이 마을을 만들 수 있도록 심혈을 기울였으면 하는 바람이다.

그 동안에는 기본 마을 가꾸기 또는 주변 환경정리 또는 관광의 개념 익히기 등으로 노력을 많이 해 왔고 성과도 있었다. 진흥청 농촌전통테마마을, 교육농장, 농수산식품부 녹색체험마을, 산림청 산촌생태마을, 어촌관광마을 등의 국가 지원 사업으로 인한 인프라 구축으로 활기를 띠었고, 농 · 산 · 어촌 주민들도 기본 훈련과 관광을 할 수 있는 지식적 수준이 중급 이상 되는 주민과 마을도 전국적으로 많이 있다. 이에 힘입어 현 상태에서 안주할 것이 아니라 기술과 정성을 들여 국내 영업만이 아닌 세계 시장을 겨냥하고, 그리하여 국제화 시대에 맞게 당당하게 경쟁할 수 있는 제반 기능을 높이고 준비하고 자세를 갖추자는 것이다.

금번 농림수산식품부에서는 2008년 6월 23일부터 시행하고자 하는 도·농 교류에 있어 체험과 휴양 마을을 지정해주는 제도를 실행하고 있다. 제도를 잘 정비하여 도별이라든지, 군단위로 하든지 간에 시범적인 마을이 선정하고, 그중 도에서 1~2개 정도는 우수 마을을 만들어 특화시켜서 타의 사례가 될 수 있도록 시범사업도 병행했으면 한다. 전국적으로 접수하여 일괄적인 지정만 해준다고 현재와 다를 바가 뭐 있겠는가. 물론 현재의 지정 자체도 체험 마을로서는 도움이 되는 듯싶다. 그러나 좀 더 효과를 보자는 것이다. 실용적이면서 소득 창출 쪽으로 방향을 선택하여 주었으면 한다.

일본 농촌 관광 마을 사례

가까운 일본의 나라에 농산촌의 관광 마을을 살펴보자. 우리와 살고 있는 환경이 다를 뿐, 우리가 그들 마을만큼 못하라는 규정이라도 있는가. 물론 역사와 경륜이라는 인적자원과 기술이 포함되어 있겠지만, 그들 관광 현황을 살펴보노라면 고개가 숙여지고, 배울 점도 많이 있다. 그러나 다 잘하고, 다 배워야 하는 것은 아니라고 생각한다. 일본도 지역과 마을별로 환경과 풍습이 다르고 관광의 형태도 다르다.

농촌 체험에 있어서는 우리나라가 더 발달되어 있다. 발달했다는 부분은 우리나라는 스킨십이 많고, 생활하고 밀접한 농작물을 위주로 하고 있고, 교육과 휴양을 겸한 시스템으로 접근을 한다는 것이다.

전체적인 것은 아니지만, 일본의 휴양지에서는 휴양객들이 휴양하는 행위는 자기 생활의 연속과 독서 또는 논리적인 산보 정도가 유일이며, 기계적인 시스템 발달로 실외에서보다도 실내에서 보내는 시간이 많다. 치유의 시스템에서 산림욕장을 보면 코믹하면서도 지혜가 많이 담겨져 있고, 가중한 운동보다도 천천히 하면서 가벼운 운동으로 배열이 되어 있으며, 자기 자신과 산림과의 대화의 창이 많이 구성되어 있고, 규칙적이면서도 지속적으로 한다는 것이다. 산림의 환경은 우리보다 좋은 곳도 있고 못한 곳도 있다. 그들의 침엽수는 숲 자체도 좋고 향도 좋다. 일명 삼나무라 하여, 스기목이라고도 하며, 선박 건조용이나 목욕탕 욕조로 주로 사용한다. 우리나라에서 목욕탕에 가면 히노끼탕이라는 큰 나무로 된 온탕욕조가 있다. 그 소재가 삼나무와 비슷한 종류라고 보면 되겠다.

우리나라에서도 산을 찾아서 삼림욕을 즐기는 사람들이 점점 늘어나고 있다. 우리는 산을 왜 찾는가. 소나무에서 나오는 테르펜의 향을 마시며 운동을 하고자 해서 산을 찾고 있으며, 요즘에는 치유라는 개념으로 소나무 숲을 걷는다. 소나무 숲의 유산소는 생체의 암세포가 가장 싫어 한다고 한다. 그래서 암환자들이 지속적이면서 규칙적으로 운동을 하면 치유의 효과를 볼 수 있다는 이야기이다.

일본과 우리나라의 농촌 관광의 형태와 자연환경을 비교해 보았으나, 대체적으로 비슷한 점이 많고, 경쟁의 상대는 충분히 된다고 생각된다. 우리는 우리 스스로를 돌아보고 새로운 기술을 연마하여서 상품을 개발하고, 완성품을 만들어서 외형의 볼거리보다는 내실을 기하여 소득을 창출하고, 체험과 휴양 마을을 새로운 관광 상품화하여 동양에서 으뜸가는 스타 마을을 만들어야 할 것이다. 이에 국내 관광 활성화 및 외국인 손님을 유치하여 외화획득의 일환이 될 수 있도록 정부, 학계, 연구계, 마을주민이 다함께 노력을 해야 할 것이다.

제4장

푸른 숲이 갖는 아름다운 능력

푸른 숲의 정화 능력을 배우자.
인간의 자기 정화는 보다 큰 의미의 사랑이며,
늘 새로운 가치에 도전하며
발전, 개혁하는 창조적 기쁨이다.

행복을 사치한 생활 속에서 구하는 것은
마치 태양을 그림에 그려놓고
빛이 비치기를 기다리는 것이나 다름없다.

- 나폴레옹 -

마음 매체를 산업으로

선(仙)에 치유 시스템을 프로그램화

삶에 있어 필자가 말하는 선(仙)이라 함은, 일상생활 중에 가정이나 직장에 있어 생활의 지혜를 얻어 공동체 생활을 원만이 한다는 표현이라고 말하고 싶다. 대인관계에 있어 선성설과 선악설이라는 양면성의 논리를 표현하고, 자기만의 울타리 속에서 손바닥으로 얼굴을 가리는 웃지 못할 진풍경도 나열되곤 한다. 인간은 이 땅에 태어나는 순간부터 운명을 논한다. 자기 운명을 논하면서 스스로의 팔자를 탓하고, 타인의 의지 속에 살아가려고 하는 현실의 생활에서 도피를 하는 자를 종종 본다. 생활 속에 자유의 의미는 그 나라 법도 속에 작은 조직을 형성하며, 조직의 규칙 속에 생활을 영위해야 한다.

우리는 생활 규칙에 있어서 때로는 모르면서 위반하고 때로는 알면서 위반을 하는 사례가 있다. 그리고 더 나아가 우리가 살고 있는 환경은 빙판 위의 삶이며, 철로의 길이 있음에도 불구하고 정도의 길에서 벗어나려고 하는 위험한 발상 속에 각자 가고자 하는 길을 가고 있다.

현대인은 출세라는 절박한 벼랑 끝에 매달려 거의 자기 상실의 슬픈 늪 속에서 자맥질하고 있다. 그리하여 부조리한 사상과 운명의 우울한 상황에 빠져 헤어날 길을 잃고 말았다.

우리가 존재하고 있는 현 세계는 지진의 파괴력보다도 더욱 심각한 위협에 직면해 있다. 그것은 심리적, 정신적 패쇄 작용에 의한 도덕적 타락과 인간의 내면적 생활의 황폐화가 이성의 상실을 가져왔기 때문이다. 인간의 본능이 이성보다 우위를 차지할 때에 인간의 존엄성은 동물적 차원으로 떨어지고 만다. 오직 최후의 선택은 인간 자신만이 해야 하는 것이며, 이것이 곧 운명이라고 하는 자업자득의 결과로 나타나게 된다.

그러므로 우리는 한 세상을 살아감에 있어 뜻하는 바를 멀리 두고 깜박이는 등불처럼 무지한 본능 앞에 쇠잔한 채로 지쳐 쓰러져 버릴 수 없는 것이며, 죽음이라고 하는 후회의 계절이 닥쳐오기 전에 마음속에 잠들어있는 자성(自性)을 깨워야 하는 삶의 의무가 있는 것이다. 오늘날 우리 현대인들은 불완전한 인간이 되어 버렸다. 그러기에 우리는 스스로 자신의 완성을 위해 노력해야 한다. 생각건대, 비단 성현(聖賢)뿐만이 아니라 요즈음 모든 집단을 안전하게 소유하고 부귀를 지탱하고 있는 사람들은 반드시 하나의 도를 터득하고 있는 법이다. 즉, 도(道)를 터득한 사람은 지혜(智慧)가 깊고 심오하여 날로 공덕을 쌓아 그 생각도 원대한 법이므로 보통 사람으로서는 그 마음속을 간파할 수 없는 것이다.

선(仙)은 생활의 가치를 추구하고 있다. 선(仙)은 바른생활의 진실을 알고 싶어 한다. 선(仙)은 업무 능률 향상을 도전하고, 선(仙)은 가정과 사회가 맑고 행복하기를 바란다.

치유라 함은 예방의학이라고 해도 과언이 아니다. 더 큰 병을 얻기 전에 예방이라는 차원도 있지만, 가벼운 신경선의 운동과 긴장을 풀어 주는 것도 치유라 할 수 있다. 도시의 여건과 직업의 환경에 따라 요즘 점진적으로 수요가 확대하고 있는 실정이며, 치유의 장소로는 바다를 찾거나 계곡의 물과 숲이 있는 산을 찾는 방향으로 흐르고 있다.

왜 현대인들은 스트레스라는 병적 요소를 치유의 대안으로 찾는 것일까. 매 주말이면 공원과 산은 휴식을 위해 찾은 주말 인파로 북적인다. 또 태어난 고향 마을을 뒤로하고 도시로 모여든 현대인들이 주말만 되면 돈과 시간을 들여서 산과 바다로 길을 떠나고 있다. 왜 우리 현대인들은 숲 속에서 편안함을 느끼고 건강해질 수 있다는 생각을 하는 것일까?

사람은 누구나 익숙한 것에서 편안함을 느끼는 법이다. 비록 지금은 대다수의 사람들이 숲과는 거리가 먼 도시생활을 하고 있지만, 원래 인간은 아주 오랜 세월 숲에서 나고 숲에서 생활을 했다. 인간이 자연과 격리되어 지금의 도시 환경 속에서 생활하기 시작한 시점을 산업혁명이라고 가정한다면 약 500만 년 전에 탄생한 인류는 진화의 과정 중 99.99%의 시간을 자연환경 속에서 살아왔다.

우리의 몸은 숲이라는 자연환경에 잘 맞도록 오랜 시간을 통해서 진화해온 것이다. 숲에 적응하기 쉬운 몸을 가지고 있는 우리는 콘크리트와 네온으로 둘러싸인 도시라는 인공 환경 속에 살고 있다. 오랜 시간을 적응해 온 숲이라는 환경을 떠나 동물원 우리 같은 콘크리트 속에서 살고 있는 현대인은 일상생활 속에서도 항상 강한 긴장 상태이고, 스트레스 상태이다. 따라서 숲 속에 들어가면 원시 상태로 돌아가 엄마 품에 안긴 아이처럼 일상생활의 긴장이 풀리면서 편안함을 느끼게 되는 것이다.

도시 문명의 풍요로움 속에 빠져 의식은 오래전에 도시화를 받아들였는지 모르지만, 아직 우리 몸은 숲에서 살 때 그대로이다. 그래서 숲을 찾으면 마치 고향을 찾는 것과 같은 편안함을 느끼게 되는 것이다. 우리 몸이 기억하고 편안해 하는 것은 500만년 동안 함께 했던 그 숲이기 때문이다. 이렇듯 숲 속에서 느끼는 편안함은 인간이 가지고 있는 자연 치유력을 높여 주어, 우리의 몸을 병에 걸리기 어렵게 또는 병이 쉽게 나을 수 있는 몸으로 만들어 준다.

우리는 산행 중에 숲 속에서 하룻밤을 머물고 나면 다음날 아침에 전날의 산행 중에 쌓인 피로는 온데간데없고 활기가 넘치는 자신을 발견하곤 한다. 도시의 아침에서는 찾아볼 수 없는 일이다. 맑은 공기와 숲 내음, 푸르름 가득한 숲의 경관, 자연의 소리들……. 이 모든 환경이 어우러진 숲 속에서는 병원이 없던 시절부터 우리의 몸속에 숨어 있던 자연 치유력이 보다 활발하게 작용해서 몸속에 쌓인 피로를 풀어주기 때문이라고 생각된다. 치유라는 종목도 농촌 관광의 상품으로 개발하여 정규 프로그램화하여 도시민이 즐겨 찾는 명품으로 자리매김할 것이다.

정신 건강, 육체 건강, 삶의 건강

명상이란 무위행(無爲行)의 절대 공간에 들어가 진리를 깨우치기 위해 수행하는 제반 의식 개발의 행위를 가리킨다. 초보적 과정은 대체로 눈을 감고 좌정한 상태에서 자기 스스로 관조(觀照)하는 것으로부터 시작한다. 흔히 우리의 생활은 아침에 눈뜨고, 일어나자마자 뭔가에 바쁘게 서두르든가, 아니면 세월이 정지된 것처럼 느긋하고, 안일하게 게으름을 부리기도 한다. 이러한 생활 속에서 단 한번이라도 평안하고 조용한 곳에 바르게 좌정하고 앉아 눈을 감고, 자신을 돌이켜보게 되면 우리는 실로 많은 것을 느낀다. 그리고 평소의 일상생활이라 할지라도 늘 습관적 타성으로 임하던 경솔한 태도로부터 벗어나, 보다 진지하고 성실하며 적극적인 행동 양식을 갖게 되며, 아울러 나날이 발전하는 자신의 모습을 즐길 수 있다.

인간은 누구나 그 스스로의 정체를 모르고 있기 때문에 죽을 때까지 그것을 밝혀서 알고 싶어 하는 본능을 가지고 있다. 그러나 결국은 인간이 그 스스로를 끝까지 알 수 없다는 결론 밖에는 도달할 수 없다. 스스로가 자기 자신을 안다면, 아는 자[主體]와 알려진 자[客體]는 동시에 하나일 수 없다는 모순이 생긴다. 그래서 스스로 영원히 알 수 없는 존재인 것으로 누구나 끝없는 자기 발견을 통해 더욱더 가치가 상승되는 자기 자신의 변화와 발전을 체험할 수 있는 것이다.

자기 발견은 끝까지 알 수 없기 때문에 새로운 정보와 기능을 입력시키면 무한히 변모할 수 있는 과정적인 자기발견, 즉 정체되고 한정되지 않도록 살아 꿈틀거리며 항상 발전 도약하는 모습으로의 자기발견을 할 수 있다. 즉, 끝없는 자각을 통해 인간이 지닌 본성과 가능성을 발견하고, 이를 현실 생활에서 응용하고자 하는 것이 자기발견 명상법의 목적이다.

이 명상법의 과정에서 인간은 현실의 욕망과 집착에 시달리는 자가 아닌, 영원과 무한 능력에 연결된 자기 자신의 본성을 자각할 수 있다. 그러나 이 자기 발견도 명상가의 환경과 조건, 성격, 취향에 따라 많은 차이를 보일 수가 있다. 즉, 미래 지향성이나 과거 집착성, 또는 현실 적응성 등의 수많은 성품 방향이며, 명상에 따라 똑같은 깨달음이나 비슷한 경지도 전혀 다르게 해석, 이해, 추구하는 경우가 있다.

자기 치료[淨化]

사랑의 힘은 모든 것을 치유, 개선, 발전시켜 존재의 가치를 상승시킨다. 명상의 자기 치료 과정은 모든 대상과 환경, 조건 등에 대한 사랑으로부터 이루어지는 것이다. 사랑은 그냥 감정이나 정서적으로 좋아하고 집착하는 그런 것이 아니다. 모든 주체와 대상 간의 가치를 높이고자 하는 진정한 힘이다. 우리는 모든 상황 변화에 자기의 부정적인 모습과 실상을 볼 수 있고, 그것을 개선하는 것을 자기치료라 한다.

늘 새롭고 변화한 것에 대한 깨달음이 일어나는데, 그것은 무의식과 잠재의식으로부터 나오는 것이 대부분이다. 사람들은 자신들의 종이요, 비서격인 사고의 위대한 힘을 잘 이용하여 현재의식이 지혜롭게 빛나는 행위를 창출하는데, 그렇지 못하고 대개 자신들이 길들여온 사고를 주인이나 상관으로 모셔 논 후, 그에 복종하기를 좋아한다. 이것은 습관과 타성에 의한 현재의식으로, 개선의 여지가 희박한 게으른 대중의 삶이라 할 수 있을 것이다.

자기 치료의 과정은 이와 같은 습관과 타성 속에 있는 자신의 진솔한 상태를 파악하고, 개선해나가는 모든 행위적 가능성을 위해 과거, 현재, 미래의 자료와 정보를 이용해야 한다. 그래서 인간의 삶을 개선시킬 수 있는 가장 근본적인 문제가 다른 곳이 아닌 바로 자기 자신 속에 있다는 것을 알아야 하고, 이를 치료하는 제반 능력을 갖추어야 하는 것이다.

대부분의 사람들은 자신의 감정을 존중하고 나아가서 잘 보호하려는 본능을 가지고 있다. 그래서 기분을 굉장히 중요시하고 매사를 기분의 상태에 따라 좌지우지하며 살게 되는 것이다. 그러나 이 기분이나 감정은 스스로의 진실이 아닌 습관과 환경에 적응해온 자신의 기록과 반응일 뿐이다.

자기 창조(自己創造)

자기를 발견하고 스스로의 문제의식을 점차 확대시켜 캐낸 후에, 이를 점차 치유해가는 경지에 이르면, 사람은 누구나 자기 자신의 삶에 한계가 있다는 것을 느끼게 된다. 만일 여러분이 조금만 노력해도 현실적인 큰 이익, 즉 권세, 명예를 크게 얻을 수 있는 길이 있다면 누구나 대환영할 것이다. 뜻밖인 진실은 모든 인간에 대한 소망이기도 한 것이기 때문에, 사람은 언제나 일확천금이나 뜻밖의 횡재를 꿈꾸고 있는 것이다. 그러나 이러한 소망은 구도적 희망이건 현실적 염원이건 원인 없이는 일어날 수 없는 결과의 대상이기에 허망하고 무가치한 경우가 많지만, 이 때문에 현실적으로 열심히 노력하고, 진취적인 행동 개선을 이룩할 수 있다면 대단히 좋은 것이다. 또 그렇게 노력하다 보면 어느덧 자신도 모르게 성취되기도 한다.

인간의 활동을 이끄는 가장 중요한 삶의 포인트는 정신 집중으로부터 비롯된다. 정신이 집중되면 인체의 모든 기능은 그 집중된 곳을 향해 헌신하게 된다. 따라서 정신 집중력은 빛을 생산하는 원동력이 되는 것이며, 인간의 모든 내・외공(內外功) 수련(修鍊)이나 호흡, 명상, 참선, 기공 등도 정신 집중에 의해 창출된다. 여기에서 정신 집중을 통한 빛의 배양은 살아있는 현재의식으로, 오직 현재의 진실만을 창출해내야 한다. 과거, 미래의 흔적이나 소망에 집착하면 현재의식의 충분한 개오가 이루어지지 않기 때문이다.

삶의 건강

인간은 무의식적으로 자신의 두려움과 공포에 대한 집착으로부터 해방되려고, 늘 불안해하기 때문에 도리어 더 불안, 초조, 긴장에 휩

싸인 삶을 보내게 된다. 사실 우리는 일상생활에서 자신은 두려움과 공포가 없는 듯이 큰소리치는 사람일수록, 그 속에는 더 커다란 두려움과 공포가 도사리고 있는 것을 많이 보아 왔다. 모든 두려움과 공포, 불안 등은 인간의 사고로부터 온다. 인간은 어둠과 숲을 두려워하고 불안해한다. 인간은 조그만 불행에도 크게 슬퍼하며 눈물을 짓는 경우가 많다.

왜 특히 인간은 슬퍼하고 불안, 공포에 시달리며 살아갈까. 그것은 인간의 사고와 깨달음을 통한 미소가 있기 때문이다. 인간의 미소, 그중에서도 함께 사랑하며 공유할 수 있는 미소는 삶의 모든 불행과 부자유, 고통, 불안 등을 딛고 일어서서 발전하고 깨우쳐 나가는 값진 생명의 존귀함이다. 즉, 인간은 더욱더 크고 높은 사랑의 가치 개념을 소유하기 때문에, 그리고 그에 따라 소망 이상의 욕망과 야심 이상의 본능적 집착심이 있기 때문에 언제나 상대적 세계를 모두 양면적으로 수용하고 받아들여 소화해 내야 하는 것이다.

그런데 여기에서 인간이 보다 진화된 상태로의 진입과 수도가 거듭되면 일상적인 모든 집착과 욕망으로부터 벗어나 일체의 생태계로부터 자유롭게 격리되면서도 이들을 완전히 초월, 지배하는 능력이 생겨난다. 따라서 가장 큰 행복, 자유, 환희, 기쁨을 창조하는 무한한 사랑의 실현 단계에 이르게 된다.

위대한 인간은 작은 노력으로 큰 결실을 이루려하지 않는다. 따라서 언제나 끊임없이 인간적 창조를 위해 무한한 노력을 기울이는 것이다. 그리고 위대한 인간은 진실한 사랑을 추구하되 자기 자신의 이기적 목표를 향해 음모하거나 남을 음해하지 않는다. 그것은 존재하는 모든 생명이 남이 아닌 바로 자기 자신이기 때문이다. 매일 아침 새로움에 청소를 하듯이 살아가면서 불필요한 부분은 과감히 수술하고, 정화해나가야 하는 것이다.

이것을 존재의 방편이라고 한다. 이러한 인간의 자기 정화는 보다 큰 의미의 사랑이며, 늘 새로운 가치에 도전하며 발전, 개혁하는 창조적 기쁨이기도 하다. 단순한 외부 신체의 자기 정화는 물론 내부 신체의 모든 부분에 있는 부조화와 건강하지 못한 환부 제거, 그리고 나아가서는 스스로를 망치는 무지하고 타성적인 의식의 병에 이르기까지 해야 하는 것이 무궁무진하다. 늘 온몸을 깨끗이 씻고 청결하게 유지해야 하듯이, 먹는 음식과 언행 수준의 건전한 지향성을 토대로 적당히 온몸에 운동을 시켜야 하며, 의식의 발달과 깨달음의 삶을 창조하기 위해서는 늘 보다 진전된 세계를 향한 명상, 독서, 연구, 생활 등의 창조적 노력을 끝없이 추구해야 한다. 인간에 있어서 이러한 일련의 수련생활은 마치 물고기가 물속에서 헤엄치고, 새가 공중에서 날개를 퍼덕이며 날듯이 삶이 필수불가결한 요소이다.

요즈음 사람들은 현실적인 삶에 뭔가 획기적이거나 구체적인 도움이 없으면 제아무리 좋은 것이라 해도 무관심하다. 보통의 사람들은 일상생활의 현실적 요구에 스스로를 얽어매고 살기에 바빠서 자신의 몸이 어디에서 왔다가 어떻게 변해서 어디로 가는지도 모르며, 또 쉽게 알 수 없는 것이기에 아예 알려고 하지도 않는 것이 일반적이다. 그러니 오만 가지 번뇌, 망상과 잡생각을 따라서 수많은 집착과 욕망의 기운들이 제 세상을 만난 듯이 온몸 구석구석으로 설치고 다니며 얽히고설킨 것이다. 물론 여기에는 좋은 것도 나쁜 것도 있으며, 수많은 형태의 기운들이 서로 긴밀하게 상관되어 있지만, 스스로의 감정, 건강, 행동, 관리의 여하에 따라 수시로 전신의 구석구석으로 영향을 미치게 된다. 여기서 복잡한 수많은 형태의 기운들은 서로 적절한 조화를 취해야 하는데, 그렇지 못할 경우 몸의 상관 부위가 아프거나 병들게 된다. 대부분의 사람들은 다소간에 아프거나 병든 부위를 가지고 있게 마련이다. 비록 건강해 보이는 사람일지라도 실제 건강 체크를 해보면 상당한 중증의 병을 앓고 있는 경우가 많다. 이는 일반 대중의 삶이 병을 치료하고 건강을 증진시키는 지극히 당연한 창조적 행위로부터 벗어나, 헛된 욕망과 집착에 매달리는 습관적 태도에 천착하는 타성에 젖었기 때문이다.

삶의 건강이라는 단어를 정리해 보면서 필자는 자연의 순리를 따르고, 자기 스스로의 역량 속에 자연 생리의 순환에 순응하라고 말하고 싶다.

담체그램, 휴양의 학습 소재

담체(潭体)그램은 필자가 창안한 시스템이다. 원리는 강원도 인제군 용대리 백담사 계곡 일원의 자연과 생태가 어우러진 "산은 산이요, 물은 물이다."라는 철학 속에 100개의 못[潭]을 소재로 하여 발안한 이름이다. 사람들은 일상에서 삶을 물 흘러가듯 살아가라고 자주 이야기하곤 한다. "윗물이 맑아야 아랫물이 맑다."라는 격언도 있다.

백담계곡의 물이 상층부에서 하층부, 곧 하류로 흐르는 과정에 있어 100개의 못에서 일어나는 현상을 우리가 살고 있는 생활리듬과 연관하여 삶의 질을 향상하고, 드높은 지혜를 창출하자는 논리다.

이 계곡에는 상류와 하류 사이 평평한 암반을 이루고 있는 곳이 100개의 못이 형성되어 있다. 저마다의 모양과 형태가 다르며, 물의 깊이도 다르고 물속에서 살고 있는 생명체들도 다르다. 그리고 가을에는 못 속에 비치는 자기의 얼굴 모습이 아름다워 잠시 일상에서 있었던 피로를 풀어주는 배려도 있다.

100개의 못이 서로 다른 얼굴을 가지고 있듯, 우리네 살아가는 생활에 있어서 많은 사람들은 서로 다른 얼굴을 가지고 있으며, 서로 다른 직업을 가지고 있다. 이에 우리는 자기 자신의 눈높이와 체형, 이상에 맞는 자기만의 그릇을 만들어야 됨에도 불구하고, 실행을 못하고 있는 것이 현실이다. 그리하여 담체라고 말한다면, 자기 자신의 몸 만들기, 또는 출세와 성공을 위한 양질의 그릇을 만들자는 것이다.

명인에 명품을 만들기 위해서는 생체의 이모저모를 지식으로 탐독할 필요가 있고, 내면과 외면이 일치하고, 외면보다는 내면의 세계가 튼실해야 한다.

육체란 생체 에너지의 지배를 받는 물질적 생명이다. 그러므로 생체 에너지가 강하면 육체도 강해지고, 그것이 약하면 육체 또한 약해진다. 사람은 정온동물이다. 그러므로 체온의 균형을 잃으면 이상이 생기는 법이며, 그것이 심화되면 생명을 잃는 법이다. 즉, 체온이 너무 높아도 안 되며, 낮아도 안 되는 것이다. 우리나라 같은 온대지방 사람들은 대부분 온도 관리를 잘못해서 일어나는 질병이 많다. 환경이 자극체라면 인간은 피자극체이다. 환경이란 우리를 에워싸고 있는 기후, 계절, 자연 및 기타 생활의 여건이다. 피자극체는 자극체에 의해서 좌우되므로 자극체의 성질이 그대로 전달된다.

인체의 음양오행 현상과 우주의 음양오행 상태를 생체 에너지로 연결시킬 때, 곧 나 자신이 우주가 되고, 우주가 나 자신이 되는 것이며, 즉 인간이라는 개체적인 생명이 종합적인 생명체인 우주의 대생명력과 일치함으로써 하나의 대생명력이 되는 것을 말한다. 지금까지 대생명력을 육체와 지구와 우주와의 물질적인 관계로만 생각해 왔다. 대생명력은 물질적인 관계로만 이루어질 수가 없고, 우주의 정신과 인간의 정신이 일치되어야 이루어지는 것이다. 즉, 영(靈)과 육(肉)이 일치되어야 한다. 그러기 위해서는 인간의 음행오행 현상과 우주의 그것과 일치되어야 하는 것이다.

목적이란 존재가 지니고 있는 가치를 발휘하는 것을 기준으로 한다. 벌레에게는 이성이 없다. 그저 꿈틀거리고 먹는 기능만이 있을 뿐이다. 그래서 벌레는 꿈틀거리고 먹는 행위를 함으로써 지닌 것에 대한 역할을 발휘한다. 즉, 벌레의 역할을 하고 있는 것이다.

인간은 이성을 지녔다. 이성이란 글자 그대로 모든 이치를 깨닫는 성품이다. 이치란 현상적 진리를 바탕으로 한 목적적 진리이며, 그것을 하나의 사고 속에 묶어 두는 완전한 진리를 깨우치는 것을 말한다.

거대한 소나무도 그 근본은 깨알만한 작은 솔씨에 불과하듯이, 오늘날에 이룩된 모든 과학문명, 그리고 진리를 비롯한 제반 학문도 그 근본은 인간의 두뇌에 있는 작은 뇌세포에 불과하다. 그러므로 인간이 거대한 업적을 남긴다든지 성공하느냐, 실패하느냐는 곧 뇌의 기능을 잘 관리하느냐, 못하느냐에 달려 있는 것이다. 또한 비록 두뇌를 끊임없이 활용하여 성공의 경지에 이르렀다 할지라도 마무리를 짓지 못하면 헛수고이다.

실제로 두뇌가 발달했다고 자부하는 사람들이 별안간 두뇌의 기능이 저하되어 그 동안에 이룩했던 일의 마무리는커녕 그릇된 목적으로 유도하여 인류에게 커다란 해독을 끼치는 예가 부지기수이다.

그런가 하면 올바른 목적으로 두뇌를 활용하고 싶어도 이미 뇌의 기능이 미치지 못하기 때문에 올바른 일을 하고 싶어도 할 수 없는 지경에 이르는 것이다. 또한 나이를 먹으면 뇌세포 역시 노화 현상을 일으키게 마련인데, 이것을 막는 근본적인 방법은 없다.

현대 의학이 발달했다고는 하지만 그것은 어디까지나 뇌를 제외한 육체 부위에 한한 것일 뿐이며, 뇌의 건강이라든지 뇌의 기능 증진에 대한 분야는 전혀 속수무책인 것이다.

단전과 생활을 잠시 열거해본다. 단전 행공을 통하여 생체 에너지가 축척되면 우선 사람이 질병에 걸리지 않는다. 그러므로 의료비를 절감할 수 있음은 물론이며, 따라서 생산 활동을 증가할 수 있다. 그런가 하면 생체 에너지가 축척된 상태에서는 많이 먹을 필요가 없다. 즉, 먹지 않아도 든든하고 힘이 솟기 때문에 국내에서 생산되는 식량도 절감의 효과를 볼 수 있다. 단식이나 절식은 굶주림이 아니다. 생체 에너지를 식량화하는 것뿐이다.

담체에 있어 생체의 에너지와 수련을 통한 신(身) 에너지의 재생과 활용하는 사례를 들었으며, 뇌의 발달과 형성은 수련과 어떤 관계가 있는가를 간접 지식을 통해서 경험했다. 담체에 있어 인간의 형성이라 함은 너무도 많은 부류와 다면적인 요소가 많으므로 일일이 다 열거할 수가 없음에 양지를 구하는 바이다.

휴양의 서비스

산림 휴양이라는 용어가 우리나라에서는 처음 사용된 것은 1970년대 후반으로 알려져 있으며, 이제는 중요한 연구 분야의 하나로써 연구, 조사가 활발해지고 있다. 산림 휴양이란, 산과 관련하여 이루어지는 모든 활동을 산림 휴양 활동이라고 정의할 수 있다.

산림 휴양 정의에 따라 현재 우리나라에서 행해지고 있는 산림 휴양 활동으로 분류할 수 있는 활동을 열거하면 피크닉, 캠핑, 산나물, 약초 캐기, 자연 관찰학습, 자연 풍경 감상, 수렵, 산악자전거, 행글라이딩, 산악마라톤, 산악승마, 동굴탐험 등을 들 수 있으며, 녹색체험마을 관광, 산촌생태마을에서의 체험 및 휴양 관광과 삼림욕을 겸하면서 건강 측면을 고려하여 휴양 응용에 산림 치유 같은 새로운 유형과 요양과 수련을 겸한 세미나 및 각종 교육 활동 같은 새로운 유형의 활동도 점진적으로 증가하는 추세에 있다.

휴양에 있어 소비자의 감성에 부응하려면, 휴양 자원의 가용성, 개인의 제한 요소 등의 전제하에 유발되는 조건부적 수요를 참여라고 전제할 때, 수요는 이용자 집단의 위치, 주변 자원의 질과 규모, 그리고 접근성 등의 고려가 결여된 상태에서 이용자 집단의 성격에만 의하여 결정되는, 즉 공급의 독립적인 개념으로 이해될 수 있다. 그러나 실제 휴양 활동의 참여는 기회 공급과 밀접한 관계가 있다. 특정 휴양 기회가 결여된 지역의 주민이 활동 참여의 가능성을 상실하여 참여가 적다고 하여도 실제 수요가 없다고 볼 수는 없다는 논리가 성립하기 때문이다.

욕구에 의한 경우의 휴양 계획은 현존 자원과 시설 능력 상황에 따라 미래 수요에 대한 예측이 가능하고 과소 혹은 과대 공급을 지양할 수 있다. 국민의 의식도 많이 달라졌을 뿐 아니라 휴양이라는 개념의 이해와 숲 문화를 단순 놀이, 단순 숙박이 아닌 생활과 업무적으로 재충전을 하며 생활 건강이라는 새로운 프로그램으로 생태의 숲을 탐방하는 이들이 점점 늘어나고 있는 실정이다.

쾌면을 위한 선仙 침실

새로 집을 건축하고 상량할 때 대들보에 연월일시를 쓰고 그 밑에 '응천상지삼광비인간지오복(應天上之三光備人間之五福)'을 쓰는 것이 전통적 관례였다. 풀이하면 '하늘의 세 가지 빛에 응하여 인간 세계엔 오복을 갖춘다.'라는 뜻이다. 다섯 가지 복이란 장수하는 것, 물질적으로 넉넉하게 사는 것, 몸이 건강하고 마음이 편안한 것, 도덕 지키기를 좋아하는 것, 제 명대로 살다가 편히 죽는 것을 말한다. '치아 건강'이 오복 중의 하나라는 말을 하는데, 잘 씹어 먹는 것이 건강 유지에 좋다는 것을 강조한 것이라고 생각된다.

필자는 다섯 가지 복 중의 하나에 편안한 '잠자리'를 넣고 싶다. 숲속 생활에 적응하기까지 고통과 걱정이 많았기에 불면의 체험을 몇 차례 했다.

쾌수면이란, 복합적인 내용이 포함되어 있다. 수년 전부터 잠자리가 편치 못하다는 분들이 많아서 잠자리 환경에 관하여 탐구를 해보기로 하였다. 풍수지리학적으로도 영향을 받을 수도 있다. 수맥의 원리에서도 선잠을 자는 이도 있다. 침대의 방향이나 생체 수면 위치에 따라서 변화가 올 수도 있다. 제일 중요한 것은 자신의 생활습관 교정에 관심을 두는 것이 바람직하다. 그래서 요즘은 생활습관 교정과 생활환경 개선을 동시에 한다.

생활환경 개선은 침실 공간의 크기, 침실 공간의 소재, 침실 공간의 전기 제품 유무 관계, 침실의 가구 유무 관계, 침구의 소재, 침구의 세척, 침실의 조명 관계, 잠옷과 수면자의 수면 자세 등을 기본적으로 점검해 볼 필요가 있고, 교정에 노력이 수반되어야 한다.

무엇보다 열린 마음과 긍정적인 사고가 필요하며, 욕심을 버리고 심신을 안정하면서 자기 반성의 시간을 갖는 것이 중요하다.

기능적인 침실 환경

일정한 공간 속에 침실 구조의 기능에서 수면을 취할 때 깊은 쾌수면을 취하고, 아침에 머리가 맑다고 표현할 정도의 기본 환경 조건은 원적외 방사율 92%, 음이온 개수 800~1200개, 온도 21±℃, 에너지 1000kcal 소모이다.

요즘은 황토방이 건강방이라고 많은 사람들이 알고 있다. 또한 민박집으로 선호도가 높다. 황토 벽돌을 쌓았다고 다 황토방이라고 말할 수 있을까? 그렇다면 우리는 황토에 대한 지식은 얼마나 알고 있을까.

황토의 개요 및 의미

주로 실트 크기의 입자들로 구성되어 있으며, 탄산칼슘에 의해 느슨하게 교결되어 있는 연황색 퇴적물인 황토는 대개 균질하고, 층리가 발달되어 있지 않으며, 공극률이 크며, 퇴적층을 수직 방향으로 갈라지게 하는 수직한 열극들이 발달해 있다. 황토는 지역에 따라서 몇 종류의 변종이 나타나는데, 이들은 진짜 황토와 함께 황토모래질, 황토질흠, 점토질황토 등을 포함하는 황토 계열을 구성한다.

황토의 성인과 연령

1세기가 넘는 기간 동안 부분적으로 상승되고, 부분적으로 만족스러운 많은 가설들이 황토의 실트 크기 입자들의 성인을 설명하기 위해 제시되었다. 언덕 사면에 나타나는 황토 및 황토와 유사한 퇴적물을 흔히 삼녀에 평행한 반복층리를 보여주며 이들로 구성된 층은 흔히 암설 및 재이동한 토양으로 구성된 박층들과 교호한다. 이러한 퇴적물들의 암상적인 특성과 야외 관계들은 황토의 초기 퇴적이 층상류나 돌발 홍수에 의해 일어나지만, 영구 동토 위에서의 토양의 운동 사면 아래쪽으로 일어나는 포행 또는 이들과 유사한 작용 등에 의해 재퇴적이 일어날 수 있다.

인제 기린 황토질의 사례

부엽침전토로서 석영, 장석 운모(흑운모, 편운모, 견운모), 석류석, 각섬석 등이 풍부하여 기공률이 섬세하고 피물체와 교합질의 역할이 뛰어나고, 향과 점질이 우수하다. 응용 사례를 보면, 지장수를 만들면 무기질의 미네랄이 풍부하여 암환자, 위장환자, 신경성 식욕부

진자 등이 식수와 음식의 조리물로 사용하였고, 사용자에 의한 임상 설문에 의하면 세포활성화를 촉진하여 힘이 솟아나고, 상처 회복의 기간을 단축하는 효능이 있다고 다수인이 입을 모았다.

마사지 팩을 만들어서 숙성을 시킨 후 부분 또는 전신을 바른 후 일광욕을 즐기면 피부의 살결이 촉촉하고 부드러우며 모공 근처의 잔류 노폐물을 제거해줌으로써 피부 미용 조건과 향균 작용을 도와주고, 환절기 피부병을 예방하는 기능이 있다고 임상자들이 입을 모았다.

인제 기린의 황토를 건강방을 시공하는데 사용한 사례에서 원적외선과 음이온이 다량 방사출 되어 쾌적한 실내 공기를 창출하는데 우수하며, 기능성 방이라 해서 기방(氣房)이라는 체험형의 방이 만들어져 있고, 다수의 체험자에 의하면 술이 취하지 않으며, 아침에 머리가 맑다는 것이다.(체험과 견학은 항상 문이 열려있다.)

흑운모 온돌방 만들기

① 구들 온돌 위나 온수배관 파이프 위에 큐브운모 자갈을 덮고,

② 큐브운모자갈 위에 7mm 정도의 분쇄된 운모를 덮는다.

③ 흑운모편과 편운모, 견운모분말과 황토가루를 곱게 섞어서 몰타르를 만들어 바른다.

④ 바닥을 따뜻하게 하여서 양생을 시킨 후,

⑤ 셀레사이트 및 토르마린 이온액성을 발라준다.

⑥ 마분지로 초배를 하고 2일간 건조시킨다.

⑦ 한지(창호지)를 두 겹으로 발라 2일간 건조시킨 후 완전히 건조하면,

⑧ 콩을 갈아 물기를 뺀 후 들기름을 약간 섞은 콩자루를 한지 위에 계속 정성껏 문지른다.

⑨ 바닥을 따뜻하게 하면서 중복으로 반복 작업을 한다.

예외는 있다. 마분지 장판을 할 수도 있겠지만, 왕골자리 및 대자리를 깔고 사용하는 경우도 있다. 좀 더 특수한 경우는 황토 장판을 만드는 것이다. 물론 시공비와 시간은 좀 더 걸릴 경우는 있으나 효과 및 효능에서 건강과 손님의 취향에 인기도가 높다. 다음으로 원적외선과 음이온의 상식을 알아보자.

원적외선이란

원적외선은 전자파의 일종으로서 가시광선보다 더욱 긴 장파장측에 나타나고, 특히 강한 열작용을 갖는 방사선을 말한다. 적외선의 파장대 영역은 0.76～1000u의 범위로 규정하고 있으며, 가시광선보다 파장이 길고, 마이크로파보다 파장이 짧은 전자파이다. 빛에는 자외선, 감마선, x선, 적외선, 마이크로파 등이 있는데, 자외선, 감마선은 0.4미크론 이하로 너무 짧아 눈에 보이지 않는다. 적외선과 마이크로파는 파장이 0.75미크론 이상으로 너무 길기 때문이다. 이중 적외선의 파장 0.75～1.5미크론, 근적외선과 파장 1.5～5.6미크론, 파장 5.6～1.000미크론의 장파원적외선으로 분류된다.

원적외선은 우리 눈에는 보이지 않는 에너지 전자파로서 적외선 중에서 파장은 모든 물체에서 조금이라도 존재한다. 원적외선은 어떤 물질이나 사람 몸에도 깊숙이 침투하는 특성이 있다. 원적외선은 파장이 근적외선과 마이크로파의 중간 파장을 가진 빛으로 인체

40mm까지 침투하여 인체 세포를 구성하는 분자와 공명공진, 분자 운동 촉진을 내게 하는 특성이 있다. 그리고 낮은 온도에서는 높은 온도 상승작용을 할 수 있고, 직접 물체를 따뜻하게 하는 효율이 대단하여 인간의 생활에 유익한 빛이다.

원적외선의 효능

원적외선이 인체에 미치는 효과는 피하층의 온도 상승, 미세혈관의 확장, 혈액과 인체, 기타 조직과의 신진대사 강화, 혈액장애의 일소, 조직의 재생 능력 등으로 나타나며 동시에 지각신경의 흥분 억제, 자율신경의 기능 조절 능력이다.

원적외선이 생체에 미치는 영향

① 온열작용 : 인체의 체온을 적정 체온으로 유지시켜준다. 신체 표면 온도보다는 몸속의 온도를 따뜻하게 하는 작용(고온에 약한 암세포 박멸법으로 응용되고 있다.)

② 숙성작용 : 인체의 성장을 촉진

③ 자정작용 : 인체 내의 혈액순환을 좋게 하여 영양분 공급의 균형을 이루게 한다.

④ 건습작용 : 인체에 적정 수분을 유지

⑤ 중화작용 : 인체 내의 노폐물 배설 촉진 및 냄새를 중화시켜준다. 왕성한 발한작용에 의해 체내에 축적된 노폐물이나 유해색소 등을 여분의 지방분과 함께 체외로 배설

⑥ 공명작용 : 인체의 각종 영양을 분해하여 영양의 균형을 유지

음이온이란

하전(荷電) 된 원자 또는 원자단. 전기를 띤 눈에 보이지 않는 미립자를 말하며, (+)의 전기를 띤 것을 플러스 이온(양이온), (-)전기를 띤 것을 마이너스 이온(음이온)이라 한다. 공기 중에는 양이온과 음이온이 탄산가스, 산소, 질소, 수소 등 여러 혼합물과 같이 존재하고 있으며, 양이온이 많을 때 음전기를 띠게 한다. 음이온은 가벼워 대기 중을 자유자재로 나돌기 때문에 극히 활동적인 것이다. 이 활동력이 우리의 생명과 건강을 소생시킬 수 있는 작용을 하고, 공기 중의 이온, 즉 공기 이온을 기상 조건에 의해서만 시시각각으로 변동하고, 한냉전선, 저기압 등이 통과할 때는 양이온이 증가한다. 그리고 이에 대한 영향으로 이온이 감소해 양이온이 증가하고, 나아가서는 신경통, 천식 등의 병명이 증가한다는 보고가 있다.

음이온의 효과

① 혈액의 정화작용

혈액 중의 미네랄 성분인 칼슘, 나트륨 등의 이온율을 상승시켜 혈액을 깨끗하게 정화시켜 준다. 깨끗하게 정화된 혈액은 바이러스에 의한 감염도를 떨어뜨리고 생체의 저항력을 높여준다. 특히 음이온은 칼슘의 밸런스를 회복시켜 각종 성인병, 암, 스트레스 및 현대인의 체질을 건강하게 바꾸어준다.

② 세포의 부활작용

우리 몸은 60조 개 이상의 세포로 구성되어 있다. 현미경을 통해 음이온이 많은 혈액을 살펴보면 세포의 움직임이 눈에 띄게 왕성함을 볼 수 있다. 이는 세포막의 전기적 물질 교류가 촉진되어 세포

내에 영양공급을 원활이 세포 외부로 배출되게 해준다. 음이온의 증가는 결국 세포의 신진대사를 왕성하게 하여 칼슘이 증가하고, 특히 심근의 활동을 왕성하게 하여 심장을 더욱 건강하게 한다.

③ 병에 대한 저항력 증가

우리 몸에 음이온이 증가함에 따라 혈액 중의 감마그로피린도 함께 증가하고, 갖가지 병에 대한 저항력도 증가하게 되는 것이다.

④ 자율신경의 조정작용

자율신경은 생명을 유지하는데 없어서는 안 될 생명 신경을 말한다. 음이온은 모든 혈관, 내장 등 우리 몸의 생각이나 느낌에 반응하는 것을 자율신경이 하도록 조절해 준다.

⑤ 통증 완화작용

음이온은 이온화된 칼슘을 증가시키고 엔돌핀, 엔게피린이라는 물질을 혈청 속에 칼슘과 나트륨의 이온화율이 상승하면 혈액을 깨끗하게 정화시켜 체력의 회복뿐만 아니라 강한 통증이 있던 부분의 세포를 건강하게 활성화하게 된다.

농촌 관광의 기능성 숙박 침실 환경 만들기

하루에 6~8시간 숙면은 에너지 재생산을 위한 것이므로 매우 중요하며, 휴식과 재충전이 용이하지 않으면 업무 능률이 저하됨으로써 매사가 상쾌하지 못하다. 그만큼 침실이란 개념은 매우 중요하다. 침실 공간의 깨끗함과 실내 공기에서 산소의 함량과 원적외선 방사율, 습도, 온도 등은 쾌 수면에 중요한 환경 조건이다. 침실은 가능한 간결해야 한다. 복잡성과 장식품이 많으면 심리적인 혼란과 집 먼지, 진드기의 활동을 키울 수 있다.

집을 신축할 때 주의 사항

① 방과 방 사이 소음 전달 방지

② 샤워장 소리 및 상하수 관로로 인한 소음 차단 장치의 필요성

③ 집 전면은 남향을 하면서, 사계절의 온도 습도 변화에 유념

④ 베란다는 필수적으로 설계하고, 세탁과 건조실로 사용

⑤ 주방 시설은 베란다를 활용해 보고, 음식의 냄새를 막음

⑥ 침실 내부는 3년을 주기로 변화를 주는 미래형 설계를 할 것

⑦ 외관에 치우치기보다는 내부 편리성 중시

민박 업주로서 침실 준비 사항

① 농촌답고 전통과 고전을 겸비한 분위기 조성

② 손님을 편안하게 하는 실내 조명시설 완비

③ 잠자리 준비 계절별 이불, 침실 정리정돈

④ 손님 취향에 맞는 방 배정 및 침구류 선택

⑤ 관광 목적을 분석하고 침실 기구 배정

⑥ 여름철에는 방충망 점검 철저

⑦ 침실에는 가능한 전자제품을 두지 않는다.

⑧ 야간 식수는 계절과 고장별 약초수로 준비

⑨ 취침 시간에는 객실 외부의 소음 차단

⑩ 체형과 체질상 수맥 여부를 파악

⑪ 불면증 손님을 위한 한방 침구류를 준비

⑫ 산림 테르펜의 향과 생태 침실 조성

자연 친화적인 선仙 음식

선(仙) 음식이란 무엇일까? 이름부터가 새롭기도 하고 어설프기도 하다. 신선들이 먹었던 음식도 아니고 사찰에서 스님들이 먹었던 음식의 이름도 아니고, 필자가 처음 이름을 짓다 보니 조금 혼돈이 오는 듯싶으나 차차 귀에 익숙해지리라고 사료된다.

대구에서 유명했던 따로국밥이라는 메뉴가 생각난다. 이와 비슷한 사례로써 국 따로 밥 따로 하듯, 생식 따로, 생채 따로, 육식 따로. 따로의 형식을 쓰고 싶다. 가급적이면 원재료의 성질과 맛과 향을 그대로 의미하자는 것이다. 예를 들어서 산나물을 먹는데 우리들은 반드시 곁들이는 것이 양념류라는 것이 옆에 있다. 그리고 그것과 배합을 하거나 찍어 먹는 방식이 현재 우리들의 식탁의 모습이다. 이것을 개선해 보자는 것이다.

필자는 요즘 식생활에 있어 선(仙)식이라는 이름으로 나물이면 나물, 과일이면 과일 등을 산나물과 과일의 고유적인 맛과 향을 의미하고, 영양적으로는 수량으로 조절하고 있다. 처음에는 극복하기 힘들었으나 지속적인 반복으로 이제는 편하게 식사를 하고 있다. 산과 염도 조절이 자율적이어서 성인 식습관에서 발생되는 당료라든가 비만이라는 등의 관리는 어려움이 없다.

휴양 치유에 있어 선(仙) 음식이란 자기 체질에 맞는 음식을 즐겁게 섭생을 한다는 것을 의미하며, 조미료에 있어 일반적인 인스턴트 조미료가 아닌 자연 소재에 의한 조미료와 양념을 만들어서 음식에 첨가하여 섭생하는 의미도 포함되어 있다.

삶에 있어 정도(正道)의 길을 걸으라고 하는 말들을 자주하곤 한다. 선(仙) 음식에 있어 정도의 식사습관을 이야기하고 싶다. 자연에 있는 음식 소재를 정도의 시(時)에 정도의 섭생법으로 정도의 양(量)을 정심한 마음으로 즐겨라.

이에 필자가 개발한 3정도 식사법이라고 말하고 싶고, 이 식사법을 행하노라면 식사의 의미와 식사의 즐거움과 또 다른 쾌감을 느끼고, 생체에 있어서 에너지의 선순환 또는 신진대사의 원활을 촉진토록 윤활유 작용을 하는듯하여 몸이 가벼워지고 기력이 회복되는데 많은 도움을 준다. 뒤 이어서 반드시 편식은 하지 않을 것이며 식사는 혼자 하는 것보다 둘 이상 같이 하는 것이 즐거움을 배가시킨다. 그런데 도시생활을 하면서 위와 같은 내용으로 생활을 하기란 힘들다. 가급적이면 식습관을 자연적으로 하는 방식을 택해보자.

우리는 현실적인 식문화에 있어 착각을 하고 있는 경향이 많다. 산삼 한 뿌리만 먹으면 마치 만병통치라는 생각과 고정관념. 칼로리가 높다고 마냥 편식을 하는 어리석은 식습관은 개선의 필요성이 있다. 산속에 살다보니 간혹 도시민이 산삼 이야기를 많이 한다. 구해달라고 말이다. 필자는 이렇게 말한다. 산삼도 좋지만 너무 맹신하지 말고, 차라리 그와 비슷한 식물들이 많으므로 고루 섭생을 하라고 권하기도 한다.

지금은 못 먹는 금지식품으로, 과거에는 뱀탕이라는 것이 있었다. 필자도 먹어본 경험은 있으나 주성분이 단백질이다. 고단백이라는 이유만으로 지나치게 식용들을 했다. 삼과 뱀탕은 과연 우리 몸에 얼마나 도움을 주었을까.

필자가 주장하는 것은 음식이란 일시적인 폭식이 아닌 꾸준한 섭취라는 것이다. 필자는 영양사는 아니지만 영양에 대한 상식은 알고 있다. 식품이 갖는 1차 기능은 생명 유지 기능이고, 영양소의 과부족이 없는 균형이 잡힌 영양 섭취는 신체의 정상 발달을 돕고 스트레스에도 비교적 잘 견딜 수 있게 한다.

필자가 개발하고자 하는 선(仙) 음식은 한국 전통 한식 속에서 산림자원을 소재로 하는 산해초목(山海草木)을 위주로 한 음식을 만드는 것이다. 사찰 음식의 방식을 병행한 휴양, 치유적 선식을 개발해 갈 것이고, 현재에도 몇 가지는 개발이 되어 있다. 그리하여 우리 한국 방식의 선(仙) 음식을 농·산촌 관광의 상품으로 자리매김하도록 노력할 것이다.

음나무의 유래와 선(仙)음식의 적용 사례를 알아보자. 음나무는 신경통과 관절염에 좋다고 하여 수난을 당하고 있는 나무이다. 음나무는 날카롭고 험상궂은 가시가 빽빽하게 붙어있다. 우리 선조들은 가시가 달린 음나무 가지를 대문이나 방문 위에 걸어두면 못된 귀신이나 나쁜 질병이 집 안으로 들어오지 못할 것이라고 믿었다. 음양오행설로 볼 때 귀신은 음기의 상징이다. 귀신은 어둡고 축축하고 차갑고 썩은 것을 좋아한다. 그래서 귀신은 허물어진 성이나 낡고 빈 집, 오래된 우물, 썩은 고목, 음산한 골짜기나 동굴 같은 음습하고 더러운 곳에 잘 나타난다. 사람의 몸도 음습하고 더러운 환경에 있으면 온갖 질병에 걸리기 쉽다. 음나무의 무시무시하게 생긴 가시는 양기의 상징이다. 양기는 음기를 몰아내고 막아 주는 작용이 있다. 나무의 가시는 바깥의 적으로부터 자신의 몸을 안전하게 지키기 위해 생긴 것이다.

음나무는 물기와 바람을 몰아내는 효능이 있다. 음나무는 기름지고 물기 많은 땅에서 잘 자라지만 음나무 목재는 습기를 잘 타지 않는다. 물속에 담가 두어도 잘 썩지 않고 축축한 곳에 둬도 습기가 잘 스며들지 않는다. 이런 음나무의 특성 때문에 비올 때 신는 나막신을 음나무로 많이 만들었다. 음나무는 차고 축축한 기운이 몸에 침투하여 생긴 신경통이나 관절염, 요통, 만성위염, 만성간염, 갖가지 종기, 종창, 피부병 등을 치료하는 효과가 있다.

사람의 몸에서 음기를 주관하는 장부는 간장이다. 그래서 음기운이 부족하면 간장에 탈이 나기 쉽다. 간장은 모든 영양분을 모아 저장하는데, 동양철학에서는 사람의 혼이 간장에 깃들어 있는 것으로 본다. 음나무는 음 기운이 부족하여 생기는 갖가지 간질환, 만성간염, 간경화 등 온갖 간질환에 효력이 있다. 음나무는 파괴된 간 색소를 원상태로 회복시켜 주고 부족한 간 기운을 보충해 준다.

음나무를 활용한 음식 만들기 사례를 알아보기로 하자. 필자의 경험으로 나열을 해 본다. 음나무는 육류 요리에 있어 기름기를 흡수하면서 담백하게 하는 기능이 있다. 대표적인 음식 메뉴로는 음나무 닭백숙, 음나무 편육, 음나무 순대, 음나무 해장국 등이 있다.

음나무백숙은 요즘에는 일반적인 음식이다. 그러나 필자가 개발을 한 시기에는 희귀한 메뉴였다. 만드는 과정에서는 음나무도 어떤 부위의 나무를 사용하느냐에 따라서 맛과 영양소가 다르고 소비자의 기호도도 달랐다.

음나무를 요리에 접목을 부위는 다음과 같다. 음나무 순, 음나무 잎, 음나무피, 음나무 근피, 음나무 심재를 포함한 변재 등으로 나누며 하고자 하는 요리의 재료 및 메뉴에 따라서 사용하는 부위가 다르다고 보면 된다. 요즘 농・산촌에 있는 식당에서는 자주 접할 수 있는 음식이며 기능성 식품이기도 하다. 음나무 백숙에는 음나무 변재를 포함한 오갈피와 함께 사용도 가능하며 영양학상으로 고칼로리로서 기호식품으로 인기가 높다. 특히 육류 요리에 있어 돼지고기의 경우 편육이나 내장 요리에 있어 기름기를 흡수하는 데는 탁월한 효과가 있다. 음나무를 사용한 음식과 사용하지 않은 음식에 있어 맛 차이는 현저하게 달랐고, 담백하면서 고소한 부분도 많이 달랐다. 때문에 돼지고기를 평소에는 먹지 못하는 사람에게 고기 맛이 다르고 부드럽다는 이야기를 많이 들었으며, 소화력에 있어서도 부담이 없고 많이 먹어도 이상이 없다. 닭요리나 돼지고기 요리를 할 때, 반드시 사용을 해보시라고 권하고 싶다. 음나무를 잘게 썰어 큰솥에 넣고 푹 달인 물로 식혜를 만들어 수시로 마시면 좋다.

생강나무(개동백) 유래와 음식 접목 사례를 알아보자. 생강나무는 대체적으로 여성에게 유익한 나무이기도 하며 특히 산후조리에 있어 도움이 된다. 산후통은 여성이 아이를 낳은 뒤에 나타나는 병으로 흔히 산후풍이라고도 한다. 여성이 아이를 낳고 나서 찬바람이나 찬 기운을 맞았을 때 팔, 다리, 어깨, 신경선, 뼈마디가 쑤시고, 저리고 시리고 아픈 증상이 산후통이다. 일반적으로 산후통은 날씨가 흐리거나 비가 올 때, 곧 공중의 습도가 높을 때 잘 나타나는 까닭에 날궂이병이라고도 하고 신경통이나 관절염, 디스크와 비슷한 증상을 보이기도 한다. 산후통은 몸을 풀고 나서 바로 나타나기도 하지만, 몇 년 혹은 수십 년이 지나서 나타나는 수도 있다. 공기 중에 습도가 높아져 산소밀도가 낮아지고 대기의 압력이 커져서 모공 호흡이 더 어렵게 되면 나타나는 증상이다.

은은한 생강 내음이 나는 나무

생강나무는 녹나무과에 딸린 잎이 지는 떨기나무다. 생강나무라는 이름 말고도 개동백, 황매목(黃梅木), 당향매(檀香梅) 새앙나무, 아기나무 등의 여러 이름이 있다. 잎을 따거나 가지를 꺾어 코에 대면 생강과 비슷한 내음이 나는 나무이고, 생강처럼 톡 쏘지 않고, 은은하면서도 산뜻한 냄새가 나는 이 나무를 생강나무라고 한다. 생강나무는 산과 들에서 야생으로 자생하고 있고 꽃의 색상은 노란색이며 이른 봄철 꽃이 제일 먼저 피는 나무 가운데 하나이다. 산수유 꽃을 닮은 진한 노란색 꽃이 산수유나 개나리, 진달래보다 먼저 피어 봄을 알린다.

예부터 생강나무를 도가(道家)나 선가(禪家)에서 귀하게 썼다. 신당(神堂)이나 사당에 차를 올릴 때 이 나무의 잔가지를 달인 물을 바치면 신령님이 매우 기뻐한다고 하였다. 산속에서 정신수련이나 무술수련을 하던 사람들이 생강나무를 즐겨 썼는데, 생강나무를 달여서 오래 마시면 뼈가 무쇠처럼 튼튼해져서 높은 절벽에서 발을 헛디뎌 떨어지거나, 뛰어내려도 여간해서는 뼈를 다치지 않는다고 하였다.

생강나무는 비슷한 종류가 몇 가지 있다. 잎 뒷면에 털이 있는 털생강나무, 잎의 끝이 세 개로 갈라지지 않고, 둥글게 붙어 있는 둥근 생강나무, 잎이 다섯 개로 갈라진 고로쇠 생강나무는 전라북도 내장산에만 자라나는 우리나라 특산 식물이다. 계피나 생강, 고추 같은 향신료가 들어오기 이전에 이 나무껍질과 잎을 말려 가루 내어 양념이나 향신료로 쓰기도 했으니 여러모로 가난한 민중과 가까웠던 나무다.

생강나무 줄기나 잔가지를 아무 때나 채취하여 잘게 썰어서 바람이 잘 통하는 그늘에서 말려 약으로 쓴다. 생강나무 줄기나 잔가지를 썰어 말린 것 50~70g에 물 한 되를 붓고 물이 반으로 줄어들 때까지 달여서 하루 서너 번에 나누어 밥 먹고 나서 마신다. 생강나무 달인 물과 함께 메추리알을 한 번에 다섯 개씩 하루 세 번 날것으로 먹는다. 알의 영양성분과 보양작용이 탁월하여 쇠약해진 몸이 빨리 회복되도록 도와준다.

생강나무 잎으로 쌈 싸먹기

생강나무 잎은 특이한 향기와 자극적인 맛이 있어서 옛사람들은 잎을 가루 내어 고춧가루나 초피가루처럼 향신료로 썼다. 부드러운 잎을 따서 찹쌀 풀을 묻혀 튀각을 만들어 먹거나 나물로 무쳐 먹어도 맛이 있다. 들깻잎만큼 넓게 자란 잎으로 쌈을 싸서 먹어도 나름대로 독특한 풍미가 있다.

우리 선조들은 생강나무의 어린 잎이 조금 자랐을 때 따서 살짝 덖어서 차로 달여 마시기도 했다. 이것을 작설차라고 불렀으며 차나무가 귀했던 북쪽 지방 사람들이 즐겨마셨다.

느릅나무(유근피, 유근백피)의 효능과 음식 사례

느릅나무는 우리나라 북부지방의 산기슭에 야생한다. 봄부터 여름 사이에 뿌리를 캐어 물로 씻고 껍질을 벗겨서 겉껍질을 벗겨버리고 햇볕에 말린다. 뿌리를 캐어서 사용할 수도 있겠으나 뿌리 캐기가 여의치 않으면 나무피를 벗겨서 겉껍질은 버리고 속껍질만 그늘에 말려서 습기가 없는 곳에 보관을 해두면서 필요할 때 필요한 수량만큼만 조금씩 사용하는 방식도 있다. 보존에 있어서는 보관하는 용기와 보관 공간의 환경에 따라서 몇 년도 보관이 가능하다. 성분으로는 점액질, 농마, 탄닌 등이 있고 약성으로는 맛은 달고 성질은 평하다. 위장이 약하거나 속이 쓰릴 때 느릅나무 피를 끓여서 장복을 한다. 민간요법으로 많이 사용되고 있으며 음식으로는 아직도 응용이 부족한 실태이다. 선(仙) 음식으로 적용을 한다면 느릅 국수, 느릅 수제비(칼국수), 느릅 떡, 느릅 빵, 느릅 밥도 가능하다.

기氣 회복을 위한 선仙 목욕

우리 몸에 있어 물이 차지하는 비율은 상당히 높다. 물은 마시는 것도 중요하지만 물을 이용하여 목욕을 하는 것도 생체 건강에 있어 매우 중요한 부분을 차지한다. 목욕을 통한 신진대사 촉진을 간접적으로 도와줄 수 있으며 목욕도 방식에 따라서는 영양소를 공급할 수도 있다. 과거에서 현제에 으르기까지 목욕이라 함은 간단히 샤워의 개념과 각질을(일명 때) 벗기는 행위가 상당수였다. 그러나 근자에 들어서 목욕 문화가 많이 달라졌다. 이제는 도시에서도 치유의 개념으로 접근을 하는 듯싶다. 예를 든다면 산후조리 차원, 다리 관절과 몸의 컨디션이 부적절 할 때 등으로 목욕탕을 찾는 이들이 많이 늘어났다.

산속의 휴양에 있어 치유의 개념에서는 학술적이고 과학적인 방식이 도입되고, 연구가 진행되고 있고 민간요법에서는 오래전부터 목욕의 방식이 기능적으로 활성화되어 많은 사람들이 치유에 있어 효과를 보았다는 사례도 있다. 이 목욕 방식은 산해초목(山海草木)을 가지고 액체, 기체, 고체의 자연 방식과 가공을 하여 분말 액성 겔 등을 통한 목욕 방식으로 진행을 하고 있다.

필자가 산해초목(山海草木)을 가지고 갖은 방식으로 영업을 한 지도 16년이 넘었다. 지금도 피로할 때면 독특한 방식으로 약초의 효험과 함께 목욕을 즐기곤 한다.

우리도 목욕에 있어 우리의 것을 개발할 시기이다. 아로마 테라피라는 말을 많이 한다. 이런 말 자체가 외래의 말이 아니던가. 인제에는 12선녀탕이라는 자연환경이 좋고, 물 좋고, 일명 산수가 좋다라고 한다. 그곳에 전설에 가까운 아름다운 선녀탕에서 선녀들이 목욕을 했다는 자연탕이 있다. 이 선녀탕 이름 하나만 해도 휴양의 치유 개념이 성립될 수 있으며, 인제의 자연환경과 인공적인 목욕 시스템을 만든다면 우리도 국제적인 휴양객과 치유객을 유치하는데 일등 공신이 될 수도 있다.

선(仙) 목욕이라 함은 앞으로 기존의 우리가 해왔던 방식과 민간요법으로 개발된 시스템을 활용하고, 새로운 방식에 응용하여 생체역학에 맞는 기술을 적용하여 새로운 관광 상품을 만들고자 한다. 선(仙) 목욕의 시스템을 도시에서는 간이적으로 체험을 하고 농·산·어촌에서는 기능적으로 체험을 할 수 있도록 제도화를 해야 할 필요가 있다.

약초 목욕물 재료

(액성)천궁, 당귀, 뽕잎, 황기, 두충, 오미자, 음나무, 오갈피나무와 열매 등이 있다.

선기(仙氣) 욕장의 우량 환경

원적외선의 방사기능

원적외선은 방사되어 열을 전달함으로써 열에너지가 분자의 내부에너지를 여과시켜 물질의 발열을 촉진하고, 인체 깊숙이 침투하여 세포 고유의 파장과 공명, 공진하는 특성으로 6~14미크론의 생육광선을 의미한다.

원적외선 방사율 94%

- 방사체 : 천연광물질(과반수 고체의 물질)
- 방사 방법 : 재료의 종류, 온도의 가열, 재료의 위치, 배열적 시공 방법

음이온 사출과 생체 영향

공기 중 상쾌함을 주는 (-)전하를 띤 원소이다. 음이온을 마시면 세포 활력을 증진시키며, 피를 맑게 하고, 신경 안정과 피로회복, 식욕 증진의 효과가 있어 공기 중의 비타민으로 불린다.

- 효 과 : 체질 개선, 항균, 탈취, 면역력 증가
- 사출제 : 기계적으로 강제 순환식, 천연 광물질의 공진 형식, 광물질의 고정 장치로 풍광 활용법, 피톤치드의 테르펜소재의 산림 사출 형식(700~1200개)

항온의 청정 항상성 유지

1kcal는 1kg의 물을 섭씨 1℃ 끌어올리는데 필요한 열량이다. 실내온도는 42～45℃ 사이(환기 유의 사항), 전도, 대류, 복사의 기체공학적 설계가 관건

황토 및 광물질로 도포된 공간의 장점

① 복사열이 오래가고 원적외선의 방사출량이 극대화

② 대류적 공기순환이 용이하여 실내 공기가 쾌적

③ 축열 및 방사출이 원활하여 관리비 절감 효과

스기(삼나무) 히타판의 단점

① 축열이 적으므로 열효율 감소하여 관리비 상승

② 원적외선의 방사출 양이 미약하여 기능 감소

③ 전도, 대류, 복사의 테르펜 활용 부적합

④ 전자파 노출의 단점 및 공기 중 산소량 부족

세라볼 온욕장 설치 요건(소수의 인원이 작은 경비로 사용)

① 반식욕장 1～2개 설치(게르마베스 및 약초 사용)

② 좌욕실 및 족욕실 설치, 각 지방에서 나는 초, 근, 목, 피를 활용하고, 입욕자의 연령 및 성별과 체질성과 개성에 맞는 약재 사용

간이용 세라볼 시스템

- 세라볼 수온 순환 : 마사지 효과를 즐기면서 혈액순환의 체험
- 세라볼 족온 순환 : 지압 효과의 노폐물 추출 효과 및 보온 순환

선기(仙氣) 목욕식

① 천기욕(산림욕) phyton cide terpene의 흡기법

테르펜이 휘산되어 있는 상태의 대기에서 인간의 모공을 통하여 에너지를 취득하는 기능 형식

- 행위의 형태 : 장소 및 고도, 일기 및 시간, 노면 및 수목 선정, 운동 종류 및 속도 조절, 복장 및 컨디션. 테르펜(C_5H_8) 체질에 맞는 수종(樹種)이 효능 및 효과의 관건
- 효과 : 자율신경, 변연계, 송과체 등의 활동이 원활함

② 훈연욕 : 고대 바빌로니아 기원전 1500년경 종교 행사나 질병 악령 퇴치 시 향료 사용

- 행위 경로 : 눈, 코, 귀, 입, 모공으로 침투하여 항균 및 세균오염 방지
- 치유 사례 : 오징어 훈연법(기관지염에 도움), 구안와사(솔잎정유, 복숭아 진액) 도기 옹기에 불을 지펴 놓고 얼굴에 쏘인다.

③ 장욕 : 단(丹) 부위의 발효염을 부착한 원적외선의 광선으로 소입하는 행위(수변에 효염)

④ 세발욕 : 머리카락은 카르텐이라는 단백질 성분으로 구성되어 있으며 두부의 구성체로 피부를 보호하며 조절 기능을 한다.

- 세발욕의 종류 : 국감연수액, 초로바로돈 → 모피를 튼튼하게 측백나무, 가지, 잎 → 발모를 튼튼하게

테마형 목욕 기능 창출

농촌 체류형 관광에서는 목욕의 체험 비중이 높게 차지한다. 참살이를 부르짖고 있으면서도 목욕 시설에는 별로 중요시 여기지 않는

경향이 있다. 건강과 편안한 수면을 위해서는 세척이 기본이며, 모공이 투명해야 기분이 상쾌함을 느낄 수 있다.

그 동안에는 민박 시설 기준에서 간단한 샤워장을 갖추어 놓기가 급급했던 심정들은 이해를 한다. 물론 새로운 기능을 첨가한 시스템적 시설은 비용과 공간을 많이 차지하므로 경제적·공간적 여유가 없어 하고 싶어도 망설임이 많았을 것이다. 그러나 농촌 관광이라는 민박 사업을 굳이 하고자 하는 마음이 있으면 기능 목욕 시설은 피해갈 수는 없고, 미래를 위해서는 필수적으로 갖추어야 할 시설이다.

현대인들은 목욕 문화의 인식도 많이 달라졌다. 도시민들은 상쾌한 목욕 시설을 요구한다. 오래전 농촌에서 민박할 때 제일 애로 사항이 무엇이었냐고 할 때 화장실 개선 문제를 요구했다. 앞으로는 농촌다운 천연 재료가 있는 목욕 시스템을 요구할 것이다. 때문에 농가에서 민박을 하고자 하는 민박 주는 테마형 치유적 기능 목욕 시스템을 코스별로 갖추어 놓아야 부가가치가 상승하여 소득 면에서 이익을 볼 수 있다. 농가에 도움을 주고자 목욕 행위 사례 및 기능 목욕 형태와 목욕 종류, 서비스 방법 등을 간략하게 기술한다.

도시민들의 일상생활에 지쳐있는 피로를 풀어줄 온열욕 방법

생체의 피로 회복을 위한 목욕법

생체 근육 전체가 나른하고 아프거나 다리가 나른한 경우, 몸이 지쳐서 하품을 하거나 동작이 경직되고 눈이 침침한 경우, 육체적인 활동이 많아 급성 피로로 나타나는 경우의 목욕법은 42~44℃ 정도의 따뜻한 물에 10분 정도 몸을 담그고 있는 것이다. 자신의 혈압이나 심장에 자신 있는 사람은 몸에 뜨거운 물을 끼얹거나 열탕 속으로 들어가는(자극소입욕) 방법도 있다. 약초물로는 느릅나무잎+상엽(桑葉)+인진쑥을 물에 삼아서 원액으로 보존하면서 물에 희석하여 사용한다. 욕조 바닥에는 음이온 볼을 사용하고, 음이온의 개수 1200개, 볼의 크기 2.5mm를 사용한다.

스트레스 해소를 위한 목욕법

밤잠을 자다가 깨어 다시 잠이 오지 않거나 좀처럼 잠을 이룰 수 없는 경우, 다리가 흔들리고 손이 떨리며 밝은 곳에서 눈이 어두워지는 경우, 사람을 만나는 게 싫다든지 다른 사람의 일에 괜히 걱정이 되는 경우, 생각이 잘 정리가 되지 않거나 마음이 산만한 경우.

목욕물의 온도 38~41℃에서 20~30분 정도 몸을 담그는 것이다. 목욕하기 전에 자신의 기호에 맞는 따뜻한 한방 차를 한 잔 곁들인다. 약초 목으로는 전나무엽 + 귤껍질 + 강화쑥 원액을 만든 후 조금씩 사용한다.

정신적인 피로 회복을 위한 목욕

정신이 산만하거나 도무지 생각이 정리되지 않는 경우, 매일 하는 일에도 실수가 많거나 아는 것인데 생각이 잘 안 나는 경우, 사소한 일에도 걱정이 되고, 끈기가 없어져 열중할 수 없는 경우.

목욕물의 온도는 38~40℃이고, 실내 온도는 23℃로 유지하고, 호흡을 편하게 쉬면서 조용히 명상에 잠기는 시간을 갖는다. 매일 반복하고 규칙적으로 하는 것이 효과적이다. 목욕물로서는 피톤치드(정유약간), 게르마베스 음이온 액분을 물에 희석하여 사용한다.

반식욕이란

중국 청나라 때 명의 당용천은 『혈중론』이라는 의술서에서 어혈은 우리 몸 안에서 정상적으로 순환되지 않는 모든 피라고 말하고, 정상적인 혈액순환이 건강한 상태라고 했다. 발로 이러한 원리를 응용해 만병을 고치는 목욕법이 반신욕이다. 체열측정기로 우리 몸의 체온을 재면 상반신보다 하반신이 낮다. 한의학에서는 이런 상태를 하체가 상체에 비해 기혈 순환이 잘 되지 않아 생기는 냉이라 하며, 여러 질병의 원인으로 본다. 반신욕은 물로 하체를 따뜻하게 함으로써 몸 전체의 균형을 잡아 혈액순환장애와 냉을 해소하는 건강법이다.

반신욕의 효과

① 반신욕은 심장의 부하를 줄여주고, 두한족열(頭寒足熱)의 원리에서 상체보다는 하체의 순환을 원활히 하고자 하는 균형적인 목욕의 효능이 있다.

② 부인병, 감기 예방에 효과가 있으며, 정신적 긴장과 스트레스를 해소하는데 도움이 된다.

③ 치질로 심한 아픔을 느끼거나, 대변에 어려움을 겪고 치핵이 그대로 나와 걷기가 불편한 사람들에게 도움이 될 수도 있다.

④ 피로 회복, 감기 예방, 하지냉증 해소, 노인의 신진대사 활성화 효과가 있다.

부작용 및 주의사항

① 목욕을 할 수 없을 만큼 몸이 약하거나 질병이 있는 사람은 삼간다.

② 40℃ 이상 뜨거운 물을 사용해서는 안 되고, 심장이 약한 사람은 금(禁)해야 한다. 특히 동맥경화와 혈전증, 부정맥 등의 질환이 있는 자는 입욕을 주의해야 한다.

③ 목욕이 끝나면 누워서 쉬는 것도 중요하다. 목욕을 하며 허리 근육이 풀어져 불안정한 상태가 되기 때문에 무리하게 움직여 허리에 부담을 주는 일이 없도록 한다.

수족온욕 기능

수족온욕법은 손과 발에는 모든 기능에 해당하는 반사구가 있는데 이를 이용하여 손과 발을 물에 담궈 자극시켜 몸의 기능을 활성화시키기 위한 방법이다.

(1) 게르마베스 수족욕의 효능

① 혈액 정화 및 백혈구 생성 강화

② 생체에 투입된 유기게르마늄과 이온초로수는 인터페론을 생성함으로써 백혈구의 생성력을 강화하여 세포 고사 방지에 도움이 됨

③ 노폐물 제거 및 제독작용 : 숙변, 중금속, 독성물질 등 이물질과 노폐물의 분비를 촉진하고, 콜레스테롤과 지방 등을 분해하여 배출하는 작용을 함

④ 이온 평정과 산소 공급 및 엔돌핀 촉진작용 : 유기 게르마늄과 이온초로수가 체내에 투입되며, 산소 교환작용을 도와 신진대사 촉진과 세포를 활성화하여 비정상 세포를 정상화하고, 병든 세포를 제거한다.

⑵ 입욕제로써 게르마베스의 기능

수용성 입욕제는 사람의 생체 전류를 활성화작용하는 양질의 원적외선 물 분자를 6각(角) 고리 구조의 생성작용을 하는 게르마늄 파우더이다. 수용성 입욕제를 담수(淡水) 온탕에 얇게 뿌려주게 되면, 5~6문 안에 모두 침전되면서 일부는 물 성분으로 용해되고 나머지는 반용해 상태로 물에 뜨게 되고, 24시간 후에는 고급 크림과 같이 용해된다. 그러나 탕 속에 공급되는 욕조용 물결과 사람이 욕탕에 들어가 움직이게 되면 물결의 움직임으로 인하여 바닥에 반용해 상태에 있던 입욕제는 욕탕 표면으로 부상해서 파우더 알갱이가 피부와 직접 접촉되면서 각 알갱이들로부터 방사되는 원적외선이 피부로부터 40mm 내외까지 피부 속으로 들어가서 사람이 천연적으로 가지고 있는 생체 전류와 함께 진동작용을 함으로써 산성으로 기울어진 사람의 60~70% 체액을 약알칼리성 체액으로 환원작용을 시켜주게 된다.

게르마늄원소 파우더는 욕조의 물을 6각 고리 구조의 물로 환원시키고, 시간이 흘러갈수록 6각 고리 구조의 물 분자를 증가시켜 그 존재 비율을 증가시킬 뿐만 아니라, 사람의 생체 세포조직 표면에 직접 접촉되면서 피부에 존재하는 물 분자를 6각 고리 구조의 물 분자로 환원시켜 주게 된다. 또한 물 성분으로 용해된 수용성 규산 이온과 수용선 게르마늄 이온이 땀샘과 모공으로 스며들어가면서 피부 세포를 활성화 시키고, 생체전류를 높여 자기도 모르는 사이에 점점 몸의 건강을 되찾게 된다.

다용도적 수용성 입욕제 파우더는 무기질로써 절대로 부패하는 경우가 없고, 오히려 주위에 부패된 물질에서 풍겨나오는 악취를 제거하고 부패된 물 분자를 다시 소생시키는 작용을 한다. 또한 토양에 유출된다 하더라도 산성화된 흙과 물 분자를 약알칼리성으로 환원시키는 작용을 함으로써 친환경 물질로 농작물 생육을 촉진한다. 수용성 입욕제의 물을 화초를 심는 토양에 뿌려주어도 생육이 촉진된다.

* 위와 같은 간결한 지식을 참고하고, 배워서 농가 소득에 이익이 되었으면 한다. 재료와 배합의 사양은 문의자에 한하여 제공해 준다.

선기(仙氣) 약초 건강 발욕 체험

효과적인 수족온욕 방법

① 온욕 전 반드시 세안을 하고, 손과 발을 깨끗이 씻은 후 사용한다.

② 30~40분의 온욕이 효과적이다.

③ 피부 모공이 발달된 사람은 6~8분이 지나면 발한이 되어 땀이 나기 시작한다. 이런 사람은 2~5분 정도 더해야 한다.

④ 보통 20분 정도 하면 땀이 솟게 되는데, 이런 사람은 10~20분 더해야 한다.

⑤ 전혀 땀이 나지 않고, 힘든 사람은 깊은 관심을 가지고 7~8일 계속하면 모공이 열리면서 시원함을 느낄 수 있다.

⑥ 온욕을 마친 후 반드시 더운물로 얼굴과 손발을 씻어야 한다. 이때 가려움을 느끼는 사람은 깨끗한 게르마늄 이온약초수를 바르면 된다.

⑦ 체질에 따라 거품 현상과 이물질이 보일 수 있다. 이것은 게르마늄 이온약초수의 좋은 효과이다.

⑧ 건강한 사람은 일주일에 2~3회, 성인병으로 고생하는 사람은 매일하면 좋다.

⑨ 온욕을 마친 후 이온초로수(발효간질액)를 한 잔 마시면 더욱 효과적이다.

효능

① 혈액 정화 및 백혈구 생성 강화 : 인체에 투입된 유기 게르마늄과 이온초로수는 인터페론을 생성함으로써 백형구의 생성력을 강화하여 세포 고사 방지에 도움이 된다.

② 노폐물 제거 및 제독작용 : 숙변, 중금속, 독성물질 등 이물질과 노폐물의 분비를 촉진하고, 콜레스테롤과 지방 등을 분해하여 배출하는 작용을 한다.

③ 이온 평정과 산소 공급 및 엔돌핀 촉진작용 : 유기 게르마늄과 이온초로수가 체내에 투입되면 산소 교환작용을 도와 신진대사 촉진과 세포를 활성화하여 비정상 세포를 정상화하고 병소화된 세포를 제거한다.

※ 참고사항 : 성별 및 체질에 따라 효능이 다를 수 있음.

피톤치드와 수액을 담체 프로그램화

피톤치드(테르펜) 지혜

피톤치드의 의미

피톤치드(phytoncide)란, 한마디로 말해서 산림 향 그 자체이다. 알기 쉽게 좀더 구체적으로 말하면 나무가 갖는 특유의 향이다. 소나무를 톱으로 자를 때 톱밥에서 나는 냄새가 생각날 것이다. 톱밥에서 나는 정유 성분의 냄새, 향나무에서 나는 향냄새라고 간략하게 생각하면 된다.

향료의 역사

향료는 이미 수천 년 전부터 오리엔트나 중국에서 종교의식과 화장용품으로 사용되고 있다. 또 고대 중국에서는 이미 기원전 1500~

2000년경 하(夏)나라 시대 무렵 종교의식에 향료나 향주(香酒)가 사용되었으며, 이 무렵의 동·식물, 광물에 대한 지식을 망라한 『신농본초경』은 향료를 최초로 기록한 고대 중국의 귀중한 자료이다.

이와 같은 역사상의 사실을 기초로 하여 향로는 향목(香木)이나 수지(樹脂)를 주체로 하는 분향식 향초(香草, 허브)나 꽃향 등을 원료에 첨가하면서 점차 범위를 넓혀서 오늘날의 화장품 향료(Perfume)로 진보 발전된 것으로 인식되고 있다. 많은 서적에 의하면 perfume이라는 단어의 어원은 라틴어의 per fumum(연기에 의해, 태우는 것에 의해)에 기원하는 것으로 알려져 있어서 incense의 의미를 다분히 내포하고 있다.

일반적으로 향이나 냄새를 뜻하는 한자로는 내(匂), 훈(薰), 향(香), 취(臭)가 있으며, 이 가운데 내(匂), 훈(薰), 향(香)은 좋은 냄새, 취(臭)는 좋지 않은 냄새를 표현하는 것으로 알려져 있다.

미국에서는 odor, 영국에서는 odour로 쓰며, 이것은 모든 냄새를 의미하고, aroma, fragrance는 좋은 냄새를, smell은 취(臭)의 의미에 가까운 것으로 생각된다. 일반적으로 화장품, 향수, 목욕용품 등에는 fragrance, perfume, 그리고 식품에는 flavor이라는 용어를 사용하고 있다.

푸른 숲이나 나무가 갖는 아름다운 능력

삼림욕이란 과연 무엇일까. 삼림욕 체험 후 상쾌한 느낌을 경험해 보았을 것이다. 산소와 가스 교환이 신속하여 스트레스를 풀어주는 속도가 빠르다는 것을 필자는 체험을 통한 사례를 느낀 바 있다. 아직도 과학적·생리학적으로 명확히 밝힌 근거는 못 보았으나 도시민이 피로가 풀리는 속도가 빠르다는 것은 이구동성이다. 산림식물, 주로 수목 자신이 만들어 발산하는 휘발성 물질로써 그 주성분은 테르펜(terpene)이라고 하는 유기화합물이다. 테르펜이 휘산되어 있는 상태의 대기에 인간이 접하는 것을 삼림욕이라고 부르고 있다. 최근에는 삼림욕도 일광욕이나 해수욕과 같이 우리 생활 속에 확실히 정착된 것 같다. 건강 보전에 없어서는 안 될 요소로 인식되고 있다.

피톤치드는 우리들의 몸을 쾌적하게 해주는데 그치는 것이 아니고 향균, 방충, 소취 등의 다양한 기능을 제공한다. 그러므로 피톤치드를 잘 활용하여 우리들의 생활을 건강하고 윤택하게 해줄 필요가 있는 것이다. 나무향에 지나지 않는다고 무시할 수 없는 것이 피톤치드이다. 산림이나 나무에는 신비하고 불가사의한 매력이 숨겨져 있다. 이것을 일컬어 산림의 정기(精氣)라고 해도 좋을 것이다.

피톤치드의 효과

피톤치드가 다른 생물에게는 공격적으로 작용하지만 인체에 대해서는 유익하며 우리 일상생활에 유용하다는 사실은 경험적으로 잘 알고 있다. 식물체 내에서 피톤치드가 하는 역할을 응용(모방 또는 modification)하여 그 기능성을 우리 일상에 도입함으로써 다양한 효능을 얻을 수 있게 되는 것이다. 피톤치드가 주는 효과를 크게 나누면 다음 3가지로 요약할 수 있다.

① 쾌적감 효과 : 자율신경의 안정에 효과적이며, 간 기능을 개선하거나 잠을 잘 자게 한다는 사실도 알려져 있다.

② 소취, 탈취 효과 : 산림 내에 가면 악취의 원인이 되는 동물의

사체나 썩은 나무 등이 있는데도 상쾌한 공기를 느낄 수 있다. 산림에는 공기를 정화하거나 악취를 없애는 기능이 있다. 이러한 소취작용은 주변의 생활 취에도 효과적이다.

③ 향균, 방충 효과 : 식품의 방부, 살균을 비롯하여 방이나 욕실을 곰팡이, 집 먼지, 진드기 등의 방충에도 효과적이다. 향균 작용은 인체를 좀먹는 병원균에도 유효하다. 인체에 안전한 천연 물질이므로 부작용의 염려가 없으며 온화하게 작용한다.

생활의 지혜에서 보는 피톤치드

① 음식물 선도 유지와 보존 연장

어류나 육류를 비롯한 식품은 그대로 방치해 두면 산화하여 부패된다. 산화란, 우리 주변에서 끊임없이 일어나는 현상이다. 그것은 식품에 국환된 것이 아니라, 예를 들면 산소와 반응하여 물질이 타거나 철이 녹스는 현상도 산화이다. 식품이 공기 중의 산소와 반응하면 과산화 물질이 생기면서 분해된다. 이 현상이 식품의 부패이다. 따라서 식품을 보존하기 위해서는 산화되지 않도록 하는 것이 필요한 것이다. 이러한 산화 방지에 피톤치드가 이용되어 왔다. 피톤치드의 역할이 음식물의 선도 유지에 없어서는 안 될 존재였기 때문이다. 또한 피톤치드는 식중독의 원인이 되는 세균에 대해서도 효과가 있으므로 식품의 보존뿐만 아니라 예컨대 날 것을 먹을 때에도 다양한 형태로 이용되어 왔다.

② 생선 횟집의 피톤치드 응용 사례

생선 횟집의 조리대를 살펴보기로 하자. 생선회를 써는 도마로 소나무가 사용되고 있다. 소나무에는 A 및 B～pinene, myrcene, B～

thujene, bornyl acetate 등 테르펜류의 성분이 다량 함유되어 있으며 이들 성분의 상승효과에 의해 향균작용이 발휘되는 것이다.

생선회가 담긴 그릇에 항상 레몬 조각이 따라 나온다. 대부분 레몬즙을 짜서 생선에 뿌리거나 간장 소스에 넣어 먹는다. 레몬향에는 D~limonene이라는 성분이 90% 정도 함유되어 있다. 이 성분은 뛰어난 향균 및 탈취력을 겸비하고 있는 것으로 알려져 있다. 레몬에는 비타민 C도 다량 함유되어 있다. 그러나 비타민 C에 뛰어난 향균 및 산화 방지작용이 있다는 사실을 알고 있는 사람이 그리 많지 않을 것으로 생각된다. 일견 대수롭지 않게 보일 수 있는 곳에도 생활의 지혜가 담겨져 있다.

일식에서는 초밥을 넣는 유리 케이스 안에 화백 잎을 넣는다. 이것은 단지 보기 좋게 하기 위한 것만은 아니다. 화백에 함유되어 있는 성분인 pisiferic acid의 강한 산화 방지작용을 활용하기 위한 것이라 한다. 초밥을 만들 때는 고추냉이(일명 와사비)를 사용하는데 생선회를 먹을 때에도 사용한다. 고추냉이의 향에는 allylisothiocyanate라는 성분이 들어 있으며 강력한 향균작용을 한다. 초밥을 먹을 때에는 녹차를 마시는데 이 녹차에는 chatechin이라는 성분이 함유되어 있어 향균작용을 한다. 또 하나 초밥을 먹을 때 없어서는 안되는 것이 생강이다. 생강에는 geranyl acstate라는 성분이 들어 있으며 이것 역시 향균작용을 한다. 또 초밥을 넣는 사이에 조릿대잎이나 깻잎을 곁들여 사용하는데 보기 좋을 뿐 아니라 선도 유지에도 정성을 들인 배려이다.

팥소를 넣고 벚나무나 떡갈나무 잎으로 싸서 찐 떡이 있다. 벚나무 잎은 염적(鹽積)함에 따라 방향(芳香)이 발생한다. 그리고 벚나무 잎에는 coumarin이라는 강한 향균성을 가진 물질이 함유되어 있다. 또 떡갈나무 잎에도 역시 eugenol이라는 향균성 물질이 함유되어 있다. 위스키의 술통으로 참나무를 이용하는 것은 나무 향을 베게 하여 독특한 풍미를 내는 것과 부드러운 맛을 내게 하는 것뿐만 아니라 방부 효과를 내게 하기 위한 것 때문이기도 하다. 향신료도 피톤치드의 일종이다. 우리가 스파이스로 부르고 있는 후추, 클로브, 육두구 등에는 향균작용이나 산화 방지작용이 있을 뿐만 아니라 소화를 돕거나 콜레스테롤을 저하시키는 작용이 있다는 사실도 잘 알려져 있다.

③ 주거 환경에 사용한 사례

나한백나무로 지은 집은 3년간 모기가 없다고 자주 말한다. 집을 지을 때 이러한 나한백이나 편백, 소나무 등의 목재를 사용하는 것은 나무가 방출하는 피톤치드에 집 먼지, 진드기, 모기, 곰팡이 등의 접근을 막는 성분이 함유되었기 때문이다. 예를 들어 나한백에는 hinokitiol이 다량 함유되어 있으며 강한 향균성이 확인되고 있다. 또 가구에 나무를 사용하는 것도 같은 이유 때문이다. 녹나무는 장뇌의 원료가 되는 나무로서 camphor라는 방충, 방부작용이 뛰어난 성분을 함유하고 있다. 녹나무로 만든 가구에는 방충제를 넣을 필요가 없다고 할 정도이다.

④ 세욕용으로 응용한 사례

옛날에는 단오(수릿날)의 절기에 여성들이 청포 삶은 물로 머리를 감는다. 남성들은 창포로 술을 담아 마시기도 하고, 어린이는 창포탕을 만들어 세수를 하기도 하였다. 창포 잎을 뜨거운 물로 우려내어 사용하는데 창포 잎에는 asarone이라는 방향 성분이 함유되어 있으며, 이 향에는 진정 효과가 있다는 사실이 알려져 있다. 창포물에 세수하거나 머리를 감는 것만으로 피로를 회복하고 정신을 편안하게 하고자 했던 것이다. 또 서양 창포의 근경에는 위통을 완치하는 성분이 함유되어 있다.

⑤ 환절기 활용 사례

동지를 전후해서는 약 호박을 먹는 습관이 있다. 겨울철에는 신선한 야채가 부족하기 쉽다. 추워지면 감기에 걸리거나 관절이 쑤시기도 한다. 호박에 들어 있는 황색 카로티노이드는 체내에 들어가서 비타민 A로 형태를 바꾼다. 비타민 A는 감기 예방에 효과적이다.

이와 같이 피톤치드는 우리 일상생활에 깊숙이 관계되어 왔다.

피톤치드 추출법

식물 정유는 잎, 꽃, 뿌리, 열매 등의 부위에서 추출하지만 무엇보다도 천연물이므로 소량밖에 얻어지지 않는다. 장미 정유 한 방울을 얻으려면 장미꽃 60송이 이상이 필요하다고 할 정도로 귀중하다. 수목의 경우 일반적으로 정유는 잎에 많이 함유되어 있다. 나한백은 채부에 hinokitiol을 함유하고 있으므로 제재 시에 나오는 톱밥에서 정유를 추출한다.

수증기 증류법(steam distllation)

정유의 대부분은 물에 녹지 않으므로 수증기의 열에 의해 향기 성분이 변화되지 않는 것에는 이 방법이 가장 간편하며, 가장 널리 사용되고 있는 방법이다. 서로 불용인 혼합물 증기의 전압력은 순성분 각각의 증기압의 합과 같으므로 정유의 증기압과 물의 증기압이 증류조 내의 압력과 같아지면 정유는 수증기와 함께 비등하여 유출하게 된다. 정유 성분의 비점은 150~350보다 훨씬 낮은 온도에서 유출시킬 수 있으므로 성분의 분해나 변질의 염려가 거의 없다. 그러나 head space를 수증기 증류 초기에 놓쳐 버릴 위험이 있다. rose oil orange flower oil은 수용성 성분을 함유하고 있으므로 수증기 증류 시 수용성 성분은 물 쪽으로 이동한다. 일반적으로 장미수라 하는 것은 이 물을 일컫는다. 잎, 줄기, 뿌리의 경우는 수확한 직후 또는 중량의 1/3 내지 1/4 정도로 건조한 것을 사용하며, 목질부의 가지나 줄기 근주는 절삭기로 잘게 부수어 사용하고, 종자나 열매는 분쇄기로 분말화한 다음 수증기 증류한다.

건강과 피톤치드의 지혜적 활용

면역기구를 강화시켜 주는 요소로써는 마사지, 영양가 높은 음식물, 애정, 비타민, 아연, 긍정적이고 개방적인 사고, 반사요법으로 여기에 정유가 포함되어 있다. 이상 열거한 리스트만으로 모두 해결되는 것은 결코 아니다. 면역기구라는 것은 매우 복잡하고 또 정밀하다. 이것을 림프계라고 한다. B세포는 골수(팔과 다리 사이 긴 뼈의 내측)에서 생산되며, T세포는 흉선(늑골 아래)에서 생산된다. 이들의 생산 중추를 1차 림프선 기관이라고 부른다. 그 외 체내의 중요한 부분(편도선, 겨드랑이, 비장 등)을 2차 림프선 기관이라고 부른다. T세포는 Killer~T세포, helper~T세포 및 suppressor~T세포로 나누어진다. 이들 세포는 서로 협력하여 작용해야 할 필요가 있다. 골수에서 형성된 림프구는 체내로 침입해 오는 모든 항원에 대하여 항체를 만드는 역할을 한다. 정유가 이들의 기능을 돕는 것이다.

정유는 면역기구를 건강하게 하는 외에 또 하나의 역할을 하고 있다. 그것은 면역기구를 약화시키는 스트레스와 부정적인 생각을 없애는 것이다. 우리들은 무거운 짐을 들고 언덕을 오르는 것이 용이하지 않을 것이다. 그러나 그 짐을 아래쪽에 놓아두고 언덕 정상에 오르는 것은 쉽다. 자신이 가지고 있는 부담을 없애주면 면역기구가 자신을 지키기 쉬워진다. 이것은 부러진 뼈의 양단을 맞추는 것과 같은 이치이다.

그렇게 함으로써 인체의 재생 시스템은 자력으로 필요한 세포를 만들어서 부러진 뼈를 유착시키게 되는 것이다. 이러한 치료는 체내에서 자연적으로 행하여지고 있으나 우리들은 부러진 뼈를 제자리에 맞추어 치료 시스템을 도와준다. 즉, 인체의 자연 치유력을 최대한 활성화시키는 것이야말로 최상의 치료법이라 할 수 있을 것이다. 에이즈나 뇌골수염 또는 암과 같은 증상이라 할지라도 같은 이치로 그 치료법을 개발할 수 있기를 기대한다.

자신의 건강 수순이 저하되었을 때에는 언제라도 비타민 C 등을 섭취해야 하고, 햄버거나 포테이토칩, 탄산음료, 밀가루로 만든 음식은 피해야 한다. 보존료가 많이 들어 있은 식품이나 튀김요리 등을 섭취하게 되면 건강한 사람은 그다지 인체에 해를 입지 않겠지만 환자가 건강을 회복하는 데는 도움이 되지 못한다.

면역기구를 강화하는 피톤치드

인후에 감염증이 생긴 징후를 느끼면 향균력이 강한 피톤치드를 순수한 물에 타서 구강을 세척해 주는 것이 좋다. 구강 세척은 병원체인 미생물과 접촉한 후에 행하는 좋은 질병 예방법이다. 아침에 기상했을 때 인후가 가끔 아플 때가 있다. 이것은 인간이 잠자고 있을 때의 인체 방어 시스템과 주간에 침입해 있던 여러 종류의 세균이나 바이러스가 서로 싸우고 있기 때문이다. 잠자리에 들기 전에 피톤치드로 구강을 세척함으로써 인체의 림프선 보호와 더불어 여러 종류의 미생물을 퇴치하게 되는 것이다.

감기나 인플루엔자, 그 외의 나쁜 어떠한 질병에 걸렸더라도 초기에 목 부위의 림프선에 희석한 정유로 처치하면 면역기구가 질병과 싸우는 것을 돕게 되어 병에 걸려 있는 기간을 짧게 할 수 있다. 아울러 자신의 몸 건강에 있어서 피부가 커다란 역할을 하고 있는 사실을 잊어서는 안 된다.

피부는 몸에서 살아있는 가장 큰 기관이다. 바닷물이나 빗물이 스며들지 않게 하는 단순한 역할을 하는 것만은 결코 아니다. 보통 방향욕을 통하여 소량의 정유를 반복해서 피부에 공급하고 있으나 이것은 피부가 좋을 뿐만 아니라 인체의 면역 기구를 강화하는 데도 도움이 되다. 방향 요법과 면역기구의 관계는 예방의학이라고 하는 종합적인 그림의 일부인 것이다. 이 시스템은 농촌 관광에서는 가정에 조그마한 공간을 만들어 숲을 설치하고, 고객에게 체험토록 응용하는 지혜를 창출하기 바란다. 공간 설치가 여의치 않으면 산책로 중에 특수한 설치에 의한 방법도 대치할 수 있는 수단이 된다.

감각과 감정을 생활 리듬에

인간의 후각 기구에는 다음 3종류의 경로가 관여하고 있다. 우선, 후각 신경을 통한 경로이다. 비강(鼻腔)의 천정 부분에 있는 점막에는 2000만 개 정도의 후각 세포가 있다. 또 이 세포 하나하나에는 선모라 불리는 털이 수개~수십 개씩 붙어 있으며, 연명운동을 하고 있다. 코 속에 들어온 냄새 분자는 우선 점막 내에 녹아 들어가서 선모에 흡착되어 후각 신경에 의해 전기적 신호로 변환되어 뇌에 전달되며 그 차이에 의해 냄새를 판별한다. 다시 말해서 후각세포는 화학적 자극을 전기 신호로 변환하는 역할을 담당하고 있다. 후각세포를 화학적으로 자극하여 수용된 냄새는 정보를 전달하는 매개체이고, 후각은 냄새의 질과 강도를 지각하는 감각 기관이며, 종합적 또는 분석적으로 냄새를 식별하는 기능은 대뇌가 한다.

다음으로 비강에서 뇌로 직접 이동하는 경로이다. 비강의 후구(嗅球) 바로 아래에 위치한 두개골에는 체 모양의 세공이 다량 존재한다. 세공과 비점막 부근에는 뇌골수액이 위치해 있으므로 냄새가 비강에서 뇌골수액으로 직접 이행한다는 것이다. 약물처럼 방향 물질이 뇌 속으로 직접 들어갈 가능성이 시사되고 있는 것이다. 마지막으로 폐 흡수이다. 폐는 호흡기로써 직접 외계와 접하는 기관이며, 폐포의 구조를 보면 혈액은 단층의 상피세포에 의해 분리되어 있으므로 약물의 투과성이 매우 양호하다. 휘산 되어 있는 방향 물질이 폐를 통하여 혈액 내에 흡수되기 용이한 구조를 하고 있는 것이다.

냄새의 인지 시스템

장미꽃 향기를 맡으면 무의식중에 얼굴이 희색을 띠게 되거나 숲 속을 걷고 있으면 기분이 좋아지며, 냄새를 맡으면 일일이 의식하지는 않지만 감정이나 기분이 변화한다. 물론 다른 감각에도 감정을 움직이는 힘이 있다. 여러 가지 감각이 각각 감정과 지각에 영향하는 비율을 조사한 실험이 있다. 그것에 따르면 후각은 8 : 4, 미각은

6 : 6, 청각과 촉각은 4 : 8, 시각은 2 : 10이다. 즉, 후각은 감정을 유발하는 비율이 높은데 반해 시각이나 청각은 지각에 미치는 영향이 크다. 이러한 이유로 후각은 시각이나 청각에 비해 감정을 뒤흔드는 힘이 아주 크다. 이것은 감각에 따라 응답하는 뇌의 구조가 서로 다르기 때문이다. 눈, 귀 등에 있는 감각 수용기의 감각 신호는 각각 뇌로 들어가서 대뇌피질의 감각 분양 도달하여 '보였다' 또는 '들렸다'와 같은 감각이 일어난다. 이 감각을 기억과 대조하여 그것이 무엇인가를 지각하고 이해하고 인식하는 것이다. 또한 그 감각 정보는 뇌의 깊은 곳에 있는 정동회로(精動回路)로 들어간다. 그리하여 감각에 감정적인 색체가 가미되는 것이다. 그러나 후각 신호만은 대뇌피질을 거치지 않고 정동회로로 직행한다. 즉, 의식하지 못하는 사이에 감정 반응이 일어나는 구조로 되어 있는 것이다.

물론 후각도 최종적으로는 대뇌피질에 도달하여, 예를 들면, 장미향이라고 이해하는 것이다. 그러나 중요한 것은 인식하기 전에 기분이 제멋대로 움직여 버린다는 점이다. 감정이 여러 가지 행동에 영향을 미친다는 사실은 자주 체험했을 것이다. 기분이 좋을 때는 일이 잘 된다. 그러나 기분이 좋지 않을 때는 자료를 찾기 위하여 일어서는 것조차 귀찮아진다. 더욱이 극단적인 경우 강한 감정은 인간의 의식을 난폭하게 만들기도 한다.

기분과 행동 사이에는 어떠한 관계가 있는 것일까. 기분이 행동에 미치는 영향을 분석한 자료는 상당히 많다. 예를 들면 정신적으로 매우 산만한 영화를 보여주면 좌측 전두엽에 비해 우측 전두엽의 뇌파 진동이 커진다. 또 슬픈 멜로디는 오른쪽 귀로 들었을 때보다 왼쪽 귀로 들었을 때가 더 슬프게 들리는 것으로 나타났다. 청각의 경우 왼쪽 귀로 들은 것은 우뇌로 들어간다. 즉, 슬픈 음악을 체험했을 때는 우뇌가 크게 관여하게 되는 것이다. 인간의 뇌는 좌우 반구로 나누어져 있어서 각각 다른 기능을 담당하고 있다. 일반적으로 좌뇌는 이성뇌, 우뇌는 감정뇌라고 하기도 한다. 공포, 슬픔, 불안과 같은 부정적인 감정은 좌뇌보다 우뇌에 크게 의존하고 있다. 냄새의 경우도 불쾌한 냄새로 기분이 나빠졌을 때에는 우뇌가 크게 관여하게 된다. 청각의 경우는 교차되지만 후각의 경우는 같은 쪽으로 간다. 좌측 코로 맡은 냄새는 좌뇌로 가고, 우측 코로 맡은 냄새는 우뇌로 간다.

실제로 실험할 때는 두 개의 병을 준비한다. 피실험자는 동시에 좌우 양측 코로 냄새를 맡게 한다. 한 쪽에는 냄새 물질을 넣고, 다른 쪽에는 넣지 않은 상태에서 맡을 때마다 상쾌 또는 불쾌로 평가하게 된다. 좋은 냄새에 대해서는 어느 쪽 코로 냄새를 맡아도 평가에 차이가 없었으나, 싫은 냄새일 경우에는 좌측 코보다 우측 코로 맡은 것이 불쾌하다고 평가했다. 즉, 불쾌한 냄새는 우뇌에 크게 의존하고 있는 것이다.

수액樹液을 참살이 식수 및 음료화

도시민이 농촌 및 산촌을 방문했을 때 흔히 질문하는 사항이다. "이 마을 자랑 좀 해 보세요."라고 물으면 100명이면 90명 이상이 자신의 마을은 물 좋고, 산 좋고, 공기 좋고, 인심 좋다고 흔히들 말한다. 농가에서 손님을 맞이하고, 상업성과 부과 소득을 올리려면 앞으로는 부분별로 과학적인 데이터에 의한 상식적인 이해의 글과 설명을 할 수 있어야 믿음이 가는 시대가 되었다. 소비자는 냉정한 판단을 한다. 좋아야 사고, 안심해야 먹는다.

농가에서 민박 업주들은 기능과 과학적인 준비가 있어야 한다. 농촌이라고 해서 자연적으로 좋을 것이다가 아니다. 새 시대에 의한 마케팅에서 공존할 수 있는 자세를 갖추자. 그리고 소득을 논(論)하자. 농촌에서 상수도의 종류를 살펴보기로 하자. 면 소재지에서 리

소재지의 현황을 보면 펜션과 민박집들은 대부분 위치가 골짜기에 있다 보니 주거 집단이 이루어 지지 않고 한 채, 한 채 독립 가옥이 많다. 그러다보니 시내처럼 정수장의 시설이 아닌 자가 상수도 형이 많다. 자가 상수도 형식도 여러 형태가 있다. 암반관정수, 참샘수, 골짜기 자연수, 오크통(참나무) 원통의 고임수 등의 형태가 있다.

예부터 말하기를 참샘 물이 제일 좋다고 했다. 산삼뿌리가 썩고, 낙엽이 썩고, 광물질에서 이온의 효과도 좋고, 좋은 나무뿌리가 있고 등의 자연 정화가 잘되며, 무기질 및 미네랄이 풍부하다고 했다. 그러나 현 시대에서는 이러한 환경의 조건을 찾기란 그리 쉬운 것이 아니다. 그래서 농촌이라 해도 생수를 찾기란 매우 어렵다고 볼 수 있다. 그만큼 농촌도 이제는 오염이 많이 되어 있다고 볼 수 있다. 때문에 농가에서도 식수를 정기적으로 검사해 보는 것이 바람직하다. 육안으로 맑다고 해서 물이 좋은 것만이 아니다. 물도 맛이라는 것이 있다. 지역별로, 동네 주변에 있어서도 집집마다 물맛이 다르다. 과학적으로 정확한 근거는 알 수 없으나 본인이 현재 살고 있는 장소도 그렇고, 마을에 있어서도 평등한 평가에 의하면 물맛이 다르다고 손님들은 이구동성이다. 농촌에서 좋은 집이라고 논(論)한다면 역시 물이 좋아야 인기가 있다고 사료된다. 음식 맛은 손맛과 물맛에서 시작이 된다. 이즈음 물에 대한 상식을 알아보기로 하자.

물 분자의 구조

물은 어떤 모습을 하고 있을까. 잘 알려져 있는 바와 같이 물은 2개의 수소원자(H)와 1개의 산소원자(O)로 이루어진 화합물로 H_2O로 표시되고 있다. 여러 연구 결과에 의하면 액체인 물은 H_2O 한 분자

단독으로 존재(행동)하는 것이 아니고, 수소결합에 의해서 여러 개의 물 분자가 결합하여 중합체$(H_2O)_n$로 존재(행동)하고 있다는 사실이 밝혀졌다. 이와 같이 분자들을 결합시키는 힘에는 만류인력, 반데르발스 힘, 쿨롱의 힘 : 수소결합의 힘 등이 관여하고 있는데 물 분자 사이에는 반데르발스 힘과 수소결합의 힘이 이중으로 작용한다.

이온, 수화껍질 및 용매로서의 물

훌륭한 용매로서 물의 독특한 성질은 극성에 의한 것이다. 소금을 물에 녹이면 이온으로 해리된다. 사실상 소금의 해리는 수화껍질을 형성하려는 물의 성질에 의하여 더욱 촉진된다. 수화껍질이란, 용액 중에서 이온에 느슨하게 결합된 물 분자가 이루는 층을 말한다. 예를 들어 물 분자의 양전하 부분(수소)은 염소와 같은 음전하 이온을 향하여 배열하의 염소이온 주위에 수화껍질을 형성하게 된다. 수화껍질의 맨 안쪽 물 분자는 음전하를 가진 산소원자가 바깥쪽을 향하고, 이들이 다른 물 분자의 양전하를 가진 수소원자들을 끌어당기면서 동심원을 형성한다. 이 같은 현상이 나트륨과 같은 양이온을 중심으로 형성되는데, 이 경우에는 물 분자의 위치가 반대가 되어서 양전하 부분이 바깥쪽을 향하게 된다.

물은 전하를 가진 이온은 물론 극성분자 주위에도 수화껍질을 형성한다. 예를 들어 당류들은 약한 극성을 띠는 수신기를 갖고 있어서 물 분자가 이것과 수소 결합을 하여 수층을 형성한다. 이와 같은 수화껍질 형성에 의하여 극성 당류 분자들은 분자들 자체끼리 덩어리를 이루지 않고 용액 상태로 존재하게 된다.

물과 비극성 분자

한 숟가락 정도의 물을 샐러드기름이 들어 있는 병에 넣고 섞으면 물은 즉시 조그마한 방울을 이루다가 서로 합쳐진 후 기름으로부터 유리되는 것을 관찰할 수 있다. 이것이 물 자체의 강한 상호 인력 때문이다. 물은 수소 결합을 형성하지 않는 비극성 물질과는 결합하지 않는다. 비극성 분자 간에는 거의 인력이 작용하지 않으며, 위와 같은 현상이 일어나는 것은 물 분자 간의 상호 인력이 기름 분자를 밀어낼 정도로 강하기 때문이다. 즉, 물 분자 간의 상호 인력이 너무 강하므로 그러한 혼합된 시스템 내에서는 비극성 분자를 밀어내는 힘이 더욱 강해진다.

물의 밀도

어느 물질이나 고체가 되면 밀도가 액체 때보다 커진다고 한다. 그러나 물의 경우에는 특이하게도 4℃ 때 밀도가 가장 크다. 즉, 물에서 얼음이 되면, 다시 말해 고체가 되면 밀도가 작아지는 것이다. 물의 이 특이한 성질 때문에 호수나 강물이 얼 때 물 표면에서부터 얼기 시작한다. 왜냐하면 물의 온도가 4℃ 아래로 내려가면 밀도가 작아지기 때문에 위로 뜨게 되고, 4℃의 물이 그 아래에 있게 된다. 온도가 0℃ 될 때까지 이런 상태가 계속되고, 0℃에 다다르게 되면 결국 표면에서부터 물이 얼게 되는 것이다.

물의 위치에 따른 분류

지구상에 있는 물의 총량은 대략 13억~14억Km라고 한다. 이중의 해수가 97.5%를 차지하고, 육지수는 2.5%를 차지한다. 대기 중의 물은 11,500Km 정도로 지구상에 있는 물 전체의 약 0.000851%를 차지한다. 육지수는 대략 33,700,000Km로 빙하가 전체 육지수의 70%를 차지하고, 지하수와 지표수가 각각 29.985%와 0.015%를 차지한다. 즉, 수자원으로써 가장 중요한 호수나 하천수 등의 지표수는 1%도 안 되는 비중을 차지하고 있다.

지구상에 있는 물의 총량 중에서 해수가 차지하는 비율은 97~98%로 대략 일치하지만 육지수의 구성비는 발표자(기관)에 따라 차이가 있다.

경도에 따른 분류

경도(硬度, hardness) : 물이 비누와 반응하는 정도를 말하는 것으로 수중에 있는 칼슘이온(Ca^{++}) 및 마그네슘이온(Mg^{++})의 총량을 탄산칼슘($CaCO_3$)으로 환산하여 mg/l로 표시하는 것을 말한다.

- 연수(軟水, 단물) : 마그네슘, 칼슘염이 수중에 용해되어 있는 양이 $CaCO_3$로서 100mg/l 이하인 물을 말한다. 식수나 빗물이 대표적이며, 세탁 및 보일러 급수로 사용되며 증기보일러의 경우에는 40ppm 이하의 연수가 적합하다.

- 경수(硬水, 센물) : 경도가 100ppm 이상인 물로 지하수가 대표적이다. 비누의 용해가 곤란하며, 석회석의 침전으로 기계설비 시스템에서는 scale 부착, 열효율 감소 등의 영향이 있으므로 수처리 시설을 사용하여 연수로 변환한 후에 사용하여야 한다. 경수는 건강에 해로운 것이 아니고, 비누의 성능을 떨어뜨리고

설비에 광물질을 축척시키므로 귀찮은 것일 뿐이다.

몸에 좋은 물 만족도의 조건

① 생명체에 유해한 물질을 포함하지 않을 것

독성을 갖는 화학물질 및 염소와 염소화합물도 제거되어야 한다.

② 금속이온, 미네랄 성분을 균형 있게 함유할 것

칼슘, 마그네슘, 나트륨 등의 무기물 이온이 적당히 균형 있게 함유되어야 한다.

③ PH가 약 알칼리성일 것

인간의 체액은 약 알칼리성이다. 또 태고부터 생명을 만든 바닷물도 약 알칼리성이며, 생명 활동은 약 알칼리성에서 가장 활달하게 움직이게 되는 것이다. 때문에 약 알칼리성 물이 몸에 좋다는 것은 체액을 알칼리성으로 보존하기 위해서가 아니라, 약 알칼리성 물을 체내에 받아들이면 체내의 활동이 순조롭고 활발해 진다는 점이 좋은 것이다. 결국 알칼리성 물을 마시면 생명 활동에 쓸데없는 부담을 주는 것 없이 더욱 활발한 생명 활동을 할 수 있는 것이다.

④ 물의 경도가 지나치게 높지 않을 것

경도가 높은 물을 계속해서 마시면 식생활에 따라서는 체내에 결석을 만들어 버릴 수도 있고, 건강을 해칠 가능성이 있다.

⑤ 산소와 탄산가스가 충분히 녹아 있을 것

금붕어도 살아갈 수 없을 것 같은 산소 결핍 상태의 물이 몸에 좋을 것 없다.

⑥ 물 분자 집단이 매우 작을 것

물 분자의 집합 상태가 작은 분자 집단의 움직임이 빠르다는 것을 의미한다. 분자 집단이 작은 물은 장내 미생물이나 체내 효소의 움직임을 좋은 방향으로 활성화시키며, 장수촌의 음료수를 조사한 결과 분자 집단이 작은 물이었다.

⑦ 활성 에너지가 높아 활성 산소를 강력하게 환원시킬 것

활성 산소란, 노화와 암 등 만병의 원인이 되는 물질(불안정한 산소)을 말한다. 몸에 좋은 물을 계속해서 마신다는 것은 우리의 체액, 혈액이나 세포액을 깨끗하게 하다는 것이다. 몸 안의 물이 깨끗해지면 몸에 여러 가지 변화가 일어난다. 위장의 컨디션이 좋아지고, 변비 등도 해소되며, 신진대사(에너지나 물질의 신구 교체)가 좋아져서 몸 전체의 컨디션이 좋아진다. 저항력도 강해져서 발병하기 힘들게 한다. 피부도 촉촉하게 윤이 나며, 당뇨병, 고혈압, 간장병 등의 낫기 힘들다고 하는 만성질환의 증상이 개선되어 완전하게 낫는 경우도 있다.

⑧ 몸에 유익한 무기 영양소를 갖고 있을 것

인체 속의 물

인간의 몸에 있어서도 물이 60~70%를 차지한다. 우리 몸의 산소만큼이나 중요한 물은 한 사람의 몸에 60조 개 이상 되는 세포에 영양소를 공급하고, 체내의 독소를 제거하는 일을 한다. 또한 활동 에너지를 생성하는 데에도 매우 중요한 작용을 한다.

인체에는 두 가지 종류의 기본적인 물이 존재한다. 한 종류는 일반 체액(bound water)이고, 두 번째가 세포 구성수인 생리활성수(clustered water)이다. 생리활성수는 물의 분자가 세포막을 자유롭

게 드나들 수 있는 작은 집단으로 구성되어 있다. 반면 일반 체액은 단백질과 같은 커다란 분자 구조에 둘러싸여져 있다. 그러므로 일반 체액은 세포막을 자유롭게 드나들 수가 없다. 몸속에서 물의 기능이 세포로의 영양공급과 독소 제거인 점을 감안한다면 생리활성수는 우리 신체의 건강에 매우 귀중한 것이다.

대부분의 사람들은 물이 자기의 건강과 온전한 삶에 매우 중요한 역할을 한다는 것을 이미 알고는 있어도 많은 사람들이 모든 종류의 물이 몸 안에서 똑같이 유익한 역할을 할 수가 없다는 사실은 모르고 있다. 실제로 수돗물이나 정수된 물 및 증류수가 우리 몸 안에서 유익한 역할을 하기 위해서는 몸 안의 대부분의 물이 생리활성수이어야 한다는 것을 인식할 필요가 있다. 생리활성수가 존재하는 것일까. 의문이 남는다.

수액이란

수액(樹液, sap)이란, 나무의 도관이나 사부를 통해 유동하는 액체로서 목부의 도관이나 가도관을 통하여 상승하는 액체, 내수피에 있는 사부조직의 도관을 통하여 내려오는 액체, 방사유 세포를 통하여 흐르는 액체, 목질부 가지의 손상 때 흐르는 액체를 총칭하며, 크게 목부 수액과 사부 수액으로 나눌 수 있다.

목부 수액(xylem sap)이란, 토양으로부터 증산류를 타고 상승하는 도관(혹은 가도관) 내의 수액을 말하며, 사부 수액(phloem sap)은 사부를 통한 탄수화물의 이동액을 말한다. 그러나 일반적으로 목부 수액을 '수액'이라고 부르며, 이것은 무기염, 질소화합물, 탄소화합물, 효소, 식물호르몬 등이 용해되어 있는 비교적 묽은 용액이다.

수액의 분출은 근압 내지는 수간압에 의한 현상이라고 알려져 있으며, 야간에 영하로 내려갔다가 주간에는 영상으로 올라가 수액 채취가 가능하다. 수액이 흘러내리는 이유는 나무 줄기 내 압력의 변화에 기인하며, 밤과 낮의 온도의 편차가 심할수록 좋은 조건이라고 하였다. 일반적으로 수액 채취는 3월경을 전후하여 주간(10～15℃)과 야간(-3～-4℃)의 온도 차이가 약 15℃ 이상 될 때 이루어진다.

수액의 유동 메커니즘을 요약하면, 수액은 수간의 바깥쪽 일부분(변재부)을 통해 흐른다. 변재는 나무의 뿌리에서 가지 부분까지 물과 영양을 운반하는 활달하게 성장하는 세포로 구성되어 있다.

주간에 변재부 세포의 생명활동에 의해 이산화탄소가 생성된다. 이 이산화탄소가 변재부 세포간극으로 방출되고, 부가적으로 찬 수액에 녹은 이산화탄소가 세포간극으로 방출되는 것이다. 이산화탄소의 이러한 두 가지 요인이 세포를 튼실하게 하는 압(壓)을 일으킨다. 삼투압으로 불리는 세 번째 압(壓)의 원인은 수액이 녹아 있는 당과 다른 성분의 존재에 기인하는 것으로 알려져 있다. 나무가 상처를 받았을 때나 수액 채취자가 구멍을 뚫었을 때 이산화탄소는 냉각되어 수축을 일으킨다. 이산화탄소의 일부분은 냉각된 수액으로 용해되고, 결국 수액의 일부는 얼게 된다. 이러한 세 가지 인자 모두가 나무에 흡인력을 일으키게 되는데, 뿌리가 토양에서 물을 빨아올리고, 변재부에서 수액이 유통되는 원인이 바로 이 흡인력 때문이다. 다음날 온도가 영상으로 올라가면 수액은 다시 유동하기 시작한다. 밤에 얼었다가 낮에 녹는 것과 같은 온도의 변화가 없으면 수액은 유동을 멈추게 되는 것이다.

수액 채취

최근 나무를 벌채하지 않고 수익을 창출하고자 하는 임산업에 대한 관심이 고조되면서 그 일환으로 수액의 가치가 재인식되고 있다. 현재에는 부업 또는 농한기의 소일거리로 수액을 채취하는 경향이 많으나, 가까운 장래에 주업 또는 전업 형태를 취하는 사람이 늘어날 것으로 보인다. 수액이라고 전부 마실 수 있는 것은 아니다. 마실 수 있는 종으로 단풍나무과의 고로쇠나무와 당단풍나무, 자작나무과의 자작나무, 박달나무, 물박달나무, 거제수나무, 사스레나무, 대나무 등의 수액이 음용되고 있다. 우리나라 수액 채취 자료에 의하면 고로쇠나무 9000톤, 자작나무류 1800톤, 대나무류 4300톤, 기타 3000톤 가량으로 추정된다.

수액 채취 시기

수액은 연중 채취하는 것이 아니며, 밤의 기온이 -3~-4℃, 낮의 기온이 10~15℃로서 수목의 증산작용이 시작될 때 수간에 상처를 주어 채취한다. 채취 시기는 단풍나무류가 경칩(驚蟄) 전후 10일, 자작나무류는 곡우(穀雨) 전후 10일이다. 지역별로 약간의 차이가 있지만 지리산 지역의 기준으로 수종별 채취 시기는 고로쇠나무는 2월 20일~3월 15일 정도이며, 자작나무, 거제수나무, 박달나무, 사스레나무는 4월 10일~4월 30일 전후이다. 최근 지구 온난화 때문에 10일 정도 빨라지고 있다. 수액을 제일 먼저 채취하는 지역은 울릉도의 우산고로쇠로서 2월 초순부터 채취하고 있다. 이어서 거제도 붉은(해변) 고로쇠 수액이 채취되고 있다. 대나무(맹종죽, 왕대, 솜대) 수액의 경우는 단풍나무류와 자작나무류보다 늦은 5~6월경이 재취 적기이다.

수액 채취 방법 및 채취량

수액을 채취하는 방법은 사구법(斜構法)과 천공법(穿孔法)이 있다. 사구법은 나무줄기(수관)에 도끼나 톱으로 V자형의 큰 상처를 만들어 그 곳에 통을 매달아 채취하는 방법으로 나무에 피해를 줄 뿐만 아니라 수집된 수액에 먼지나 나뭇잎이 들어가 비위생적이다. 천공법은 나무줄기에 구멍을 내어 호스를 연결하여 채취하는 방법으로 나무에 피해를 주지 않으며 수집된 수액도 위생적이다.

대나무 수액의 채취 방법은 지표로부터 약 20cm되는 부위에서 대나무의 마디를 톱으로 절단한 후 비닐봉지를 절단부 위에 고무줄이나 비닐끈 등으로 고정시켜 놓으면 봉지 내에 수액이 흘러 들어가게 된다. 대나무의 경우 5월 이후에 수액을 채취하게 되므로 수액의 변질을 방지하기 위해 수액을 매일 수거하는 것이 좋다.

수종별로 채취량에 큰 차이는 없지만 가슴 높이 지름이 클수록 채취량은 급격히 증가한다. 일반적으로 측정된 수액 채취량(ml/일)은 가슴높이지름 10cm 이하에서 800~1000ml, 10cm급에서 800~1500ml, 20cm급에서 1300~2000ml, 30cm급에서 1500~2400ml, 40cmrmqdptj 2400~3000ml가 채취되어 가슴높이지름이 10cm 증가함에 따라 약 500ml씩 생산량이 증가하는 경향을 보인다. 바람이 불거나 비가 오면 수액의 유동이 느려져서 거의 채취할 수 없다.

수액樹液을 활용한 담체 상품 사례

수액을 민간요법으로 활용한 소득 사례

20년생 이상의 자작나무의 경우 성장에는 거의 지장이 없다. 민간요법으로 변비, 이뇨, 통풍 류머티즘, 항괴혈병제 관절염, 위장병, 수종, 부종, 편도선 등에 약효가 있다고 하여 실제로 이용되고 있다.

우리 몸은 70% 이상이 물로 구성되어 있다. 우리 인체의 각 조직에서 차지하는 구성 비율을 보면 먼저 가장 중요한 뇌에는 약 75%가 물이다. 심장은 75%, 폐 85%, 간 86%, 신장 83%, 근육 75%가 물이다. 우리 몸을 지탱하고 떠받치는 가장 중요한 물질이 물인데, 우리는 물을 어떻게 보고, 느끼고, 생각하고, 마시고 있는가.

고로쇠나무를 포함하는 수액 채취 자원 수종은 원목 가격으로 추정해 보아도 아마 20만 원/m는 넘지 않을 것이다. 특수한 용도를 제외하면 그렇다는 것이다. 그러나 수액 채취가 가능한 한 그루의 나무는 연간 적게는 10L에서 많게는 100L까지 수액 채취가 가능하다. 연간 1본당 평균 20L의 수액이 생산된다고 가정하면 10년에 50만 원의 수익을 예상할 수 있다. 추정컨대 1000본의 나무에서 연간 4000~5000만 원의 수익을 기대할 수 있다. 현재와 미래를 연구하고 생각하면서 과감한 임산업을 실행한다면 고수익을 올릴 수 있는 농외소득으로서 최고의 경영적 사업이 될 것이다.

수액으로 노폐물 추출 기법과 소득 사례

산림 치유의 개념이 확산되고 있다. 인위적인 환경 조성보다 자연적인 환경 속에서 원시림의 환경과 소재를 그대로 접하고 느낌을 갖는다는 것이 요즘 도시민들이 요구하는 사항이다. 이에 발 맞춰서 서로 상생할 수 있는 건강 프로그램들의 시스템을 소개한다.

필자는 이 시스템을 이미 15년 전부터 운영을 해왔고, 다방면의 손님을 맞이했고, 수익도 올렸으며 간단히 아픈 사람으로부터 유방암 환자에 이르기까지 수많은 고객들로부터 기능의 효과가 있다는 말을 들었다. 테르펜과 발효의 효소와 지장수에 약초 음식까지 다양한 방법으로 임상 실험을 마쳤다. 지금도 많은 고객이 찾고 있으나 일일이 다 모시지 못한 점을 송구스럽게 생각하고 있다. 기초적인 방 구조의 사양을 기술하겠다.

황토 기방을 6평 정도 만든다. 내부의 조건은 원적외선 방사율 92~94% 음이온 사출량 1200~1800개, 실내온도 42~45℃, 습도는 자율 조정 시스템으로 한다.

약초 기(氣)방을 만들 때 생각할 점

① 방 구조는 원형으로 하며, 반드시 구들석이 있는 온돌방이어야 한다.

② 방의 위치는 남향을 보면서 햇빛이 방으로 3/1 정도는 들어오도록 설계할 것

③ 벽면, 바닥은 은나노 공법적인 항균 탈취 장치를 할 것

④ 투명 유리를 남향으로 설치하고, 광촉매 원리의 기능을 추가할 것

⑤ 클바드 온열욕 시스템과 반도체 음이온 뜸기욕장 형식으로 설계제작할 것

⑥ 자동 온도 시스템에 의한 흡입, 배기 설비를 기술적으로 나열할 것

⑦ 바닥에는 가급적이면 코일(온수 파이프) 배관을 피할 것

⑧ 조명 설비는 에너지가 발산되는 기구를 사용하고 사람의 마음을 편안하게 할 수 있는 색상 선택

⑨ 관리상에서 화력 사용은 소나무와 참나무만 사용할 것

사용 방법은 다음과 같다.

장작불로 실내 온도를 42～45℃ 사이를 조성하고, 온돌 평바닥에는 솔잎이나 잣나무 잎을 15cm 두께로 깔고, 솔잎 위에다 삼베 또는 면포를 펼쳐 놓는다.

체험 사용자로서 준비할 사항에는 순면으로 된 속옷만 입어야 한다. 취침의 자세로 누워 있는다. 체험 전에 체질에 맞는 한방차 한 잔을 곁들인다. 20～30분의 시간이 흐르면 땀이 조금씩 흐를 것이

다. 이때 명현반응을 일으키면 속이 거북해 질 수도 있다. 이런 현상이 있으면 밖으로 나와 조금 휴식을 취한다. 마음이 편해지면 다시 체험을 시작한다. 건강 체험을 하는 시간에는 냉수는 피하는 것이 좋다. 물을 먹고 싶을 때에는 4~6℃ 이상 되는 이온수를 마시도록 할 것.

물의 종류는 지장수 또는 수액을 사용할 것. 수액(樹液)은 신장 및 내부 장기에 부담을 주지 않는다. 마시면 빠른 속도로 흡수와 소화가 된다. 실내 온도가 호흡하기가 편하므로 편안한 휴식과 산소와 가스 교환이 용이하다는 것이다. 민박 주의 형편이 괜찮다면 이와 같은 방 3~4개를 만들어 놓는다.

방 종류에서도 같은 기능의 방이 아니고, 방마다 기능이 달라져야 한다. 성별도 남녀가 있고, 사람의 체질도 여러 종류이고, 체험 형태도 개성이 다르다. 가급적이면 손님이 원하는 환경을 만들어야 한다.

체험 행위가 끝나면 샤워실로 이동한다. 땀이 흐르는 상태에서 머드팩을 전신 마사지한다. 뒷부분은 동료와 함께하고, 10분 정도 건조 및 선탠을 한다. 샤워물은 약초물을 사용한다. 약초물의 사양은 손님의 취향에 맞는 약초를 사용할 것. 샤워를 끝내고 탈의실로 이동한다. 식물성 약초 스킨을 전신에 마사지한다. 5분 후 옷을 입는다. 간단한 설명이다.(관심 있는 분이 질문을 한다면 설계에서부터 상담해 드림)

온도 감각(temperature sensation)

생체가 느낄 때 따뜻한 감각(warm sense)과 차가운 감각(cold sense)들을 통틀어 온도 감각이라고 하며, 피부에는 온점(warm spot)과 냉점(cold spot)이 각각 분포하고 있다. 온각 수용기는 루피니소체(Ruffini corpuscles)로 진피 깊숙이 도는 피하조직에 있으며 원형 또는 타원이다. 온점은 1~2cm 안에 1~3개 정도 분포하고 있다. 온각 수용기는 20~45℃ 사이에서 흥분 발사가 계속되며, 37.5~40℃일 때 최고에 달한다. 45℃에 이르게 되면 통각 수용기가 촉발되고 탄다는 느낌을 받게 된다. 한편 냉각 수용기는 크라우제소체 전신에 널리 분포하며 그 모양은 원추상 또는 난원형이다. 냉점은 1~2cm 안에 6~23개로 온각 수용기보다 많다. 냉각 수용기는 12~40℃ 사이에서 온도에 반응하며 흥분 발사가 지속되는데, 특히 10~20℃에서 최고의 흥분 발사 빈도가 나타나고, 10℃ 이하나 40℃ 이상에서 신경 흥분 발사가 없어진다. 가끔 45℃ 고온 자극이 도리어 냉각을 일으키는 수가 있는데 이것은 모순냉각(paradoxical cold sensation)이라고 한다. 이 두 수용기는 얼굴과 손에 제일 많이 분포되어 있으며, 음경 귀두나 각막에는 냉점뿐이며 온점은 없다.

피부 감각, 통각, 촉각, 압각, 온도 감각 등은 건강방에서 솔잎과 잣잎 위에서 삼림욕 형식의 테르펜 향을 마실 때 어떤 원리로, 어떤 경로로, 어떻게 몸에 유익한가를 이론적으로 알아야 할 부분이다. 앞으로는 어느 프로그램이든 생체와 관련된 체험을 하는 과정에서는 과학적인 데이터에 의한 논리적인 설명과 이해시킬 수 있는 자료를 충분히 갖추어야 한다.

농촌 관광의 특성은 손님과 프로그램을 함께 즐긴다는 것이다. 누가 먼저라기보다는 서로 지식을 교환하면서 배움의 장을 만드는 것이다. 아는 척하지 말고, 알고 있는 수준에서 최선을 다하는 대화의 시간이 필요하다.

도시민의 소비자 욕구는 시간이 흐르듯 계속 변하고 있다. 그러듯이 손님맞이 방법도 매일 새로워야 한다. 어제 했던 방법을 오늘에 재탕, 삼탕하는 마케팅 시대는 후진성을 면하기 어렵다. 건강관리에 있어서 물리치료 대용이라고 해도 과언이 아닐 정도록 기능성 목욕법은 생활상에 실용성이 있다. 민박을 하는 과정에서 온열욕과 반신욕과 족욕 등을 할 때, 서울이나 일상생활에서 못해 보았던 천연림 목욕을 했다면 그 손님은 오랫동안 그 추억을 못 잊을 뿐 아니라 다시 찾는 고객으로 돌아올 것이고 소득도 증가할 것이다.

남이 안 하는 것을 한다는 것은 참으로 어려운 일이다. 부가가치가 있는 사업일수록 실패율이 높을 수도 있지만, 고소득의 지름길도 있다. 중요한 것은 매번하는 말이지만 뒤를 따라가서는 안 된다는 말이다. 본 시스템을 설명하였을 때 많은 농민들은 어렵다고만 반복하였다. 그러기를 벌써 15년이란 세월이 지났다. 이제 산림의 치유를 관광화 하자는 의견이 돌출되고 있으며, 사업을 하고자 준비를 하고 있는 곳이 많이 있다.

건강 치유 프로그램을 어느 메뉴에 접목하는 것이 좋은지 알아보자. 황토 건강방 만들기, 클바드이온 뜸기욕장 만들기, 그 고장의 음식 메뉴 만들기, 전신 마사지 팩 만들기, 체질에 따른 천연 비누 만들기 등등이 있다.

전통 수액 식혜

우리나라는 고로쇠나무, 자작나무, 다래나무 등으로부터 연간 약 5,000톤 정도의 수액을 농한기인 2~4월에 채취한다. 수액은 채취

기간이 짧고, 성분 변질이 쉽다는 것 등의 이유로 한시적인 음용 자원으로 이용되고 있는 것이 현실이다. 따라서 수액을 산업화하는데 있어 가장 큰 걸림돌은 생산 단가가 비싸고, 장기 저장이 어렵다는 점일 것이다. 그러므로 수액을 가공품으로 개발한다 하여도 현재의 생산단가와 생산량으로는 제품 경쟁력을 높일 수 없다. 또 냉장보관으로도 20일 내외의 짧은 유통기한은 상품 재료로써 매우 불리하다.

이러한 결점을 보완하는 차원에서 여러 가지 가공 방법도 고려의 대항이 될 수 있을 것이다. 수액은 쉽게 변질되는 것이 가장 큰 문제이다. 이러한 수액의 변질 용이성을 역이용하여 수액을 발효 음료로 이용하는 것도 좋은 방법이 될 것이다. 여기에서는 전통 발효 기법을 이용하여 수액 식혜를 개발하고, 이화학적 물성과 관능평가에 의해 산업화 가능성을 검토하였다.

제5장

신선한 한국형 E&ET 산업

(Energy & Education Tour)

한국형 E&ET 산업을 개발하고 육성하자.
관광의 이론적 핵심은 새로움에 있다.
끝없는 창조와 도전 정신이
밝고 희망찬 내일을 약속한다.

행복의 원칙은 첫째 어떤 일을 할 것,
둘째 어떤 사람을 사랑할 것,
세째 어떤 희망을 가질 것이다.

- 칸트 -

기존 농촌 관광의 유형

농촌 관광의 유사 용어

(1) Green Tourism(녹색 관광)

- 푸른 바다 관광(Blue T), 눈 덮인 산악 관광(white T) 녹색이 많은 전원 관광(Green T)이라고 프랑스가 부르기 시작하였음

(2) Agri-Tourism(농업 관광)

- 프랑스 농업 관계 기관에서 사용하는 용어, 농업 관광 자원 강조

(3) Rural Tourism(농촌 관광)

- 도시가 아닌 도시 근교에 있는 자연농원과 산과 들, 농장, 바

다 등 농·산·어촌 지역을 무대로 하는 관광

(4) HueSun Tourism[선(仙) 체험 담(潭) 휴양 관광] - 한국형(필자 창작품)

- 휴식의 재충전, 생활 속 선(仙)의 지혜 학습, 자연과 건강 속에 자연 지형물질을 활용한 치유 시스템(교육, 체험, 휴양)

농촌 체험, 농촌 관광이라는 이름을 사용한 지도 벌써 15년이라는 시간이 지났다. 그럼에도 불구하고 우리는 우리에 것에 젖어 있지 못하고, 남에 나라에서 사용하고 있는 제도적 어원을 그대로 우리 한국에 전파하고 있는 것은 매우 가슴 아픈 일이다.

그동안 우리는 왜 우리의 것을 찾지도, 개발도 하지 않았을까. 무슨 기술적인 난이도라도 있는 것일까. 아니면 우리는 이에 상응하는 기술이 없을까. 어떤 이유가 있는지는 자세히 알 수는 없지만, 문제의 심각성을 자각하고 해결의 열쇠를 찾아야 하지 않는가를 반문하고 싶다. 이제라도 학자나 정부에서는 우리나라에서 우리 문화를 활용한, 우리 민족에 맞는 개성이 있는 타이틀과 시스템을 정착화하는데 귀를 기울일 필요가 있다. 관광의 이론적 핵심은 새로움에 있다. 끝없는 창조와 도전 의식만이 빛을 볼 뿐이다.

관광의 개념

관광의 경영은 관광업 시스템 또는 관광자원을 보유하고 있는 운영자가 관광 동기 및 관광 욕구를 지닌 관광객에게 충족시킬 수 있는 운영 시스템, 욕구 시스템 등의 자연 관광자원을 이용하여 관광

서비스를 제공하는 수익적 경제활동이라고 정의할 수 있다. 농촌 관광에 있어 경영자 입장에서의 개념으로 본다면, 농업인 또는 농촌 주민이 농촌의 관광자원을 이용하여 도시민 위주의 외지인에게 휴양, 휴식 체험 교류, 교육훈련(정서 함양) 등의 기회를 제공하는 부가적인 경제 활동이라고 볼 수 있다.

관광과 여가의 차이

(1) 소비자 입장에서 관광의 개념

관광객이 일상생활의 일정 기간을 이탈해서(tour) 자신의 욕구(관광 욕구)를 충족하고자 하는 소비 경제활동이라 할 수 있다.

(2) 여가(leisure)의 개념

생활에 있어 자유 처분 시간 또는 틈새의 시간을 우리는 여가 시간이라고 한다. 일일 생활 시간, 24시간 중에 주 직업에 활동하는 시간 8시간, 부 생활에 활동하는 시간 8시간, 생리적 휴식(수면) 시간 8시간으로 분류한다. 일주일 중 여가 일 수를 보면 7일 중 주 5일 근무를 하고, 2일은 개인의 활용 시간이다. 여가라고 칭한다면 일상생활에서 재생산, 재충전reation)하는 공간 활동이라고도 할 수 있다.

관광의 구성 요소

(1) 관광 수요

- 관광객의 수, 관광 기호도 및 기능성, 실용 상품과 가치 상품의 구매력

(2) 관광 상품

- 자연환경, 숙박, 음식, 목욕, 휴양, 체험 등으로 분류
- 내용적으로 관광 시설, 관광 테마, 관광 프로그램, 기념상품

(3) 관광 상품 개발 운영자

- 관광 상품 제조, 판매, 공급 종사자
- 지역의 여건, 상품의 특성, 생활의 필수품

(4) 관광 상품 중개자

- 여행사 및 현지 가이드, 해설사, 식당, 운수업 종사자

필자가 농촌 관광의 실리를 논(論)한지도 20년이라는 세월이 흘렀다. 지난 시간을 돌아본다면, 우리는 이 공간에서 전문가라는 현장의 기능이 없어서 오늘날 기본적인 사업적 매뉴얼이 없다고 해도 과언이 아니다. 현실적으로 뒤돌아보면 학자들은 현장의 감각 없이 외국의 사례에서 이론을 발취하여 기초적인 자료를 만들었고, 각각의 농촌 마을에 보급되어 실행을 해왔다. 잘한 것도 있으나, 부작용 속에 시행착오를 거쳐 기초적이나마 초석을 마련한 듯싶다.

요즘 정치권에서도 추진 과제에 있어 실용이라는 단어를 많이 사용하고 있다. 어떤 상품의 실용성이라면 균형적인 감각이 살아 숨쉬어야 한다. 균형과 생명이 없는 상품은 생산과 동시에 죽음을 의미하며, 사업의 실패가 보인다. 상품에 생명력이 있으려면 균형에 맞춤(시대적 감각)이란 이론과 현장의 기술이 포함되어야 한다.

그래, "첫술에 배부르지 않는다." 하였다. 그리고 우리는 실패의

맛도 보았다. 농·산·어촌 주민들의 의식도 점차 높아지고 있다. 이제 우리는 이를 바탕으로 재도약의 발판대로 삼고 드높은 하늘을 향해 약진을 해야 할 것이다. 마을 주민, 마을 리더, 학계 연구원, 현장 전문가 등이 함께 고민을 하고 호흡을 맞추어서 이 어려운 현실 속에서 탈바꿈할 수 있는 지혜를 모았으면 하는 바람이다.

국제화에 맞는 한국형 기능 체험 탐구

기능과 전문성을 필요로 하는 농촌 관광 이론

관광은 고도의 전문성이 요구되는 분야이다. 지속적으로 관광 소비 욕구를 연구하고, 이에 부흥하여 관광자원을 개발 및 수준을 향상시키고, 경영 기법을 발전시켜야 할 것이다.

다면적이고 차별적인 관광 모자 이론

관광이란 새로운 것을 체험하거나, 난이도가 있는 게임에 도전을 하거나, 현재의 생활에서 느끼지 못한 새로운 시야를 갖는 것이다. 새로움이란 상대적인 것이고, 모든 환경과 시스템은 관광 자원이 될 수 있으므로 이를 필요로 하는 관광 수요자에게 있는 그대로를 가식 없이 제공하여야 한다는 이론이다.

실용적이면서 지속 가능한 관광 상품 이론

관광은 다면적이면서 다종목의 무한적이고 에너지원으로 변환이 가능한 상품이다. 관광 자원이 희소성과 효과성이 있을수록 관광의 수요 증대 및 경제성을 수반한다. 관광 자원을 개발함에 있어 생활 리듬과 연계하여 상품화하고, 홍보는 감성적으로 하며, 지속 가능한 경영이 될 수 있도록 고객관리 및 자기관리를 정밀하게 하느냐의 노하우에 따라 사업의 성공과 실패가 좌우될 것이다.

오케스트라적 예술 표현과 종합적인 접근 이론

관광은 인간만이 갖는 인간의 심리적, 사회적 및 경제적인 활동이다. 인문 사회과학에서부터 자연과학에 이르기까지 모든 학문과 이론을 종합적으로 응용하고 활용해야 하며, 오케스트라적 화음과 아름다운 그림에 황홀로 도취하듯, 예술적인 경지와 마술사와 같은 노력과 점술가와 같은 예지 능력을 요구한다.

한국형 기능 체험의 중요성과 필요성은, 국제화 시대를 맞이하여 우리도 국제적인 규격에 맞추어야 하며, 그러한 제반요소의 상용화를 유도해야 할 시기이다. 정책적으로 말로만 글로벌을 논할 것이 아니고, 단계별로 품목을 선별하여 실행을 하여야 할 것이다. 외국의 손님도 농촌 관광에 흡수하여 관광 수입도 증대시키고, 한국의 아름다운 자연미를 전하고, 생태적인 삶의 모습을 상품화할 필요성이 있다.

그러기 위해서는 우리는 어디서부터 시작을 해야 할지 생각을 해야 한다. 필자는 국제적인 규격의 1단계로 동남아의 규격을 논한다. 그중 서열을 정해본다면 일본, 중국, 싱가폴, 대만 순으로 나열을 하고, 그 규격의 사양을 맞추어서 품목이 결정되고, 레시피가 선정이 되어서 요리를 할 수 있는 기술을 익히고, 그들의 입맛에 맞도록 밥상을 준비하고 잘 먹게 한다는 것이다. 그렇다면 기능 품목의 종류는 무엇으로 해야 할 것인가를 놓고 우리는 고민을 할 것이다. 쉽고도 어려운 선택이다.

자기 자신 안에 있고, 자신의 주위를 찾으면 답을 얻을 것이다. 상품이란 꼭 큰 규모만이 좋은 것은 아니다. 작지만 유용해야 하고, 슬기로우며, 실용성과 지속성과 내구성이 품질을 대변해 준다.

기능성이란 특별한 약효가 있어야 된다든지, 향기가 있어야 한다든지, 꼭 개성이 강한 것이야말로 기능성이 있고 좋은 것만은 아니다. 일본의 사례를 보면, 생활환경 속에 존재하는 필수품이 상품으로 나온 것이 많다. 우리에게 이러한 상품은 보기가 힘들다. 농촌의 관광지에도 일반 관광지에서 판매하는 기념품이 많다는 것이다. 그리고 농촌 마을에서 판매하는 기념품들은 간혹 있으나 세련미가 부족하고 인지도가 낮으며 실용의 가치가 작다는 것이다. 또한 농촌이라 해서 농촌 소재만을 고집하는 것은 아니라고 볼 수 있다. 농·산촌에서는 상품을 만들 수 있는 소재는 한계가 있고, 작품의 우수성도 한계가 있다. 농·산촌의 상품의 폭이 좁다는 것이다. 작품으로서 짚세기류의 가방, 신발, 바구니 등이 있는데 부가가치가 낮다는 이유가 있고, 가공 산업에 부분적으로 형성되어 있어 먹거리의 일색이라고 볼 수 있다. 그러니 현재로서는 과잉 생산으로 인한 판로가 문제 되어 어려움을 겪는 농가도 종종 볼 수 있다. 위와 같이 내수시장에서도 경쟁력을 찾지 못하고 있는데 외국 손님의 눈에는 어떻게 받아들여질까.

우리는 이제 농촌 관광에 있어 개인 사업자나 마을 단위나 국가에서 보조 지원을 하는 마을 사업에 있어서 인프라 구축의 환경 조성과 건물에만 투자할 것이 아니고, 부가가치가 형성될 수 있는 상품 개발에 역점을 두어야 할 것이다.

임林, 농農, 산山, 수水의 에너지 명품화

시대는 우주 공간의 문을 열었고, 우리나라도 그 대열에 동참하였다. 이에 발맞추어서 지구 공간에 에너지원이 담긴 임·농·수산물을 칼로리 상품으로 출시해야 할 시기가 왔다는 것을 의미한다. 자연의 논리 속에 자연적인 명품을 만들어서 농·산·어촌 관광의 상품으로 자리매김을 하는가 동시에 농·산·어촌 관광을 활성화하여 농외 소득증진과 부가가치를 창출하는데 그 목표를 두고, 개발과 연구에 매진해야 할 것이다.

농·산·어촌 관광에 있어 기념품을 위한 상품 개발이라는 말을 자주한다. 우리는 이 상품이라는 용어를 특화시키자고 언쟁은 요란하나 실리적이면서 실용성 있게 검토가 되고 있는 부분에 있어 우리가 만족할만한 수준에 도달하지 못한 듯싶다. 농·산·어촌의 현장 실태를 보면, 현장의 주민들 중 농촌 관광이라는 관념을 가지고 있는 주민은 30~40% 정도이고, 소수는 고령이거나 농·수산업에 있어 농산지 관리만 관심을 가지고 있다.

중요한 문제 중의 하나는 상품을 만들고자 하더라도 농촌 주위의 환경과 자금이 없다는 것이다. 그래서 상품 개발의 변화라는 것은 꿈에 불과한 현실이라는 것이 현장에 있어 주민들의 이구동성이다. 이 문제의 해결은 중앙정부의 계획과 지자체의 관심을 병행하여 실용성을 가지고 지속 가능할 수 있도록 규격적인 제도를 만들어서 명품이 창작될 수 있도록 정착화하는데 심혈을 기울여야 할 시기이다.

현장에서 임·농수산물의 상품 경로를 보면 다수의 주민들은 생산 산지에서 매매를 바로하거나, 포장을 하여 유통 경로로 가는 구조를 선택하고 있는 실정이며, 몇몇 농가에서는 생산하여 1차 가공을 실행하는 농가도 있다. 또는 2차 가공까지 하는 곳도 있으나 이 과정은 피라미드 구조 형상으로 상층부로 갈수록 부가가치를 창출하고자 하는 농가의 수는 극히 작았다. 생산 현지에서 가공을 하여 홍보 및 마케팅에 있어 임산물의 성분과 생체에 미치는 영향이라는 내용으로 홍보하는 상품은 극히 드물다고 본다.

그 동안의 홍보 및 마케팅에 있어서 예를 든다면 감자, 고구마, 버섯, 산나물, 약초, 과일 등을 홍보함에 있어 우리 몸에 좋다. 자연산과 유기농이다. 약초의 경우 『동의보감』의 사례를 접하고, 약효가 있을 것이다, 또한 먹어본 사람들이 좋다 하더라, 해외에서 많이 식용하고 있고 좋다 하더라, 등의 표현 방식이다.

앞으로 임·농수산물의 경우 홍보 및 마케팅을 새롭게 하는 방식을 택해야 한다. 새로운 홍보 방식에 있어서 에너지 칼로리에 초점을 맞추어야 하고, 양에서 질적으로 기술을 집중적으로 접목하여 도시민의 일상생활의 사이클을 맞추어서 기호에 맞도록 홍보를 함이 사업의 효과를 더할 것이다.

근래에 도시민들의 직업에 있어서 자기 변화와 업무의 효율성과 실용성을 강조하고 있다. 이것은 자기 비전 속에 24시간을 어떻게 활용하는가가 실용성의 길을 가는 지름길의 관건이었다. 때문에 건강과 체력 관리가 수반되어 음식물 섭취에 관심을 가지며, 식사의 종류도 선별하게 된다. 이런 현상을 틈새 시장이라고 본다면, 농산물을 활용한 상품이라 함은 생산 라인에 있어 에너지의 공법이 적용되어야 하고, 에너지를 이용한 칼로리 공학이 접목된 과학적인 상품만이 미래의 국・내외 시장에서 소비자의 접근성을 유발하게 될 것이다.

현대인의 삶에 있어 생활환경과 식문화 습관이 점점 바뀌고 있다. 청소년들도 식문화에 있어 간편한 서양식의 패스트푸드의 식품에서 한국의 된장찌개를 선호한다. 성인의 경우 그동안 식습관은 육식 위주, 폭음, 포만감 위주 등에서 이제는 채식 위주, 소식 위주의 식습관 문화로 바뀌고 있다. 이것을 우리는 라이프사이클 변화라고 칭하고, 이에 밸런스를 맞추어 식자재 생산을 해야 하고, 상품의 다변화 및 품질을 수반해야 된다.

기능의 상품을 명품으로 부각시키려면 홍보의 기술이 접목되어야 한다. 식품이라는 상품 홍보에는 가정이나 직장 등의 생활 리듬을 분석하고, 그 자료에 대응하는 방식을 선택할 필요가 있다. 우리는 에너지원의 상품 활용을 위해 생체의 신진대사 과정을 알 필요가 있고, 생체가 왜 어떤 이유로 에너지원이 필요하고 어떻게 작용을 하여 생리활성을 하는지 전문 서적의 이론을 통해서 잠시 지혜를 탐독해 보자.

사람을 비롯한 모든 생물은 건강하게 생명을 유지하고, 성장 발육과 재생, 그리고 생식을 위하여 외부로부터 여러 가지 물질을 섭취하여 이용하고 있다. 이와 같이 생체가 외부로부터 여러 가지 물질을 섭취하여 대사를 이루며 생명을 유지하고 건강한 생활 현상을 영위하는 것을 영양(nutrition)이라고 하며, 그 목적을 위하여 섭취하는 물질을 영양소(nutrient)라고 한다. 생체가 소화관에서 체세포를 통해 영양소를 흡수, 운반한 후 일정한 장소에서 화학 반응을 일으켜 에너지가 여러 가지 합성물(구조단백질, 기능단백질, 당분류, 지방, 기타)을 생성하고, 또한 노폐물을 제거하는 과정을 대사(metabolism)라고 한다.

인체는 여러 가지 기관으로 구성되어 있으며, 이 기관들을 구성하고 있는 조직은 많은 세포가 모여서 이루어졌다. 이 세포들은 원형질과 핵이 있어 이곳에서 생활 현상의 원동력인 화학반응이 일어나고 있다. 우리 인체도 화학적으로 분석해 보면 유기물과 무기물로 되었으며, 원소 조성은 약 30여 종이 되고, 주로 산소, 탄소, 수소 및 질소가 대부분이다. 그 외에 원소는 미량으로 되어 있다. 우리 몸의 구성 성분은 유기물 단백질 약 16%, 지질 약 13%, 당질 약 1%, 무기질 약 4%, 체액 60～66%로 세포 내액 40%, 세포 외액 약 20%이며, 그중 조직 간질액이 15%, 혈장이 5%로 구성되어 있다.

섭취된 영양소는 어떻게 이용되고 있는가

① 에너지 생성 : 체온 유지, 생활 에너지와 활동에 관여하는 영

양소에는 탄수화물(당질), 지방, 단백질 등이 이용된다.

② 몸 구성 : 신체 조직, 골격 구성, 혈액, 신체의 소모 물질을 보충하면서 체력 유지에 관여하는 영양소는 단백질, 무기질, 지방, 탄수화물 등이 이용된다.

③ 생리기능 조절 : 삼투압 및 PH 조절, 체온 조절, 대사산물의 운반 과정과 배설, 체내 각종 기능 조절 등에 관여하는 영양소는 지방질, 단백질(호르몬과 효소), 무기질과 물이 이용된다.

탄수화물의 영양학적 의의

① 열량소

탄수화물은 체내의 에너지원으로 작용하고 있으며, 이는 우리가 매일 섭취하는 식품 중에서 가장 많이 포함되어 있다. 당질 1g은 4.1Kcal의 열량을 낸다.

② 소화흡수율

우리가 음식물을 통해 섭취한 당질은 소화 흡수율이 무려 99%, 혹은 전부 이용된다. 섭취한 후 곧바로 이용되므로 단시간 내에 피로회복에 도움을 주기 때문에 운동이나 노동 또는 등산할 때 많이 이용되고 있다

③ 저장열량소

정상적인 건강을 유지하려면 혈당이 0,1%의 농도로 유지되어야 한다. 그러므로 필요 이상으로 많은 당질을 섭취했을 때 여분의 포도당은 간장에 간 glycogen으로, 근육 내에 근 glycogen 상태로 저장된다. 한편 지방으로 전환되어 저지방이 되기도 한다. 전분이나 당질을 과잉 섭취하게 되면 체지방

으로 전환되어 비만체가 된다. (『생체생리학』 중에서)

농·산·어촌에서 생산되는 먹거리의 소재는 생체생리학을 접목한 에너지 기법이 필요하고, 식품뿐이 아닌 다면적인 상품을 생산하되 생활필수품이 적절하다.

수련교육을 자연 학습장과 연계

교육 중에서도 정규 교육을 제외한 학생들에게는 자연 학습장의 탐구, 성인에게는 직업에 연관된 수련 또는 휴양 및 자연의 탐구 등을 적용하여 교육이라는 이름으로 자연 환경 속에서 연수와 수련을 병행하자는 것이다. 자연 학습을 선호하는 소비자를 보면, 몸과 마음에 여유로움이 있고, 건강관리 차원에서 숲의 생태 체험에 주안점을 둔다. 회사 동료들 또는 가족과의 열린 대화의 장이 되므로 친목 및 친화를 도모하는 기회라 생각하는 사람 역시 많다.

요즘 공적이든 사적이든 조직사회에서 교육이라는 항목에 수련이라는 매체를 활용하고, 그 수련의 종류를 세미나, 포럼, 워크숍이라는 명목하에 많은 활동과 애용들을 하고 있다. 기존에 이용되고 있는 장소는 호텔, 콘도미니엄, 연수원, 교육원 등으로 도시와 접하고 있으며 규격의 틀에서 벗어남이 없고, 자연환경이 아니라는 불만과 교육의 효율성이 떨어진다는 소비자의 요구로 대체 안이 될 수 있는 공간 물색이 아쉬운 시점이다.

대체 안이 될 수 있는 교육적 공간 조성은 기존 방식에서 벗어나 규격과 틀에 얽매이지 말고 농·산·어촌 주민과 함께하는 새로운 교육 시설에 접목해 보자는 것이다. 교육장 환경이 처음부터 호평을 받을 수는 없을 것이다. 그러나 현재 이용 가능한 시설부터 접목을 하여 사용을 해보고 가능성이 보이면 점진적으로 확대해 나가자는 것이다. 잘 활용하면 도·농 교류 활성화를 촉진할 수 있는 발판을 마련하고, 도농이 원하는 상생 논리를 실용적으로 풀어갈 수 있는 기회가 되리라 본다.

현재 농·산촌에 간이적인 세미나를 수용할 수 있는 시설을 살펴보면 국가에서 지원 사업으로 시설 중이거나, 시설을 완료하여 운영하는 곳이 전국적으로 여러 곳 있다. 그럼에도 불구하고 소비자가 이용을 못하는 이유로는 부대시설이 없고, 교통편이 나쁘고, 서울과의 거리가 멀고, 농촌 주변 환경이 청결하지 못하다는 이유가 과반수였다.

지금도 농·산·어촌에는 농촌 관광 활성화란 명목으로 정부 자금이 많이 투입되고 있으며, 이에 발맞추어 현장에서는 관광 환경을 조성하기 위해 마을 주민들은 열심히 땀을 흘리고 있다.

농촌 관광의 시설은 다면적이면서도 다문화적으로 접근을 해야 한다. 수련교육을 관광 사업과 연계시키는 것은 처음 있는 일이지만, 앞으로 필수적으로 풀어갈 숙제이다.

자연 학습의 종목을 연령대별로 보면 초등생, 중학생은 야외 학습과 생태 관찰, 대학생은 자연 문화 학습탐구, 30~40대 자연 레저 학습, 50~60대 건강 휴양 학습 위주로 행해지고 있다. 초등·중학생은 자연의 이론에 있어 생태 학습 위주로 공부의 연장선상에서 프로그램을 준비하고, 대학생은 자연 속에서 자기 전공과 연관된 공통점을 찾고, 숲 체험을 통한 생태 학습에 중점을 둔다. 30~40대 남녀들은 스트레스 해소용 레포츠 중심으로 업무 효율 증가를 위한 레크레이션의 프로그램 개발 및 체험하고, 50~60대 성인들은 레저 생활과 체류형 휴양을 겸비한 자연학습에 중점을 두고, 생태 숲을 탐방하면서 등산로를 통한 체력단련 시스템이 필요하다.

위와 같은 일련의 과정을 통합하고 정리해서 관광 상품으로 접근을 해볼 필요가 있고, 지자체가 앞장서서 제도화를 해야 한다.

학습이란 사람이 살아가면서 기초 학습, 전문 학습, 성인 사회 학습 등으로 나열된다. 정규 학교 과정에서 교과서적인 교육이 있고, 대학교의 전문지식을 연구하는 교육이 있다. 또 일반인, 직업교육 직장인은 업무교육 등의 종류도 많다. 이와 같은 과정을 학습하는 방법에는 규칙적인 것과 불규칙한 것이 있다. 관공서에서는 규칙적인 방식을 선택함이 올바르고, 자연 속에서 자연 학습을 하는 교육은 불규칙하면서 전문성을 가진 프로그램으로 구성하여 학습에 임하는 시스템이 교육의 효율성을 높이는데 좋을 것이다.

자연 속에 생태 교육은 글자 그대로 자연 자원과 함께 자원의 소재 탐구와 자원의 생리를 연구하여 자기 자신에게 유익할 수 있도록 깨달음을 얻고자 하는 학습이다. 삶의 의미 또는 삶의 맛이라고 할까. 사람이 살아가는 맛을 느낀다는 것이다. 자연 세계에는 공식도 없고, 규격도 없고, 규제도 없다. 자연 순리 속에 생태 환경을 보면서 나를 돌아보고, 나 스스로 내 가치를 느낀다는 것이다.

흙의 교훈을 보자. 밭에다 씨앗을 파종하고, 그 씨앗이 발아해서 새싹이 돋고, 새 생명이 시작된다. 얼마나 신비롭고 아름다운가. 이 속에서 얻는 감성적인 느낌을 우리는 학습이라 칭한다.

세계적으로 자연 자원이 고르게 분포되어 있는 나라도 매우 드문 사례다. 우리나라는 자원 중에서도 생활에 응용할 수 있는 자원이 많다. 앞으로 새로운 문명사회에서는 아이디어의 논쟁이 될 것이고, 생활과 밀접한 실용성 있는 상품이 관광 문화를 선도할 것이며, 경제성과 연결이 될 것이다.

산림 식물 자원을 에너지화

우리나라 산림 식물 자원 현황

우리나라는 지형, 지질, 기후가 다양하여 온대지역 국가 중 상대적으로 식물 종이 풍부한 나라이고, 국내 식물 자원으로는 8,896종이며(자생식물 8,458종과 외래식물 438종이 있다.), 자생식물 자원으로는 8,458종이며(목본 1,178종과 초본 2,980종과 선태식물 등 4,300종이 있다.), 자생식물 중 약용 및 식용식물은 2,104종류이며(약용이 1,253 종이고, 식용이 851종), 산야에는 자원이 풍부하다. 약용식물은 한약재뿐만 아니라 식용으로 이용되고 있으며, 일부는 건강 기능식품 또는 특산품으로 상용화를 진행 중이거나 상용화를 진행하여 산업의 길을 걷고 있다. 국내에서 생산되고 있는 한약재 119종 중에서 67종은 약용보다 식품용으로 주로 이용한다.

인체에 유용한 기능성을 가진 원료나 성분을 사용하여 정제, 캡셀, 분말, 액상, 환 등의 형태로 제조·가공한 식품을 건강기능식품이라고 한다. 기능성이란, 인체의 구조 및 기능에 대하여 영양소를 조절하거나 생리학적 작용 등과 같은 보건 용도에 유용한 효과를 얻는 것이다.

건강기능식품

인간이 생명을 유지하고 건강한 신체를 유지하기 위하여 섭취하는 물질을 식품과 의약품으로 구분하여 정의하고 있다. 즉, 식품이란 모든 음식물을 말한다. 다만, 의약으로 섭취하는 것은 제외한다. 우리나라(식약청)에서 발행한 『식품공전』에는 총 20개의 식품군(과자류, 당류, 아이스크림 제품류, 유가공품, 식육제품, 어육제품, 두부류, 식용유지, 면류, 과자류, 청량음료, 특수 영양식품, 건강 보조식품, 조미식품, 얼음, 인삼 제품류, 김치, 절임식품, 주류, 건포류)으로 분류하고 있다. 이들 식품군 가운데 건강 보조식품, 특수 영양식품, 인삼 제품류 등 3개 식품군을 건강기능식품군으로 분류할 수 있다.

건강기능식품 소비자 수요도

우리나라 '바이오푸드 네트워크 사업단'이 서울 및 수도권의 20~50대 남녀 거주자 중 최근 3년 이내에 건강기능식품을 구입했거나 섭취한 경험이 있는 400명을 대상으로 건강식품에 대한 소비자 소요도 조사를 실시했다.

조사 결과에 따르면 평소 건강관리에 관심이 있다고 응답한 소비자들의 건강관리 방법은 건강기능식품 섭취 운동을 통한 관리, 보양식의 주기적 섭취, 한약/양약 등을 통한 관리, 주기적인 건강검진 순으로 나타났다. 소비자의 건강기능식품 인지도는 홍삼, 인삼, 비타민, 알로에, 클로렐라, 칼슘 순이며, 구입률은 비타민, 홍삼, 인삼, 칼슘, 생식 순으로 나타났다. 특히 인삼은 50대 남성 중에서, 비타민은 20대 및 40대에서 높은 구입률을 보였다.

【약용식물의 식품산업 및 음식 사례】

음식	식품	식자재
더덕	기능성 음료, 장아찌	분말, 무침
산수유	추출물 코팅 쌀, 술	온·냉차
천마	음료, 분말 과립, 침출주	온·냉차, 음료
가시오갈피	술, 건강음료	온·냉차, 고기절임
구기자	차, 술, 죽	기자밥
두충	기능성 음료, 차	기름 제거
산초	향신료, 기름	추어탕
오미자	차, 술, 엑기스	떡, 빵
도라지	차, 캔디, 환	김치
복분자	술, 차, 엑기스, 아이스크림	떡, 빵

【산림 친환경농에서 생산되는 식자재】

음식	식자재
산양삼	엑기스, 김치, 삼계탕
잔대	엑기스, 잔밥
곰취	생채류, 쌈밥
두릅	묵나물
송이	생식, 절임
잣	생식, 고명류, 차
감	생식, 식초
더덕	엑기스, 김치
산마늘	생채류, 쌈밥
고사리	묵나물
미나리	생채류
표고	양념류, 건조, 절임
밤	밤밥, 생식, 건조, 김치

산림청 자료

이 외에도 다수의 임산물이 생산되고 있으며, 식자재로서 개발의 범위가 넓다고 볼 수 있다. 우리나라에서 생산되고 있는 산물은 8도의 기후와 지형에 따라 고유의 맛과 향이 특색 있고, 이 자재로 음식을 만드는 방식이 각각 다르다는 것이 개성적인 상품이라고 볼 수 있다. 산림자원을 에너지원으로 하여 음식으로 육성을 한다면 지역 경제 활성화 및 식문화 산업으로서도 경쟁력이 충분히 있다.

농·산·어촌 관광 음식 상품화

농촌 관광에서는 음식도 상품이다. 농촌 식생활 및 농촌 관광의 손님맞이를 위해서는 식품에 대한 기초적인 지식을 알아둠이 올바름이라고 사료된다.

식품의 중요성

사람은 식품을 섭취하면서 생명과 건강을 유지하고 업무 능력과 생활에 활력을 넣는 에너지를 얻는다. 섭취하는 식품의 종류가 성격이나 지능에 영향을 준다. 자신에게 맞는 기호 식품이 건강과 생명 유지에 필수적일 뿐만 아니라 복잡한 정신 활동에도 영향을 줄 수 있다.

식품으로서 갖추어야 할 조건

식품이 갖추어야 할 조건은 식품이 사람에게 필요한 영양소를 한 가지 이상 가지고 있으면서 유해하지 않는 천연식품, 반조리식품, 조리식품, 가공식품의 총칭이다.

식품의 성분

식품의 성분은 크게 일반 성분과 특수 성분이 있다. 일반 성분은 물, 탄수화물(당질), 지방(지질), 단백질, 비타민과 무기질이며, 특수 성분은 기호 성분(맛, 냄새, 색소 등) 효소, 독성 물질 등이다.

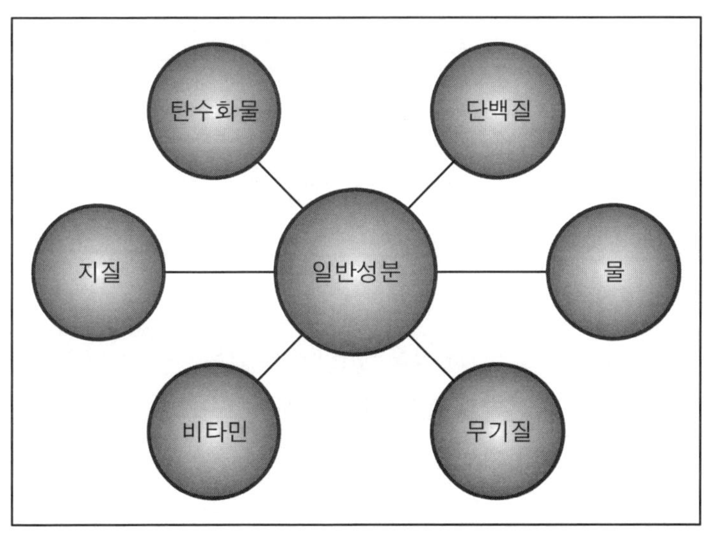

【그림 1】 식품의 일반 성분

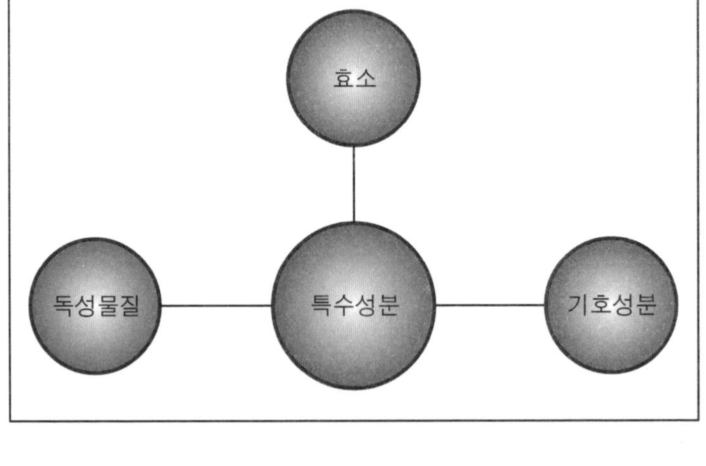

【그림 2】 식품의 특수 성분

식품의 세 가지 기능

식품이 갖는 기능은 영양 기능, 기호 기능, 생체 조절 기능으로 분류한다.

① 영양 기능

식품이 갖는 1차 기능으로 생명 유지 기능이다. 영양소의 과부족이 없는 균형잡힌 영양 섭취는 신체의 정상 발달을 돕고, 스트레스에도 비교적 잘 견딜 수 있게 한다. 특히, 유아기 영양 상태가 좋고 나쁨에 따라 지능 발달에 영향을 좋다.

② 기호 기능

식품의 관능적인 특성이 영향을 주는데 이는 식품이나 음식을 먹게 되는 동기이다. 사람은 저마다의 체질과 환경적 개성이 다르다. 그러나 기본적인 감각은 일반화되어 있다. 요즘 흔히 오감으로 먹는다는 표현을 자주한다. 색, 향, 맛, 소리, 눈의 기호 및 기능을 충족지 못할 때는 식품의 가치가 낮아져 경제적인 가치도 떨어지게 된다.

③ 생리활성 기능

식품의 3차 기능으로 신체에 생리적 활성을 부여하는 신체의 리듬 조절, 질병에 대한 예방과 치유, 면역 강화, 알레르기 감소 기능, 노화방지 기능 등 사람의 건강과 장수에 관계가 깊은 기능이다.

농·산·어촌 관광에 맞는 음식의 조건

사람 각각의 삶은 주거 공간의 위치 및 생활 관습에 따라 다르다. 우리나라 지방을 크게 분류하면 8개의 지방이 있다. 지방마다 주식과 부식의 식재료가 조금씩 다르고, 조리하는 방법도 다르고, 섭생의 관습도 다르다. 때문에 재료와 맛은 일치해야 된다는 생각을 버려야 할 듯싶다. 각각 그 고장의 색다른 음식을 체험해보는 것이다.

그렇다면 적어도 자기 개성에 맞는 음식을 먹을 수 있는 조건과 섭취에서 배설까지의 기능이 윤활할 수 있는 식재료와 조리 기술과 산화, 환원, 분해, 합성의 믹서와 영양소로 가는 장기능 활성 조건이 중요한 듯싶다.

지역별로 식재료와 조리 방법은 조금씩 다르나 방문하는 손님의 취향을 먼저 알고 손님 취향에 맞는 메뉴를 선정하고 입맛의 간을 잘 맞추고 정성을 들인 상차림이 농촌에서 손님맞이하는 방법의 최선인 듯싶다. 농가별 조리 조건을 세부적으로 본다면

① 주인장의 손맛이 다르고,

② 식재료 보관 방법이 다르고,

③ 양념의 종류가 다르고,

④ 사용하는 식수가 다르고,

⑤ 먹는 분위기적 장소 및 환경이 다르다.

민박에서 음식 기능 개선

음식을 분류하면 일반 관광지의 음식과 농촌 관광지의 음식은 차별화가 되어 있다. 도시민이 선호하는 농촌 관광지에서의 음식은 주로 도시에서 자주 접하지 않은 메뉴와 자연산 나물이나 산채를 주재료로 한 시골 어머니 솜씨 같은 음식을 요구한다. 때문에 농촌 관광에서 주인장들은 도시민이 요구하는 농촌형 식단을 준비해야 한다. 그래야 도시민이 찾는 농촌의 포근함을 접근할 것이요, 점진적인 손님 증가와 매출 증대로 이어질 것이다.

민박집에서 음식 준비하기

처음 관광을 시작하는 마을에서는 메뉴에 대한 고민을 많이 한다. 장사 경험도, 요리 기술도, 식재료의 환경도, 어느 하나도 뚜렷한 것이 없기 때문이다. 걱정은 태산인데 해답이 없다 하시는 분들이 많은데, 한 가지씩 풀어보자.

필자의 경험을 몇 가지 나열하면,

① 주인장의 기술에 맞고, 그 지역에서 오랜 기간 동안 전수되어 온 먹거리 찾기

② 주변에서 생산되는 식재료와 신선함을 점검하기

③ 민박집 주인이 할 수 있는 음식을 선택하고 메뉴를 결정하기
④ 음식 조리 방법과 서비스 방법은 교육과 독학으로 연구하기
⑤ 영업을 하기 전에 음식을 만들어 보면서 결점을 보안하기
⑥ 위생을 중시한 정성을 곁들인 마음이 중요

촌스럽고 시골 향기가 나는 촌맛의 음식을 만들어 보자

자신 있게 시작해야 한다. 처음부터 잘할 수는 없지만, 최선을 다하고 자신의 마음을 담은 음식이라면 손님의 반응도 좋을 것이다.

현재 농가 민박집에서 제공하는 메뉴를 보면 된장찌개, 순두부, 모두부, 두부전골, 갖은 야채, 버섯요리, 삼겹살 숯불구이 등이다.

참신한 메뉴가 없고, 전국 어느 농가에서나 일관된 식단과 상차림의 환경이다. 현재의 음식을 제공하면서 새로운 메뉴 개발이 연속되어야 한다. 토속적인 소재와 건강 기능, 음식의 메뉴에 신물질적인 피톤치드(테르펜)의 액(液) 또는 향을 응용한 참살이 식단을 차려보자.

현대인들은 육체의 기능적 영양소를 찾고 있다. 이는 자연스런 맛을 요구하고 있는 것이다. 맵고, 달고, 단순히 배 부르는 식단 형식은 이제 구시대적 고객의 요구 사항이다. 현재 손님에게 제공하고 있는 음식을 포함하여 미래의 음식은 더더욱 개선되어야 한다. 요즘은 오감(五感)으로 먹는다는 말이 흔하지 않던가. 시대적 문화 향상에 발맞추어서 신소재에 대한 기능성 요리를 개발해야 한다.

피톤치드 음식 응용은 폭이 넓다. 흔히 솔잎에서만 채취한다고 생각되나 꼭 그렇지는 않다. 농촌 주변에는 산림의 자원이 많다. 그 중에서도 소나무, 잣나무는 대한민국 어디에서도 볼 수 있다. 솔잎을 음식에 접목한 것은 오래된 음식 방법이다. 그 오랜 전통의 메뉴

에 신물질을 겸비한 조리법을 접목한다면 고객들로부터 만족도를 얻을 것이다.

산해초목(山海草木)을 활용한 해산초 음식과 피톤치드 음식 소개

농·산·어촌 관광에 있어 음식의 코스는 필수적이며, 휴양에 있어서도 음식의 종류와 섭생의 방식은 치유에 있어 중요한 부분을 차지하고 있다. 핵심 상품이라고 해도 과언이 아니다. 아래와 같이 소개하고자 하는 음식의 일부분은 필자가 직접 개발한 메뉴이며, 상용화하여 지난날 농·산촌 관광 성업 시절에 소비자들로 하여금 인기가 높았던 해산초 음식이다. 피톤치드 음식은 현재에도 개발 진행 중에 있다.

약초 순대

약초 순대의 특성

본 순대는 육식과 초식이 결합되어 담백하면서도 영양가가 높은 고 칼로리의 음식으로 식사 대용으로도 가능하며 간식과 술안주로도 인기가 있으며 남녀노소가 즐긴다.

산약초 순대 만드는 법(산약초 순대 10kg 기준)

- 필요한 재료 : 당근 1kg, 당면 1봉 500g, 선지 약간, 두부 10모, 돼지고기 10근, 계란 20개, 밤 1되, 대추 1되, 찹쌀, 일반쌀 4되, 양파 1kg, 대파 약간, 표고 버섯, 기타 갖은 양념 6종

만드는 과정

① 상기 재료를 준비하고, 다듬은 후 혼합하여 준비한다.

② 돼지막장을 냄새가 나지 않도록 손질하여 수분을 제거한다.

③ 막장에다 준비된 재료를 넣고 입구를 잘 막는다.

④ 가마솥에 물을 넣고, 물이 끓으면 재료가 채워진 막장을 넣고 삼는다.

⑤ 이때 터지지 않도록 주의를 하여야 한다.

⑥ 다 익었으면 건저서 자연 건조를 시킨다.

⑦ 냉동실에 보관하는데 소량씩 서로 붙지 않도록 분리 보관한다.

⑧ 수요가 있을 때 1개씩 슬라이스를 하여 접시에 담고 손님상에 오른다.

찰옥수수 술

강원도에는 전통적으로 옥수수가 많이 생산되는 곳이다. 옥수수의 종류로는 사료용과 식용 두 가지 종류가 있으며, 식용으로는 찰옥수수가 있다. 식용으로 분리하면 옥수수쌀을 만들어서 밥도 해 먹을 수 있으며 분말을 갈아서 엿을 고아서 먹기도 했고, 과거에는 이 작물이 산간 주민들에게는 주곡식이나 다를 바가 없었다.

그래서 전설적인 유래가 있다. 서울에서 강원도 주민들에게 강원도 감자바위라고 할 정도다. 강원도에는 산과 돌맹이가 많다는 말이고, 땅이 척박하다 보니 타작물이 잘 안 되고서 옥수수를 심었고 생산량이 많았던 것 같다. 옥수수 알갱이는 사람이 식용하고 옥수수대는 소가 먹는 그야말로 버릴 것이 없는 고마운 식물이다. 그리하여 산촌 주민들은 곡물의 주정보다는 옥수수의 주정이 발달되지 않았나 생각한다.

그리고 중요한 것은 보존 기간이 길다는 것이다. 일반적인 동동주의 관례는 보존 기간이 짧다. 옥수수 술의 경우 1년 보존도 가능하다.

찰옥수수 주(酒)의 특성

찰옥수수의 술은 6~9의 알코올 성분을 가지고 있으며, 마치 양주의 색상처럼 갈색을 띤 맑은 주정이다. 그래서 옥수수 맑은 술이라고 부르기도 한다. 전통주는 마시고 나서 머리가 아프다는 후유증이 없고, 첫 술 위에 떠 있는 옥수수의 기름은 피부 미용에도 좋다는 사례가 있다. 단점이 있다면 술 가격이 좀 비싸다는 것이다. 그러나 맛을 본 사람들은 다시 찾곤 한다.

옥수수술 만드는 법(술 두 말 기준)

- 필요한 재료 : 찰옥수수 2말, 누룩 4덩이, 쌀 4되, 이스트, 솔잎, 엿기름 4되

만드는 과정

① 옥수수를 굵게 분쇄하고 물에 저장하여 12시간 보존한다.
② 분쇄 옥수수를 엿기름을 섞어서 다시 정밀 분쇄한다.
③ 가마솥에 물을 끓이다가 2번을 넣고 끓인다.
④ 가마솥 밑에 붙지 않도록 계속 저어준다.
⑤ 끓은 후 넓은 그릇에 옮긴 후 냉각 과정에서 엿기름을 물에 섞어 위에다 샤워식으로 뿌린다.
⑥ 냉각 후 1차 여과를 하여 엿물만 다시 끓인다.

⑦ 엿물의 온도가 오를 수 있도록 계속해서 끓인다. 여기서 도수가 결정된다.
⑧ 적정한 온도가 오르면 넓은 그릇에 담아서 냉각을 한다.
⑨ 항아리에 넣고 누룩을 자갈 굵기로 분쇄한 후, 술약을 넣고 발효를 시킨다.
⑩ 술이 익으면 고운 채로 여과한다.
⑪ 여과 후 다시 항아리에 넣고 숙성을 시킨다.

일주일 정도가 되면 상층부에는 맑은 술이 형성되고, 10일 정도면 먹을 수 있다. 양주와 같은 성질이 있으므로 일시적으로 많은 양을 식음하는 것은 바람직하지 않다. 이 술만 식음했을 경우 두통이 발생되는 일은 전혀 없다.

표고버섯 튀김

표고버섯 튀김 만드는 방법

- 필요한 재료 : 표고버섯 500g, 소고기 100g, 찰옥수수 쪼갠 것 200g, 잣 또는 땅콩 20g, 밀분, 튀김분, 맥주, 갖은 양념
- 재료 손질 : 버섯을 1cm 크기로 자른다. 소고기는 갈아 다진다. 옥수수는 삶는다. 잣과 땅콩은 고물로 사용

만드는 과정

① 밀분, 튀김분, 버섯과 채소를 넣은 후 갖은 양념을 한다.
② 맥주와 목수액으로 성형 농도를 조절하여 모양을 만든다.
③ 튀김 용기와 식용유를 준비하고 기름 온도는 120 ± 유지할 것

④ 1차 성형한 내용물을 넣고 튀기다가 표면이 익으면, 2차 표면에 설화를 입힌다. (이것을 잘하는 것이 상품의 기술적 관건)

⑤ 소나무 목지에 기름을 제거한 후 테르펜액을 스프레이 한다.

⑥ 접시에 담아 서빙한다.

소스 만들기

겨우살이 + 약쑥 + 당귀의 원로로써 발효를 걸쳐서 숙성이 된 원액을 주로 사용하고, 발효 원액 + 진간장 + 사과식초를 사용하여 부드러운 일본 스타일로 만든다.

해산초전

해산초전 만드는 방법

- 만드는 재료 : 새우, 오징어, 굴, 홍합, 더덕, 도라지, 실파, 당근, 양파, 밀분, 튀김분, 옥수수분, 참기름
- 재료 손질 : 실파는 세척 후 5cm 크기로 절단하고, 당근과 양파는 채로 준비한다. 새우는 머리를 따서 2인분 단위로 랩 처리하고, 오징어는 피 처리 후 가늘게 썰어 놓는다. 굴과 홍합은 잘 세척해서 2인분 단위로 랩 처리한다.(100g)

만드는 과정

① 밀분, 튀김분, 옥수수분, 혼합 후 물, 목수액, 초로액을 넣고 부침 농도를 조절한다.

② 참기름 및 갖은 양념을 한다. (테르펜 원액을 사용한다.)

③ 프라이팬을 준비한다. 온도가 적당히 오르면 채소가 들어간 성

형물을 먼저 프라이팬에 올려놓는다.

④ 단면이 조금 익기 시작하면 성형 분액을 한 국자 붓고 살짝 익으면 뒤집는다.

⑤ 2차 고물을 장식한다.(새우, 홍합)

⑥ 3차 360도 뒤집는다. 뜸들인다.(테르펜 향을 침투시킨다.)

⑦ 접시에 깻잎, 뽕잎 등을 바닥에 깔고 전을 담고 서빙한다.

소스 만들기

적포도주 + 진간장 + 사과식초 + 수액을 혼합한다.

상기 상품은 1994년부터 필자가 직접 개발하였고, 음식점에서 상용화하였으며 현재까지 이어옴

(※ 1981년 조리사 면허증 보유)

산해초목山海草木 발효 음료화

농·산·어촌의 주민 생활에 있어 발효 음식은 쉽게 접할 수 있다. 전통적으로 선조들로 하여금 전수를 받아 생활에 접목을 하였고, 식생활 문화와 연계하여 요즘도 생활의 일부분에서 긴요하게 실용하고 있다. 그러나 문제는 과학적이면서 위생적이어야 하나 농·산·어촌의 주거 생활환경은 대체적으로 열악한 관계로 발효공학을 가정생활에 접목을 하거나 농외소득 차원에서 경제적으로 소득과 연계하여 실용화하기에는 현 상황으로는 문제가 있다.

문제점을 해소하기 위해서는 발효공학이라는 이론 지식을 습득하고, 과학의 원리를 이해하면서 기초적인 시설을 확보하고 상용에 입문함이 바람직하다.

발효공학

발효는(fermentation)는 라틴어의 fervere에서 유래된 말로서 알코올이 생성되는 과정에서 탄산가스의 거품이 방출되어 비등하는 모양을 나타낸 것으로 '괴이다', 액체가 '끓어오르다' 라는 뜻을 가진다. 넓은 뜻의 발효란, 미생물의 생리 활동에 의해 일어나는 화학 변화로서 유기물이 산화, 환원 또는 분해 등에 의하여 인간 생활에 유익한 다른 물질로 변화되는 현상을 말하고, 좁은 의미로서는 탄수화물이 미생물에 의해 혐기적으로 분해되는 현상이라고 정의할 수 있다. 요컨대 발효란 미생물이 영위하는 생명 현상, 즉 여러 갈래의 복잡한 물질 대사의 흐름을 교묘하게 이용함으로써 값싼 탄소원, 질소원을 출발 물질로 하여 유용한 물질을 생산하는 수단이라고 말할 수 있다. 발효공업이란 발효 과정을 거쳐 이루어지는 생물화학적 또는 생물 공학적 수법을 이용하여 유용한 물질을 생산하는 것을 말한다.

발효와 대사

미생물이 물질을 체내에 흡수하여 그것을 분해하거나 생체의 구성 성분으로 재합성하는 작용을 총칭하여 대사(代謝, metabolism)라고 한다. 대사는 두 종류가 있는데, 분해하는 작용을 이화작용(異化作用, catalism)이라 하고, 채성분을 구성하는 작용을 동화작용(同化作用, anabbolism) 또는 구성 대사(構成代謝, assimilation)라고 한다. 또한 대사는 크게 나누어 1차대사와 2차대사로 구분할 수 있다. 1차대사는 기본 대사 과정이라고도 하고 에너지 획득을 위한 대사와 생체 고분자 합성에 필요한 소재를 공급하기 위한 대사로 구분할 수 있으며, 1차대사의 결과 만들어진 대사산물인 유기산, 아미노산, 비타민, 알코올, 용매, 지방, 핵산 등을 1차 대사산물이라 한다.

2차 대사산물의 대부분은 특정 시기나 특정 조직에서만 생성되기 때문에 대사산물의 경제적인 유용성과 더불어 형질 발현의 조절에 관한 연구에도 중요하다. 발효 음료를 식음하고 어떻게 우리의 생체는 변화가 오는지를 설명하기 위해서 대사 과정을 표면적으로나마 서술하였다. 에너지원이 우리 몸에 어떻게 유용한 가를 알아야 진정한 생산자가 될 수 있다.

과실주

과실주는 과즙을 발효시킨 양조주로서 포도주, 사과주 등이 있으나 주종은 포도주이다. 와인은 포도주의 동의어로 쓰이며, 과실주는 발효 원액을 그대로 쓰기도 하고, 발효 중 또는 발효 후에 브랜디 등을 보강하거나 탄산가스를 함유시키기도 한다.

장류

간장, 된장 등의 장류는 발효, 숙성 과정을 거처 만들어진 고유의 발효식품이다. 장류는 식물성 단백질을 높은 소금 농도에서 미생물의 작용으로 분해하여 구수한 향미를 나타나게 하였기 때문에 조미료가 되는 동시에 저장성이 우수한 가공식품이다.

간장

조미식품 중에서도 간장의 액상 조미료로서, 고농도의 식염과 글루타민산 등의 아미노산을 함유하고 각종 유기산과 알코올 등의 방향 성분을 가지고 있다. 간장은 색깔에 따라 진한 색깔의 진간장과 연한 색깔의 국간장이 있다. 제조법에 따라 양조간장(일본식간장), 산분해간장(아미노산간장), 혼합간장으로 구분한다.

식초

식초는 동서양을 막론하고 오랜 역사를 지니고 전해 내려온 발효 식품이며, 음식물에 산미를 부여하는 일종의 산미료이기도 하다. 우리나라를 포함한 동양의 여러 나라에서는 곡물 식초를 위주로 이어져 왔으나, 구미에서는 주로 과실 식초를 사용해 왔다.

농 · 산 · 어촌에서 발효의 소재

농촌에 있는 곡물류 중에서 보리, 쌀, 좁쌀, 수수쌀, 옥수수들이 대체적으로 많이 사용되고 있으며, 과실류로는 사과, 감, 매실, 개복숭아, 살구, 포도, 산머루 등을 주로 이용되고 있다.

산촌의 산에 있는 식물류로는 산당귀, 칡, 곰취, 참나물, 물강활, 더덕, 만삼, 오갈피, 떡취, 엄나무, 땅두릅, 오미자, 개미취, 산뽕잎, 꼭두서니, 인진쑥, 참쑥, 솔잎, 민들레, 왕고들빼기, 질경이, 돌미나리, 머위, 돌나물, 달개비, 박주가리, 노박덩굴, 마타리, 배초향, 씀바귀, 영아자, 쇠별꽃, 백지 등의 백두대간 원시림에서 자생하는 산야초 100가지를 채취해서 발효를 하여 효소를 만드는 과정을 말함이고, 이외 나무류도 여러 가지의 종류가 있으며 실험에 의하면 발효 과정에 있어 진행이 좋고, 맛과 향이 독특함을 알고 계속 연구가 진행 중에 있다

필자가 그동안 연구 개발하여 사용해 왔던 발효 시스템을 소개한다. 기술과학과 기계역학, 발효공학 등 과학적으로 접근을 하지 못

함이 아쉬움으로 생각된다. 동시에 그 나름대로 전통 방식을 적용했으며, 성과물을 민간요법에 적용하여 다수인들에게 식음한 결과 약효의 효능이라고 할까 반응이 좋았다.

민간요법의 대상인으로는 이 지역을 찾은 관광객, 체험객, 휴양객 등을 중심으로 전파를 하였고, 그의 진가를 인정하는 손님들이 2차, 3차로 찾고 있으며, 그 수요가 점진적으로 증가를 보이고 있다.

앞서 사업자금상 과학적인 학술을 논하지 못한 점이 있으나 이제라도 학술적이면서 논리적인 증빙의 자료가 필요한 듯싶고, 시설도 현대화를 적용했으면 한다.

이 시스템이 정비가 되어 농·산촌에 보급하여 농가에서 소규모로 생산할 수 있는 길을 열어주었으면 하는 바람이다. 농외소득 증대와 함께 소비자의 욕구는 증대하고 있으며, 상품화의 길은 열려 시장성에 가치가 높고, 세계적인 상품 도전도 가능하리라 생각한다. 이것이 대한민국 금수강산에 있는 푸르고 파란 잎을 바람과 함께 사라지게 하거나, 그저 바라보는 관상용이 아닌 경제 논리적인 시장 원리에 입각하여 소득원 창출을 하자는 것이다. 이것이 바로 돈이 되는 녹색 에너지의 논리이다.

원적외선을 이용한 발효, 숙성, 저장 시스템

(1) 연구 개발 목적

- 원적외선과 음이온 시스템을 이용 환경 친화형 이온음료 생산
- 광물질을 이용 원적외선 분위기로 고효율성의 발효 숙성
- 광합성물을 이용, 음이온의 물분자 교정으로 세포 흡수 용이 물질 개발

(2) 개발 목표

- 원적외선과 음이온수를 이용한 약용작물 및 부존자원, 부산물의 발효 숙성을 통해 고기능성 상품(제품)의 개발로 새 소득원 창출
- 공동 발효와 분리형 숙성으로 마을 단위 농가 부업형 소득 창출 기여
- 고기능성 상품 생산으로 새 소득원의 다양한 연관 상품 발굴

(3) 연구 개발의 필요성

- 소비자가 요구하는 색, 맛, 향, 영양, 무방부제 다수량 해결
- 농업인 생산자가 요구하는 수확물 판로 걱정 및 주변 초목을 이용 경제적 이익

(4) 그 간의 성과와 문제점

- 현재 발효 숙성 방법은 일반 창고 및 온돌방을 이용하여 연간 사용 기간이 짧아 경제성이 낮고 농한기 활용도가 낮은 문제점이 있어 4계절 활용할 수 있는 가능성 및 시설을 개선 개발을 계속 추진해 왔음
- 기존 숙성 방법은 자연 온도 습도는 옹기를 사용하여 시간 효율 기능 등 생산성이 낮고 황금석 돔 시스템은 적외선을 이용한 발효 분위기 조절과 기능을 높이는 방식임
- 본 발효 숙성 방식은 기능이 탁월하여 맛, 향, 영양이 좋다고 일부 입증된 바 있으나 초기 시험 설치비가 높다는 문제점이 있음
- 이를 위한 실용적 발효, 숙성, 기능법을 개선 및 개발함으로써

지역 부존자원을 이용한 고소득의 상품 생산이 가능한 것으로 보이나, 현재 우리나라에서는 원적외선과 음이온 발효 숙성 시스템에 대한 실용화는 일부분이며, 품질 향상을 위한 연구는 계속 진행 중에 있음

* 시스템의 설비 내용과 시스템의 구조도는 관심 있는 사람에게는 성실히 상담해 드림

(1994년 실용화, 개발자 조명상)

곡물 및 산채류 선仙 식단화

사람이 살아가면서 바다와의 인연이란 필연적이면서도 필수적인 관계인 듯싶다. 왜냐하면 생체는 염분이라는 화학적인 원소가 필요하고 생활 음식 부분에서 필수적으로 사용이 시작된다.

생체 세포의 활성화를 위해서는 염분이 필요하고, 이 염분은 삼투압의 작용을 도와준다. 생물체 내에서의 물질의 이동은 근본적으로는 확산에 의하여 일어나지만, 세포막이라는 특수한 막의 존재로 말미암아 물질의 확산에 제한이 가해진다. 이때 세포막은 반투과성 막이라 용액의 어떤 물질을 쉽게 통과시키지만, 어떤 물질은 잘 통과시키지 않는 선택적 투과성을 가지고 있다. 이렇게 상호 다른 용액 사이에 반투과성 막을 경계로 두 용액 사이에 투과를 이루어 같아지려는 현상을 삼투라고 한다. 원리는 확산과 같으나 확산은 용질의 농도 차에 의한 용질의 이동이라면, 삼투는 용매의 농도 차에 의한 용매의 이동이다. 즉, 반투과성 막을 경계로 A구에는 10%의 NaCl을, 반대편 C구에는 20%의 NaCl을 넣었을 때, 반투과성 막을 경계로 NaCl은 임의로 통과할 수 없고, 용매인물은 반투과성막을 자유로이 통과하여 A쪽에서 B쪽으로 스며들어가 수주가 올라가게 된다. 그 만큼의 투막에 미치므로 반대편에서 맞서는 힘으로 작용하여 두 힘이 같아지는데 이때 반투막에 미치는 압력을 삼투압이라 한다.

삼투압의 현상에서 보았듯이 바다는 우리 인간이 살아가면서 공존 관계를 갖고 있다. 해조류는 바다에 있어서 광합성 작용을 하는 생산자의 역할을 수행하기 때문에 용존 산소량을 높여주는 특징을 가지고 있다. 또한 해조류 군락은 해양 생물들의 도피처 역할을 수행하여 안전한 환경과 휴식처로의 역할을 수행하며, 다른 해양 생물들의 먹이가 되는 생물로써 중요한 역할을 하기 때문에 바다에 서식하는 모든 생물들의 생태계를 유지해 주는 중추적인 도움을 주어, 해양 생태계가 유지될 수 있는 중요한 도움을 준다.

해조류를 생체 활성의 관계에서 영양, 에너지 현황을 살펴보면, 해조류는 소화율이 낮은 편이지만 비티민 A와 칼슘, 철, 인 등의 무기질을 다량 함유하고 있고, 식용되는 부분은 엽상체로서 양질의 단백질을 갖고 있어서 우리나라는 예부터 해조류를 식용, 약용, 사료 또는 해조 공업의 원료로 많이 사용하여 왔다. 그렇기 때문에 해조류는 건강식품으로 인정을 받으면서 본격적인 식량자원으로 활용하려는 움직임이 많이 보이고 있다.

필자는 의학 전문가가 아니므로 의학상으로는 잘 알 수는 없으나, 소금이라는 염분의 성분은 생체에 있어 매우 유익한 에너지원이라고 알고 있다. 그러면 우리 몸에서 필요한 에너지원을 가급적이면 자연의 소재로서 선택을 하고 섭생을 할 수 있는 바닷속 자원을 알아보자.

먼저, 함초에 관하여 논하고 싶다. 함초(鹹草)는 우리나라 서해안 갯벌에 자라는 한해살이풀로, 우리말로는 퉁퉁마디라고 하며 전체 모양이 산호를 닮았다 하여 산호초라고 한다. 바닷물과 가까운 갯벌이나 염전 주변에 무리지어 자란다. 줄기에 마디가 많고 가지가 1~2번이 갈라지며, 잎과 가지의 구별이 없다. 잎은 다육질로 살이 찌고 진한 녹색인데 가을철이면 빨갛게 변한다. 꽃은 8~9월에 연한 녹색으로 피고, 납작하고 둥근 열매가 10월에 익는다.

함초에는 소금을 비롯, 바닷물에 녹아있는 모든 미량원소가 농축되어 있으므로 맛이 짜고 무게가 많이 나간다. 함초는 지구상에서 가장 무게가 많이 나가는 식물이다. 소금 성분은 바닷물 속에 들어있는 독소를 걸러낸 품질이 가장 우수한 소금이라 할 수가 있다.

함초는 육지에 자라면서도 바닷물 속에 들어있는 갖가지 미네랄과 효소 성분이 농축되어 있다. 바닷물에는 칼슘, 칼륨, 마그네슘, 철, 요오드, 인 등 수십 가지의 미량원소와 갖가지 독소와 효소가 녹아있는데, 함초는 인체에 유익한 미량원소와 효소를 흡수하면서 자란다.

바닷물 1톤 속에 1그램이 들어있는 효소는 바닷물 속의 갖가지 유기질을 분해하여 정화하는 역할을 한다. 함초에는 이 바닷물의 효소가 다량 농축되어 있는데, 이 효소가 사람의 몸 안에 쌓여 갖가지 독소를 없애고 숙변을 분해하여 몸 밖으로 배출하는 작용을 하는 것이다.

함초에 들어있는 효소는 지방과 단백질을 분해한다. 거의 모든 사람들의 소장 속에 들어있는 중성지방질인 숙변과 우리 몸의 혈관과 장기 혈액 세포조직 속에 붙어있는 불필요한 지방을 분해하여 배출한다. 함초를 식음하면 좋은 효능도 볼 수 있다.

① 숙변을 제거하고 비만증을 치료하는 효과

② 혈액순환을 좋게 하고, 피를 맑게 하고, 혈관을 튼튼하게 하므로 고혈압, 저혈압 효과

③ 피부를 아름답게 한다.

④ 위장 기능을 촉진하여 변비, 숙변 및 장기능을 활발하게 함

⑤ 기관지 점막의 기능을 회복하여 기관지 천식을 완화

함초를 음식에 접목하는 방식을 알아보자. 함초는 직접 먹는 방식도 있겠지만, 대체적으로 간접 방식을 통해서 섭취를 하는 것이 일반적인 관례이며, 요리를 하는 방식에 있어서도 간단명료하다. 냉면, 칼국수, 비빔밥, 나물, 부침, 튀김, 셀러드, 함초즙 등이 있으며, 양념을 해서 육류를 숙성시키면 육질이 부드럽게 된다. 김치류 종류에서는 배추김치, 물김치, 절임 김치를 담는 데에 주로 많이 사용되고, 특히 무 김치류에서는 절임용으로 소금 대신 함초를 사용하는 사례가 많다.

그 밖의 해조류로서 식재료를 살펴보면 미역, 다시마, 파래, 진도아리, 도박, 우무가사리 등이 있으며 음식을 만드는 방식도 여러 형으로 나눌 수 있다. 그중에서 구황 음식으로 만들어서 먹었던 몇 가지의 음식을 소개하고자 한다.

도박(대박)

바다의 연안에서 채취가 가능하고 수분을 조금 건조시킨 다음 밀가루와 혼합하여 밥을 하면서 동시에 같이 찌는 방법이 있고 고구마, 감자와 함께 찌는 방법이 있다. 먹을 때는 반드시 무김치와 함께 먹어야 비린내를 막을 수가 있다. 또 다른 방식은 재료를 건조하여서 기름에 튀각을 해서 먹어도 무방하다.

진도아리

연안에서 채취할 수 있으며, 생것을 나물로 무쳐서 먹는 방식이 반찬으로는 효과가 있다. 양념을 일체 하지 않고 생것을 시식하여도 무방하다. 비빔밥과 찐빵의 맛은 일미를 더해준다.

파래

연안에서 채취할 수 있으며, 김 형식으로 말린 후 구워서 먹는 방식과 생것을 양념에 무쳐서 먹는 형식이 있다. 무치는 방식에서는 반드시 무채를 함께 사용하는 것이 바람직하고, 식초를 곁들여 먹는 방식이 제일 부드럽다. 간혹 식욕이 없을 때 산나물과 함께 비빔밥을 만들어 먹으면 회춘의 기분이 들기도 한다.

필자가 바닷가에서 살아온 관계로 해조류와 해산물은 많이 접해 보았으며, 특히 해조류에 있어서는 식품으로 활용할 수 있는 기회가 많았다. 1960년대에는 바닷가에서는 곡물이 귀한 관계로 해조류를 자연스럽게 음식의 재료로 사용해 왔고, 1980년도까지 도 연안에서는 식재료로 많이 사용해 왔다. 시간이 지난 현재에도 다시마, 미역,

파래, 우무가사리, 함초 등은 식재료로 사용하고 있다. 1960년의 시절에는 배가 고파서 먹었고 선택 사항이 아닌 의무 사항으로 배를 불리곤 했다. 그런데 돌이켜보면, 그 시절에 해조류를 많이 먹어서인지 장골이 튼튼하고 잦은 병치레가 없었으며, 일생을 살아오면서 건강하고 유쾌하게 살아오지 않았나 싶다.

천연적이면서도 자연적인 식재료에 의한 음식을 섭생했었다. 50년이란 세월이 지난 지금은 자연의 환경도 많이 바뀌었고, 그 시절의 식재료는 구할 수도 없고, 맛을 보기도 힘이 든다. 과거에 어려웠던 환경이 과학적인 근거는 없지만 요즘 외치는 참살이 식 문화를 즐겼던 것이다.

다음은 산채류를 알아보기로 하자. 요즘에는 가정이나 식당에서 식탁에 오르는 채소의 종류는 오래전보다 종류가 많아졌다. 과거에는 고기를 먹으면서 먹는 채소류는 깻잎, 상추가 통상적이었으나 지금은 많은 변화를 가져왔다. 새싹 채소라든지, 약초에 있어서 근채 종류에 있는 잎 부분을 쌈용으로 사용을 한다는 것이다.

약초의 종류에 따라서는 맛이 색다르고 영양에 있어서도 특색이 있다고 본다. 봄에는 산과 들에서 자라나는 나무에 있어서도 잎채류를 식용으로 먹을 수 있는 종목이 많이 있다. 종류가 워낙 많아서 일일이 열거할 수는 없지만, 필자가 살고 있는 주변은 채소 일색이다. 이것이 바로 산속에 있으니 산채나 다를 바가 무엇이겠는가.

산에 있는 산채류에 있어서도 자연산이란 것을 우리들은 강조하면서 산촌민들이 채취하고 판매하여 소비자는 그것을 인정하면서 먹는다. 산에서 자연적으로 자생을 하는 산채류들도 있지만 옛적만큼 수량이 많지 못하다는 것이다. 그래서 산과 들에서 씨앗을 뿌려

재배를 하여서 유통을 하는 사례가 많이 있다. 소비자로서는 자연산인지 재배인지 구분하기는 매우 어려운 일이며, 그래도 가급적이면 농약을 사용하지 않으면서 재배를 했다.

생채를 먹을 때는 나물 종류에 따라서 시기가 있다는 것을 명심하자. 부드러운 시간이 지나면 나물은 생채에서 묵나물로 가는 길이며, 맛만 다르다는 것이지 영양소가 다르다는 것은 아니라고 생각한다. 소비 시장에 있어서 몇 년 사이에 많이 애용을 하고 인기가 있는 산채류를 이야기하고 싶다.

곰취

전국 어디에서나 볼 수 있는 나물류이나 대체적으로 고산지대 및 중부 이북 지방에서 주로 서식하고 있는 산채류이다. 깊은 산속에서 곰이 먹는 나물이라 하여 붙여진 이름인데, 말발굽 모양을 닮아서 마제엽이라고도 한다.

곰취는 참취, 참나물과 함께 취나물 중에서는 가장 알아주는 산나물이다. 지방에 따라 웅소나물이라 부르기도 하며, 근연 식물로는 곤달비, 어리곰치(어리곤달비), 긴잎곰취, 털머위, 세뿔곰취, 왕가시곰취, 갯곰취 등이 있다.

깊은 산속에서 주로 자라나 해발 고도에 따라 생육지의 주변 환경이 다르게 나타난다. 표고 500m 이상에서 햇볕이 부분으로 드는 중 양지의 풀밭에 다른 잡초들과 섞여서 생육을 하고, 낮은 곳에서는 활엽수림 하부의 북사면에 주로 생육한다.

반찬으로 사용을 하는 과정은 다음과 같다,

- 쌈 종류 : 생채로서 먹는 방식은 고기를 먹거나 식사를 할 때

주로 이용을 한다.

- 즙 종류 : 쌈이나 생채류를 바로 먹기가 거북한 사람은 혼합을 이용한 즙을 먹기도 한다.
- 절임・숙성류 : 절기가 조금 지난 곰취는 절임을 하여 저장을 하여 두었다가 조금씩 먹으면 계절에 관계없이 먹을 수 있다는 장점이 있다. 생채류를 좋아하지 않는 사람들도 누구나 잘 먹는 사례가 있다.
- 곰취김치 : 숨을 죽여서 부들처럼 양념을 한 다음에 김치처럼 보관을 하면서 먹으면 된다.

참취

참취는 국화과에 속하는 여러해살이 식물로서 길이가 1~1.5m 정도 자라고 잎은 긴 타원형이며, 잎 가장 자리에 톱니가 있다. 꽃잎이 6~7매이며, 흰국화와 비슷하다. 종자는 9~10월에 익으며, 민들레처럼 종자에 털이 있고 매우 가볍다. 잎과 줄기는 생채, 묵나물 등 나물로 이용되며, 재배 적지는 그늘지고 시원한 곳이 좋으며, 토양은 다소 습하나 배수가 좋고 부식질이 많은 걸찬 땅이 좋다. 번식방법에는 실생번식, 분주 등이 있다.

지금부터는 산채에 있어 근채류를 알아보기로 하자. 근채류 종류로서 많이 이용되고 있는 것은 더덕, 도라지, 잔대, 만삼, 당귀잎, 황기잎 등이 있고, 근채류로서 반찬으로 이용되는 것이 도라지, 더덕류일 것이다. 앞으로 추가가 될 것이 있다면 만삼과 잔대의 부분이다. 만삼과 잔대를 반찬으로 이용한다는 것은 새로운 사실이나 영양소로 보나 맛으로 보나 먹기가 좋았기 때문이다. 농가에서는 산림을 이용하여 복합 영농의 일환으로서 재배를 해 볼 가치가 있는 품목이다.

근채류 중에서도 잎을 병행해서 먹을 수 있는 것이 황기잎, 당귀잎, 만삼잎이다. 당귀잎은 고기를 먹을 때 쌈용으로 해서 먹으면 먹는 이에 따라서 기호도가 다를 수 있겠지만, 곰취보다도 향기가 진하고 돼지고기의 냄새를 없애며, 색다른 맛을 볼 수 있다.

잔대

잔대의 뿌리는 긴 실북 모양 또는 둥근 기둥 모양이며, 길이 10～25cm, 직경 1～2cm이다. 색은 겉은 흰누른색, 연누른색이고, 비늘 모양의 겉껍질과 가로로 간 주름이 있다. 뿌리 윗부분에는 뿌리꼭지가 있다. 질은 가볍고 만문하며 잘 부러진다. 꺾인 면은 섬유성이고, 희며 방사 방향으로 잔 틈이 많다. 냄새는 없고 맛은 약간 쓰다. 뿌리가 굵고 길며, 질이 굳고 속이 흰 것이 좋다. 성분으로는 사포닌이 들어있으며, 약성은 맛이 달고, 성질은 차며, 폐경에 작용한다. 가래를 내보내고, 기침을 멈추며, 갈증을 멈추고 독을 푼다.

잔대와 접목하는 음식에서는 가급적이면 육류요리를 하는데 접목하는 것이 좋으며, 예를 든다면 닭요리, 돼지고기 등이며, 특히 닭요리와 궁합이 잘 맞는다고 보면 되겠다.

요리 방법에 있어서도 잔대를 잘 씻어서 겉껍질을 벗기는 경우도 있으나 그냥 잘 씻어서 사용하여도 무방하고, 통째로 사용하는 방식도 있으나 슬라이스를 하여서 사용해도 된다.

만삼

도라지과에 속하며, 가을 또는 봄에 뿌리를 캐어 줄기를 잘라버리고 물에 잘 씻어 햇볕에 말려서 사용한다. 만삼의 형상은 긴 둥근 모양이거나 또는 긴 고깔 모양이며, 보통 2~3개의 가지가 있다. 길이는 15~30cm, 지경은 1~3cm이다. 뿌리꼭지에는 혹 모양의 돋우라기가 많이 모여 마치 고수머리 모양이다. 뿌리 윗부분에는 옆으로 간 잔주름이 있고, 밑에는 세로로 간 깊은 주름이 있다. 겉은 연누른색이고, 작은 혹 모양의 돋우라기가 있다. 뿌리의 끝이나 잔뿌리를 없앤 자리 및 껍질이 상한 곳은 진이 나와 달라붙었으므로 누런 밤색 또는 어두운 밤색을 띠고 있다.

흔하게 말하기를 인삼이 남성용이라면, 만삼은 여성용이라는 속설이 있다. 맛은 달고 특이한 냄새가 난다. 약재가 굵고 길며, 질이 굳고, 충실하며 섬유질이 적고 단맛이 있다. 성분은 사포닌, 비타민, 농마, 이눌린, 사탕, 점액질, 나무진 극히 적은 양의 정유 등이 들어 있다. 약성은 맛이 달고 성질은 평하며, 비, 폐경에 작용한다.

생체에 도움이 된다면 몸이 허약하고 기운이 없는데, 폐기능이 허하여 음성이 낮고, 약하며, 기침하는데 잘 적용하면 약효로써 도움이 된다. 만삼과 궁합이 맞는 육류로는 닭이 적합하며 닭을 요리할 때 주로 사용하면 좋다. 닭요리에 있어서는 닭백숙을 하면서 닭 속에다 넣고 삶는 요리 방식이 있고, 닭찜에 곁들여서 찜하여 먹는 방식도 있다. 약용으로 먹고자 할 때는 만삼 자체만으로도 먹을 수 있으며, 겉껍질을 벗겨서 초장을 찍어 먹는 방법도 있다.

당귀

미나리과에 속하며 가을에 줄기가 나오지 않는 당귀의 뿌리를 캐어 말리거나 생당귀로 사용을 한다. 당귀의 형태는 짧고, 굵은 몸뿌리에서 많은 곁뿌리가 갈라지고, 길이는 15~30cm, 직경은 2cm이다. 겉은 어두운 밤색 또는 붉은 밤색이다. 몸뿌리에는 가로로 간 주름이 있고, 곁뿌리에는 세로로 간 주름이 있다. 질은 유연하고 꺾은 면은 미끈하며 연한 누른색 또는 연한 밤색이다. 특이한 향기가 있으며, 맛은 약간 맵고 달다. 뿌리가 굵고 길며, 꺾은 면이 충실하고 젖색 또는 연한 희누른색이며 냄새가 센 것이 좋다.

성분은 정유가 0.1~0.6% 들어 있고, 데쿠르신, 데쿠르시놀, 노다케닌 등의 쿠마린 성분과 마무진이 있다. 약성으로는 맛이 달고 매우며, 성질은 따뜻하고 심, 간, 비경에 작용한다. 피를 생겨나게 하고, 혈액순환을 촉진하며, 당귀는 두(頭), 신(身), 미(尾)로 나누고, 그 약효를 다르게 표현한다. 당귀 두는 피나는 것을 멈추게 하고, 당귀 신은 보혈을 하며, 당귀 미는 혈액순환을 돕는다. 약효로 도움이 된다면 혈허증(얼굴이 창백하고 어지럽고 멀리가 아프며 가슴이 두근거리는데), 부스럼, 배아픔, 허약한 사람 및 산모의 뒤굳기에 도움이 된다.

음식으로 접목함에 있어 크게 잎과 근채로 분리할 수 있으며, 잎은 봄에 쌈용으로 사용을 할 수 있도록 하고, 근채류는 육류를 탕을 할 때 사용함이 바람직하다. 가정에서 간편하게 접목하는 방법은 차를 끓여서 음용하는 것이다. 향기도 좋고 맛도 좋으며, 냉·온을 같이하여도 무방하기 때문에 냉장고에 보관하면서 장복을 할 수 있다는 것이 편리한 점이라고도 할 수 있다.

차를 만들어 먹는 방법을 한 가지만 소개를 하고자 한다. 이름은 당귀보혈탕이다. 혈허증에 좋다. 배합은 당귀 8g, 단너삼(황기)20g을 달여서 하루에 3번 장기간 복용하면 도움이 된다. 당귀를 끓여서 엑기스를 만들어 고기를 먹는데 소스로 활용한다던지, 반찬의 양념장으로 활용하는 것도 바람직스럽다. 특히 돼지고기 구이용으로 접목을 하면 돼지 냄새를 줄여주고 소화하는데 도움을 준다. 더 나아가 목욕물로 사용을 해도 먹는 것과 비슷한 효능을 낼 수도 있다.

단너삼(황기)

콩과에 속하며 주로 우리나라 북부의 높은 산의 양지 바른 곳에 자라고 각지에서 밭에 경작을 하는 사례도 있다. 가을 또는 봄에 뿌리를 캐어 물에 씻고, 겉껍질을 벗겨 햇볕에 말려 사용하며, 2~5년생이 좋다. 단너삼의 형태는 둥근 기둥 모양 또는 긴 고깔 모양이고, 길이는 20~50cm, 직경1~3cm이다. 줄기가 붙었던 자리가 오므라져 있고, 그 속은 어두운 밤색을 띠고 있다. 뿌리가 길고 굵으며, 꺾은 면에는 솜처럼 부드러운 섬유가 있고, 겉이 흰 것이 좋다. 성분으로는 배당체, 폴라보노이드, 알칼로이드가 들어 있고, 약성으로는 맛이 달고, 성질은 약간 따뜻하며 비, 폐, 삼초, 신경에 작용한다.

단너삼은 면역기능을 높이고, 망상 내피계통의 탐식기능을 강화하고, 비특이적인 면역을 높인다. 생체에 도움이 된다면 몸이 허약하고 기운이 없는데, 폐가 허하여 저절로 땀이 나는데, 잘 때 식은 땀이 나는데 도움이 된다.

단너삼을 우리들은 일반 관례에 있어 황기라는 말로 통하고 있다. 농·산촌 관광지의 식당에서 많이 애용하는 메뉴이기도 하다. 황기

백숙이라고 누구나 한번쯤은 시식을 해본 경험이 있으리라 생각한다. 돼지고기를 삶는데, 돼지순대를 만드는데 등에 접목을 하면 도움이 되고, 황기 역시 끓여서 엑기스를 만들어 차로 마신다든지 냉장고에 보관을 하면서 양념으로 사용을 해도 식사하는데 도움이 된다.

해초와 산채와 근채류는 음식으로 접목할 수 있는 사례는 너무나도 많다. 소개한 것은 빙산의 일각이라고나 할까. 자연에서 접할 수 있는 해초와 산채는 수천 종류이고, 우리가 식용으로 사용할 수 있는 종류도 여러 종류이다. 우리는 이와 같은 소재를 우리의 건강을 지키는데 소재로 활용해야 할 것이며, 상품으로 개발을 해야 된다.

(※ 산채 및 약초가 필요하신 분 연락주시면 소개해 드림)

인제군 산림자원연구회

산채와 약초에 있어 전문성이 필요하기 때문에 기술 활동에 있어 이해를 돕고자 연구회를 소개하고자 한다.

연구회 회장 조 명 상

- 추진처 : 정부 신활력사업(연구회관리 및 자원 – 인제군)
- 목적 : 낙후된 산촌을 산림자원 연구를 통한 신활력의 방향 모색
- 목표 : 산림 부존자원을 관광 상품으로 개발하여 산촌 주민의 소득증대 및 농산촌 관광 활성화

• 연구회 하는 일

- 산채류 : 곰취, 참취, 산마늘, 누룩취, 미나리 등 다수(산지 생태생리 과정 및 가공 연구)

- 약초류 : 당귀, 천궁, 작약, 황기(토종과 우수 종자 산지식재 연구)
- 산돌배 : 토종 돌배 종자 보존 및 묘목 생산 연구(묘포장 실험)
- 발효류 : 돌배 와인, 산채절임, 발효음료(소규모 실험시설에 의한 가공 상품 연구)
- 수액류 : 고로쇠나무, 가래나무(물과 음료개발)

• 특징

백두대간 설악을 잘 보존하면서 임지 정리를 잘하고 토종 자원보존 및 친환경 자원으로 상품을 생산하는데 그 중심이 있으며(산림농업 육성) 생산에 있어 산지 환경 조성, 산채 생산 기법, 가공 품질 향상이라는 사명감을 가지고 연구원 일동은 선(仙)의 정신으로 열정이 가득

• 지역 축제(산채, 고로쇠)
- 시기 : 매년 4월 ~ 5월
- 주종목 : 곰취 외 다수의 품목
- 축제 내용 : 도농 교류에 의한 농산촌 관광 활성화를 축으로 체험 행사 취떡 만들기, 곰취빵 맛보기, 산나물 채취하기 등의 프로그램

• 시기
- 매년 3월 고로쇠 수액 축제

생활공간에서 테르펜 소품 응용

주택의 소재 구성

주거 또는 생활공간이라 함은 주택 속에서 한 가정을 이루며 가족이 다수인으로 구성되고, 삶을 영위하는 공간으로서 각각의 가정마다 개성을 가지고 편리성·기호성·활동성 등 저마다의 기호를 표현하면서 실내를 꾸미어 편리한 환경을 조성한다. 일상생활을 이어가는 공간이라고 생각할 수 있으며, 지속적인 건강을 위해 에너지를 추가적으로 요구하는 시대에 이르렀다.

건강을 위한 실내공간은 공기가 맑고 쾌적하며 포름알데히드가 적어 아토피를 줄일 수 있어야 하고, 자연 소재와 더불어 공기 순환이 전제 조건이어야 한다.

현대의 건축물들은 각종 화학적인 기자재들의 발달로 인해 시공에 있어 자연 소재를 사용하는 경우가 매우 적다. 이는 건축에 있어 설계상의 이유와 시공상의 문제점, 건축비의 상승 등을 이유로 현재에는 대중성이 없고, 필요로 한다면 개인적으로 실내를 리모델링을 하는 길밖에 없으며 개인들이 많이 하고 있는 실정이다.

일반적인 시사문제를 잠시 보자. 요즘 새집증후군 문제로 사람들이 새집으로 이사하거나 집수리를 꺼리고 있고, 건축 마감재에서 나오는 화학물질로 인해 실내공기가 오염되어 전에 없던 두통, 천식, 아토피성 피부염 등을 호소하는 이들이 늘고 있기 때문에 이러한 문제로 친환경적인 건축 자재에 대한 관심이 높다. 화학적인 페인트는 심각한 대기 오염과 호흡기질환, 알레르기, 전신마비, 암 등을 유발하는 휘발성 유기화합물과 같은 치명적인 유독물질과 중금속을 지속적으로 분출하기 때문에 새집으로 이사 간 사람들은 새집증후군이라는 새 질병으로 인해 알레르기, 습진, 설사, 기침, 두통 등을 호소하게 된다. 또한 화학물질로 이루어진 벽지, 커튼, 페인트, 단열재 등은 모두 인체에 유해한 유기화합물을 포함하고 있다. 유기화합물은 노약자나 어린이에게 천식, 알레르기 등 호흡질환을 일으키는 원인 물질로 꼽히고 있다.

선인들의 지혜를 잠시 알아보자. 우리네 조상님들께서는 주거 공간인 주택에 있어 상류층에서는 전통 한옥을 짓고 살았으며, 중·하류층에서는 초가형의 황토집을 짓고 살았다.

양쪽의 장단점을 살펴보면 전통 한옥은 주재료가 소나무와 흙이라는 점이다. 건물 외벽은 차제하고 건물 내부를 살펴보면, 벽면과 천정에 있어 소나무의 마감 자재를 많이 볼 수 있다. 오래된 집도 그러하거니와 근래에 지어진 소나무 한옥을 들어가 보면 소나무(테르펜)향이 물씬 풍긴다. 우리는 여기서 새로운 점을 알아야 한다. 그 냄새가 피톤치드 향이라는 정유 성분으로써 항균·항취 작용을 한다는 것이다. 때에 따라서는 이 소나무집에는 모기가 없고 숫자가 작다는 이야기이다. 초가형 황토집은 주재료가 소나무, 잣나무, 화강석, 황토(원적외선), 볏짚 등으로 집을 짓는 과정은 소나무로 집의 골격을 이루도록 했고, 그 사이에 황토와 돌을 같이 섞어서 만든 집이 보편적이었으며, 지방별로 만드는 형식은 조금씩 상이한 면이 있다. 벽체와 천정은 황토를 사용했고, 방바닥도 황토바닥에 짚으로 만든 거죽이라는 돗자리를 사용했다. 그 당시는 화학이 발달되지 않아서 시멘트라든지 화공약품의 사용이 전혀 없었고, 자연산 곡물과 해초류를 사용한 것이 전부였다.

그래서 실내에는 공기 순환이 잘되고 온도와 습도가 자연적으로 조절이 되었고, 바닥과 벽면에서는 원적외선 방출량이 높아 생체의 피로를 풀어주는 기능이 탁월하여 옛적에 농부들이 고된 노동을 하고서도 아침에 가볍게 일어날 수 있었던 일들도 이와 같은 자연의 힘이 아닌가 싶다.

실내 공간에 관하여 우리의 전통 가옥의 사례를 들어보았으나, 현시대에 살고 있는 우리로서는 그와 같은 주거 공간을 갖는다는 자체가 불가능하고, 특히 도시에서는 더더욱 그러하다. 그래서 도시민들은 대체적인 수단을 개인이 찾고 좋은 방법을 개인이 연구를 하고 있다. 그러면 그 방법으로 어떻게 할 것인가. 실내를 전부 리모델링을 할 수도 없다. 그리하여 소품이라는 대체적인 안을 찾았고, 그 소품으로 하여금 실내장식과 동시 기능을 첨부하여 공간별로 위치 선택 및 기능을 측정하고 장식 소품의 디자인과 크기를 결정한 후 위치별로 장착을 하면 될 것이다. 이 대체의 방식으로는 100%의 만족할만한 기능을 기대할 수는 없다. 그러나 최소한의 방편은 된다는 것이다. 이 방식이 최소 비용을 가지고 효과를 볼 수 있으며 계절별로 실내공간을 바꾸어 육안으로 하여금 기분도 상쾌하게 만드는 효과가 있어 일석이조라는 말을 사용해도 괜찮을 듯싶다.

천연 염색 의류

근래에 들어서 의류에 있어서도 화학적인 섬유에서 면(綿) 함유량이 높은 소재를 많이 찾았다. 생체 기능에 있어 면 소재 착용이 당연히 우수성이 있다고 필자도 주장하고 싶다. 생활 공간에서는 우선 조건이 편리성이다. 실오라기 하나 걸치지 않더라도 누구에게 간섭을 받지 않고 생리현상으로 가스가 발생해도 편하다는 것이 가정생활이다. 심지어 부부와 가족 간에 있어 장점보다는 단점을 많이 보는 공간이 생활공간이 아니던가. 그 만큼 스트레스가 결부되지 않고, 혈액의 선순환으로 인한 세포 활성화가 잘 되어 마음에 안정과 생활에 리듬을 더욱 부드럽게 하는 가정의 여유로운 휴식처라 할 수 있다. 이에 가정에 있을 때는 편리한 복장이 좋고, 침실을 사용할 때는 잠옷이 반드시 좋아야 된다고 필자는 이야기하고 싶다.

요즘 유행하고 있는 속옷 패션은 면 기능성 옷이다. 자기가 좋아하는 풀을 찾아서 그로 하여금 직접 염색을 하여 착용을 하는 방식이다. 물론 자신이 직접 하지 못하니, 자연 자원과 소재를 사용하는 업체를 찾으면 될 것이고, 반드시 자신의 체질에 맞는 염색 물감을 찾아야 한다는 것이다. 그래야 감성적으로 도움이 될 것이다.

생활 비누와 항균탈취 장식품

생활 비누

생활에 있어 필수품 중의 필수품이 비누일 것이다. 그럼에도 불구하고 우리는 비누의 귀중함을 못 느낀다. 밥 먹는 횟수 및 양을 제외한다면, 두 번째가 비누일 것이다. 손발을 비롯해서 아침부터 저녁까지 적어도 서너 번은 만져야 하루의 일과가 끝나지 않을까 싶다. 위생은 그 만큼 중요한 것이고, 오염원의 중화 역할을 쉽게 할 수 있는 것이기 때문이다. 앞으로 가정에서나 직장에서나 비누를 사용함에 있어 품질을 생각해볼 시기이다.

예전에는 단순이 세척용으로 기름만 잘 중화가 되면 비누라고 생각했겠지만, 자세히 들여다보면, 천연 비누 외에 일반 비누를 많이 사용을 하는 것은 바람직하지 못하다. 물론 천연 비누라고 해도 어차피 자연 소재+화학 성분이 일부는 사용된다. 그럼에도 불구하고 천연 비누를 사용하라는 것은 화학 성분이 비교적 작다는 것이다. 무엇보다 중요한 것은 가정에서 자연 비누를 만들어 사용함에 있어, 가족의 피부에 맞는 맞춤형의 비누를 사용함으로써 트러블 발생을 줄일 수가 있다.

향이 풍기는 세련미와 피부 미용에도 관리가 용이하다. 피부가 자극을 받아 거칠어지거나 하면 약초의 온화한 약효가 균형 있게 작용하여 서서히 안정적인 본래의 피부로 이끌어 준다.

과학의 발전에 따라 여러 가지의 유해 화학물질이 동물이나 사람에게 주는 해로움에 대해서도 최근에 이르러 규명되고 있지만, 자연의 산물인 약초는 필요한 성분만이 체내에 남고 여분의 성분은 체외로 배출되는 것이 주목할 만한 것이다. 화학물질과 약초의 장점을 병용하는 것이 건강과 미용에 도움을 주고, 약초의 약리 특성으로는 청결, 피부 정리, 강장, 자극, 보습, 진정, 영양 등이 있기 때문에, 피부의 상태에 맞추어 바르게 사용법을 적용시키면 피부 손질에 큰 도움을 준다.

세정의 원리

먼지나 더러운 때 등의 기름기 있는 물질, 대부분은 탄화수소 사슬로 이뤄진 분자로, 비누의 탄화수소 부분, 비극성(non-polar)인 꼬리 부분과 상용성을 갖기 때문에 비누 분자가 기름기 있는 먼지 입자와 만나게 되면, 비누의 탄화수소 사슬이 이들을 감싸서 마이셀(micell)을 형성하게 된다. 그리고 마이셀 표면의 친수성(hydrophilic)인 카르복실기는 주위의 물 분자와 상호작용을 통해 옷이나 피부로부터 먼지를 떼어내게 된다. 이렇게 떨어져 나온 때 입자들은 표면의 음전하를 띠는 카르복실기 사이에 정전기적으로 반발력이 작용하여 분산된 상태로 존재하게 된다. 이러한 원리로 더러운 물질이 제거된다.

천연 비누가 생체에 유익한 점

비누의 제조 시 가장 중요한 것은 글리세린의 보유라 할 수 있다. 이 글리세린이 바로 아토피와 같은 피부질환을 예방해 주는 엄청난 보습력을 갖고 있기 때문이다. 이 글리세린은 숙성 과정에서 많이 생기는데, 현재 비누 제조업체에서는 많은 양의 비누를 일괄적으로 제조하다 보니 생산 기간의 단축을 위해 글리세린을 제거하여 제작한다.

천연 비누는 자연에서 얻은 그대로의 천연 식물성 오일을 사용한다. 비누는 여러 오일로 만들 수 있고, 여러 가지 오일을 혼합하여 비누의 특성을 변화시킬 수도 있어 자신에게 딱 맞는 비누를 만들어 쓸 수 있다. 또한 합성으로 만든 향이 아닌 에센셜 오일을 사용하여 여러 가지 기능을 기대해볼 수 있다.

천연 비누는 만성적인 피부 문제를 완화하는 대안이 될 수 있고, 실제로 많은 사람들이 며칠 간 사용 후 크고 작은 피부 문제를 해결하고 있다. 천연 비누란 합성 향료 대신에 에센스오일을 사용하고 색깔이 필요하면 천연 식물성 색소를 사용하여 방부제, 증점제, 경화제, 계면활성제 등의 화학 성분이 들어가지 않은 천연의 순수한 클린저이다.

효능 비누의 종류

- 율피 비누 : 피부에 탄력을 주고 수렴 효과가 있어 지성 피부에 좋다. 해독작용, 노화 방지
- 녹차 비누 : 수렴 효과와 보습 효과가 있으며, 피부 청결 효과도 뛰어남
- 숯 비누 : 피부세포의 활성화 작용을 하기 때문에 아토피성 피부염, 노인건조 피부염, 만성습진에 좋고 피부의 노폐물을 없애는 효과가 있다. 지성 피부와 여드름 피부에 효과적이지만 화장품 등급으로는 미세하게 갈아서 사용.
- 해조류 비누 : 비타민과 미네랄이 풍부하여 피부에 다양한 영양을 공급
- 삼백초 비누 : 여드름이나 지성 피부의 피부 트러블에 좋다. 주름살 피부에 윤기를 더해준다.
- 어성초 비누 : 염증 치유 및 세포 재생 기능이 있다. 여드름, 아토피 등에 사용하면 효과적이다.
- 황토 비누 : 황토 입자는 표면이 벌집 구조로 되어 다량의 원적외선이 저장. 피부의 노폐물을 제거하고 혈액순환, 피로 회복, 노화 방지에 탁월, 햇볕에 그을린 피부가 가라앉으며 매끈해진다.

* 본 책자는 휴양의 개념에서 치유 생활을 접목해야 하고, 생체 치유에 있어 약초 비누는 필수품에 해당이 된다. 또한 휴양 치유에 있어 한 종류의 프로그램에 속하여 기본적인 지혜를 습득할 필요가 있어서 조금씩 상식적으로 나마 나열했다.

항균, 탈취, 기능성 소재

항균, 탈취에 있어 촉매의 종류가 여러 종류가 있다. 그중에서 고체, 액체 기체로 구분을 하고 소재의 종류별로 화학적인 반응이 다르고, 사용과 응용의 접목에 따라서 효능이 다를 수도 있다. 여기서 촉매의 원리와 소재의 기능을 알아보기로 하자. 촉매란, 물체에 있어 자기 자신은 변화하지 않으면서 다른 물질의 화학반응을 촉진시키거나 지연시키는 원리이다. 촉진시키는 물질을 정촉매, 지연시키는 물질을 부촉매라 한다. 광촉매란, 광(光)을 받으면 촉매반응을 일으키는 물질이다.

광촉매 중 이산화티타늄 있고, 이는 이산화티타늄이 내산성, 내알칼리성 등이 좋으며 인체에 무해하다. 생활에서 각종 오염 물질을 무해한 물질로 변화시켜 주는 친환경적 소재이다. 이산화티타늄 광촉매는 n형 반도체로서 자외선(400nm)을 받으면 전자(Electron) 전공대(Electron Hole)가 형성되어 강한 산화력을 가진 하이드록시 라디칼(-OH)과 슈퍼 옥사이드(O_2)을 생산한다. 이 하이드록시 라디칼과 슈퍼 옥사이드가 유기화합물을 산화 분해시켜 물(H_2O)과 탄산가스(CO_2)로 변화시킨다. 이런 원리로 공기 중 오염물질을 산화 분해시켜 무해한 물과 탄산가스로 변화시키고, 수중중의 오염 물질인 유기화합물을 분해시켜 물과 탄산가스로 변화시키게 된다. 또한 세균도 유기 화합물이므로 광촉매의 강한 산화작용에 의해 산화분해되어 살균된다. 티탄은 지각 중에 아홉 번째로 많은 원소로, 흔히 화장품에 사용하는 백색 안료는 티탄으로 제조한 것이고, 단지 안료로써는 가능하면 빛에 의해 반응하지 않는 산화력이 있지만, 공기청정기 등의 광촉매 응용 제품에는 광반응성(光反膺性)을 높인 산화티탄이 있고, 산화티탄은 자원적으로 매우 풍부하기 때문에 가격도 저렴하고 광촉매로서 내구성이 강하며, 그 자체는 안전 무독물질로 폐기하여도 2차 공해에 대한 염려가 없어 요즈음 흔하게 사용하는 나노산업의 제품 중 한 품목이다.

광물질이 반응하는 원리에 의해서 산과들에서 서식하는 산약초를 활용하여 기능을 배가 시키면 된다. 응용하고자 하는 장소와 위치에 따라서 배합의 비율만 잘 혼합하여 사용하게 되면 효과가 뛰어나며 가정에서도 쉽게 응용할 수 있다.

산야초를 생활 공간에 접목

약초에는 살균, 항균, 냄새 제거 등의 효능이 있는 것이 적지 않다. 인간은 태어날 때부터 입으로 숨을 쉬고 피부로 호흡함에 따라 노폐물의 배설도 행해지고 있다. 어느 정도의 체취는 식습관이나 질병에 의한 것도 있으므로 병의 치유도 필요하지만, 매일 새로운 마음가짐으로 주변에 폐가 되지 않도록 해야 한다.

약초의 향기는 신으로부터의 자연 선물이므로 마치 강요하듯 하지 않고, 꽃 등도 눈에 띄지 않는 경우가 많았지만, 그 대신에 향기가 멋지다. 그 향기에 접하면 먼 옛날에 있는 듯한 착각이 생기는 경우도 있다. 또한 어렸을 때의 추억을 회상하고, 문득 어떤 일을 생각해내거나 정경이 떠오르기도 하고, 감상적인 기분이 드는 경우도 있다.

흔히들 약초는 필수품은 아니기 때문이라고 말하는 사람이 있는데, 민감도의 차이와 스트레스의 유무 등에도 기인한다. 어떤 사람에게는 없어서는 안 되는 마음의 평온이 되는 약초는 다수결로는 정할 수 없는 마음의 오아시스인 것이다. 특히, 현대와 같이 세계 곳곳에서 자연 파괴가 발생하고 있는 때야말로 그린(green) 약초를 기르고 애지중지하여 조금이라도 푸른 지구를 돕는 운동이라도 해야 되지 않나 하는 심정이다.

현재 필자가 연구실로 사용하는 공간은 20평으로(가공 및 생체실험실 별도) 약초의 종류가 많이 있다. 그 약초의 종류는 건초를 분말화한 것, 술에 담겨져 있는 것, 알코올에 담겨져 목욕 실험용 또한 생허브 화초 등이 조금 놓여 있다. 사무실에는 여러 종류의 냄새가 향기롭고, 주로 연구 및 실험하고 있는 자료는 휴양인들의 치유를 위한 소품과 소재이며, 침실 공간, 기 음식, 기능 목욕으로 사용된다.

그런데 유독 책상 앞에 놓인 연필통이 새로움을 더하고 흥미를 갖게 한다. 왜 흥미를 가질까. 이 실험용은 머리를 맑게 하는 효과, 업무 능률을 향상시키는 효과 등을 실험하고 있는데, 머리가 답답할 때마다 머리를 맑게 하고 아이디어를 창출하는데, 효과가 있다는 것이다. 이 시스템을 놓고 실험을 한 지도 벌써 4년이란 시간이 지났다. 졸음을 막아주기도 하고 집중력이 없을 때 신선한 자극을 주는 듯하다. 아무튼 연구는 계속 진행 중이지만, 약초와 생체와의 교감은 신비로울 만큼 그 자체이고 해법을 찾는데 매진을 할 것이다. 학생들 공부하는 책상 앞에 놓아두니 효과가 있다는 실험결과도 있으나 아직은 소수의 의견이고 앞으로 더 깊이 적이면서 여러 방향으로 연구를 계속 진행할 것이다.

우리는 매일 사무실에서 사무를 보는 시간이 많이 있다. 근무 시간 중에 업무 관계로 스트레스란 복병과 싸워야 되는 때가 종종 있다. 그럴 때 나도 모르게 스치는 향기가 있다면 당신은 어떤 기분이 들까. 생화 분을 창가에다 놓는 경우도 있으나 사무실 여건상 생화가 성장하지 못할 곳이 있다. 그런 곳일수록 사무 공간의 환경이 삭막할 수가 있고 업무 능률의 저하가 발생될 수가 있으며 한마디로 집중력이 떨어진다는 것이다. 이런 사무실공간에 자연초로써 부드러운 자연환경을 만들어 건강에도 좋고 업무 능률도 향상된다면 직장에 자긍심도 심어지고 삶에 보람과 회사의 발전을 동반하는 일석이조라는 말을 여기에 두고 하는 말이다.

약초의 소재

약초로는(허브를 포함) 천궁, 당귀, 회향, 이논드, 로즈메리, 자주히숍풀, 캐러워이, 산초나무, 월계수, 레몬그라스, 세이지, 자주세이지, 캐러브, 그라스, 오레가노, 백리향, 층층이꽃, 고추, 히숍풀, 계피, 약쑥, 솔잎, 잣잎이 있고, 과일로는 귤껍질, 레몬피, 명자열매가 있다.

사용하는 방법

① 화분을 이용하여 약초나 허브의 식물을 직접 심어서 실내에 놓는 경우도 있고

② 약초나 허브의 종류를 건조하여 분말을 만든다.

③ 장기간 보존하기 위해서는 겔을 만든다. (젤리과자처럼 그 모

양이 비슷함)

④ 밀폐된 용기에 보관하고 공기가 통하지 않아야 하며 저온고에 보관이 보존이 오래간다.

⑤ 필요할 때 조금씩 슬라이스를 하여서 사용을 하고 잔여량은 밀폐를 잘해 놓는다.

⑥ 장식 용도로 만들어진 도자기에 담아 실내 배치와 어울리는 곳에 걸어 둔다.

⑦ 사용 후 내용물(향기겔)이 전부 소모가 되면 겔만 교환을 하면 된다.

⑧ 액체도 만들어서 사용할 수 있도록 장식품을 고안했다.

⑨ 장식용 도자기는 필자가 개발한 상품이며, 디자인 선택은 사진을 보고 참조

약초 겔과 액체 약초수 만드는 방법은 다음 기회에 소개하도록 하겠다.

(2002년 실용화, 개발자 조명상)

부록
산·촌·진·흥·노·래

그대의 운명을 사랑하라.
어떤 운명이든지 간에 항상 두 개의 얼굴을 가지고 있다.
한쪽 얼굴은 어둡고 우울하며,
다른 한쪽 얼굴은 따뜻하고 밝다.

산·촌·진·흥

月氣 조명상

산촌
하늘 아래 드높다
산촌에 빛이 보인다
초목을 지키려는가, 생태가 울부짖고 있다

산촌
사람네들아
금수강산 화려함을
어찌 내 초라함과 비교할 손가
산촌에 젖어 사는 산촌민으로서
가을 단풍 아름다움의 가치를
내 마음 감동과 현실을 자각치 못한 듯싶소

산촌에
모든 벗들아
현실적인 삶을 추구하자
이제 잠에서 일어날 때이다
잠자며 꿈을 꾸고 꿈속에서 허상을 생각한들
내 삶에 무슨 보탬이 되리오

꿈에서 깨어나
희망의 빛을 바라보자
꿈이란 현실과 희망이 있어야 하며
미래가 있어야 하고
삶에 가치적 보상이 있어야 한다

현실의 감각을 익히고
내 삶의 변화를 시작하자
살다가 못다 이룬 꿈이랑
내 후손에게 물려줄 길을 닦아주자

나와 내 후손이
마을을 빛냄에 있어
생활의 슬기로운 지혜와
생활의 빛나는 가치로서
긍지심을 함양케 하세

이에 산촌을 아름답고
쾌적한 환경을 조성하여
정주공간 참살이 마을로 실천을 하고

다함께 살맛나는 산촌 진흥을 향해
매진 또 매진함이 옳지 않은가

산촌생태마을

작사·작곡 조명상
2007년도 창작

농·산·어·촌 환경 혁신

月氣 조명상

산비탈 자갈밭에도 꽃은 핀다

7080은 우리가 먼저 시작하자
오랜 생활경륜의 힘으로 큰 수레바퀴의 첫 힘이 되리라

흔히들 이 나이에 무엇을 하랴
손자 벗삼아 놀이하며 하루를 소일하고
정자나무 그늘에서 노인들과 장기나 화투나 술 한잔에
세월이 흘러가는 소리나 들을까 단순한 생각 연속이다

하염없이 내리는 비를 맞으며 주민들 다함께
환경을 조성하던 현장이 생각납니다
사막에도 꽃은 핀다고 하였던가!
돌더미 속에다 꽃을 심는 농부의 심정으로 무슨 생각을 했을까요
과연 그 꽃이 그곳에서 살아날 수 있을까
살아서 꽃이 핀다면 어떤 시련 속에서 얼마만큼 성장하고
얼마나 아름답게 꽃을 피울 수 있을까

한송이 꽃을 피우기 위한 농민의 애달픈 기도 속에서
산비탈 자갈밭에도 이 밤사 꽃은 핀다
그 꽃을 바라보는 객(客)들은
꽃의 아름다움과 향기를 어떻게 평가할까요

보라, 농·어촌의 모든 농어민들이여!
새 농어촌 건설운동을 통한 인고와 갈등과 번민의 터널을 지니고 나니
삶에 있어 행복의 지혜를 얻었노라

스스로 노력하는 자만이 기회가 주어질 것이고
스스로 혁신하는 자만이 밝은 빛을 바라볼 것이며
스스로 땀을 흘리는 자만이 아름다운 성(成)을 쌓을 것이고
그리하여 마음과 내 가정에 행복의 꽃이 필 것이다
자자손손 우리들은 이곳에 무궁한 발전을 추구하리라

새농어촌건설운동

작사·작곡 조명상
2006년도 창작

휴선 烋仙

2008년 11월 24일 1판 1쇄 인 쇄
2008년 11월 27일 1판 1쇄 발 행

저　　자 | 조 명 상
펴 낸 이 | 박 정 태
펴 낸 곳 | **북 스 타**
등　　록 | 2006. 9. 8. 제 313-2006-000198호
주　　소 | 경기도 파주시 교하읍 문발리 500-8
파주출판정보단지 광문각빌딩 4층
전　　화 | 031-955-8787
팩　　스 | 031-955-3730
e-mail | kwangmk@unitel.co.kr
홈페이지 | www.kwangmoonkag.co.kr

• ISBN : 978-89-959637-7-7　03040
• 값 : 10,000원